GLANZ AUF ALLEN WEGEN

ERNA WEISSENBORN

Glanz auf allen Wegen

Erinnerungen einer Optimistin

EUGEN SALZER-VERLAG HEILBRONN

© Eugen Salzer-Verlag Heilbronn 1973
Alle Rechte vorbehalten
Umschlaggestaltung: Lilo Rasch-Nägele
Satz: G. Müller Heilbronn
Druck und Einband: Wilhelm Röck Weinsberg
Printed in Germany. ISBN 3 7936 0188 9

ALLES FÄNGT EINMAL AN

Eines Tages klingelte es an unserer Haustür, und etwas später stand ein junger Mann vor mir, der mit belegter Stimme fragte, ob ich willens und bereit sei, ihn im Dichten zu unterrichten. Und was die Stunde wohl kosten würde, erkundigte er sich im gleichen Atemzug, er sei erst im dritten Lehrjahr in einem Haus für Herrenmoden, habe allerdings ein bißchen gespart. Lang und schlaksig stand er vor mir, auf dem schmalen Kopf trug er eine Menge dunklen lockigen Haares und unterm Arm eine Mappe mit beschriebenem Papier, das sich dann als eine Art Sammlung von Manuskripten herausstellte. O je, der Arme war an der falschen Adresse, meiner schwachen Sehkraft wegen würde ich die Ergüsse seiner neunzehn Jahre niemals lesen können, für mich hatte es schon frühzeitig geheißen: Entweder Lesen oder Schreiben, und ich habe mich fürs Schreiben entschieden. In der Mappe des jungen Mannes lagen drei Tragödien, zwei Lustspiele, ein Roman, zehn Kurzgeschichten und ein Bündel Lyrik.
Warum er denn da noch Stunden brauche, wollte ich wissen.
»Weil mir keiner was abnimmt«, sagte er. »Alles kommt zurück. Es muß etwas falsch daran sein.«
Nachdem er mir einige Gedichte, eine Kurzgeschichte und den ersten Akt einer Komödie vorgelesen hatte, wußte ich, was falsch war, nämlich alles. Aber ich war zu feige, in diese weitgeöffneten Augen die Wahrheit hineinzusprechen. Ich habe ihm gesagt, daß man Dichten nicht lernen könne, da werde auch das beste Stundengeben nicht helfen. Im übrigen solle er nur ruhig weitermachen, es sei ein gutes Zeichen, wenn jemand darangehe, seine Gedanken und die Meinung, die er von der Welt habe, niederzuschreiben. Was man so hinsagt, um jemanden zu trösten.

Der Junge ist Herrenausstatter und Familienvater geworden, aber kein Dichter. Er hat den leichteren Weg genommen und wird seinen Besuch bei mir längst vergessen haben. Mir hingegen ist jenes Gespräch manchmal wieder eingefallen, und zwar immer dann, wenn ich mir über meinen Weg Rechenschaft ablegte. Wie kam es, daß ich keine Wahl hatte? Daß ich seit den ersten kindlichen Versuchen mein Leben lang geschrieben und alles auf mich genommen habe, was der harte Beruf des Schriftstellers verlangt? Wie fing es an? –
Ich wurde in Köln geboren, zu einer Zeit, als der Rhein noch grün war und vor der Domstadt durch eine schlichte Badeanstalt floß, in der die Leute schwimmen konnten, ohne sich zu vergiften. Nach Geschlechtern getrennt, wiegten sie sich auf den Wellen des heiligen Stromes, hier Männlein und dort Weiblein, aber nicht weniger munter und weit unbesorgter als heute. Die Luft über der Stadt wehte rein und klar, am Morgen und am Abend war sie erfüllt vom Geläut der vielen Kirchen. In verhaltenem Jubel sangen die Glocken des Domes, obgleich der eingeengt und eingekerkert auf engem Platz zwischen einem Hühnervolk von Bürgerhäusern lag. Straßen und Gassen strebten von ihm fort ins geschäftige Treiben von Handel und Märkten, und in einem dieser engen Schläuche lag das Haus der Hebamme Hilgers.
In dem zweistöckigen, schmalbrüstigen Gebäude der Hebamme Hilgers hatte meine Mutter Zuflucht gefunden, weil mein Vater als Ingenieur in Kiel eine neue Stellung antreten und dort erst Wohnung suchen mußte. Der Vater meiner Mutter war im Begriff, eine neue Heirat einzugehen, und hatte seiner Tochter die Eröffnung gemacht, daß seine zweite Frau weder das Verbleiben von Stiefkindern im Hause noch, und dies weit weniger, das Erscheinen von Enkelkindern dort dulden wolle. Sechs von sieben Kindern hatten den väterlichen Herd bereits verlassen, so war Auguste Josefine die einzige, die ausgewiesen werden mußte, und zwar mit einer Begründung, bei der sich ihre blonden Haare sträubten. Der als hart und streng bekannte Vater hatte mit weinerlicher Stimme gesagt: »Ich habe eure neue Mutter so schrecklich lieb.«

Bis zu meinem ersten Schrei habe ich demnach schon allerlei Aufregungen mitgemacht, und daher kam es wohl, daß ich mich durch viel Gebrüll und heftige Abwehrbewegungen meiner Fäuste schon kurz nach der Geburt gegen die Unbill der Welt zur Wehr setzte. »Je, is dat'n frech Aas«, soll Herr Hilgers, der mich bisweilen auf seinen Armen herumtrug, häufig gesagt haben. An seinem grüngestrichenen Haus könnte im übrigen, wäre ich ein Weltstar geworden, nie eine diesbezügliche Tafel angebracht werden. Mit der ganzen Straße fiel es den Bomben des Zweiten Weltkrieges zum Opfer.

Ich aber reiste, acht Wochen alt, vom Rhein in die Landeshauptstadt von Schleswig-Holstein und weiß von diesen ersten zwei Jahren aus den Erzählungen meiner allem Phantastischen zugeneigten Mutter nur die Story von ihrer Bekanntschaft mit einer Hellseherin. Frau Klomb war die Frau eines Kollegen meines Vaters. Das Ehepaar lebte zurückgezogen, »weil alle meine Frau ihrer Gabe wegen meiden«, hatte Herr Klomb meinem Vater geklagt, und daraufhin war die ernste, stille Dame von meiner Mutter eingeladen worden.

Frau Klomb redete sich von der Seele, was drückend darauf lag. Der Tod, so erzählte sie, habe sie zu seiner Ansagerin gemacht. Auf dem Kopf eines kleinen Mädchens sah sie plötzlich einen weißen Kranz und packte die Mutter am Arm: »Ihr Kind hat ein Totenkränzchen im Haar!« Drei Tage später sei das Kind beim Schlittenfahren tödlich verunglückt. Ihr eigener Bruder sei von zu Hause weggegangen und abends nicht zurückgekommen, berichtete Mathilde Klomb weiter, man habe angenommen, er wäre in die Welt gelaufen. Ein paar Tage darauf war sie mit ihrem Mann nach Düsternbrook gegangen; unterwegs sei sie, ihn mitziehend, ausgewichen, weil ein Trauerzug die volle Breite der Straße einnahm. Er habe nichts gesehen, an ihr aber zogen die schwarz umhangenen Pferde, der düstere Wagen, die Geistlichkeit, die vielen Menschen vorbei. Am Schluß des Zuges, so, als gehöre er nicht dazu, fuhr ein Leiterwagen mit Stroh, und auf dem Stroh lag ein Ertrunkener, ihr junger Bruder.

»Und dieser Trauerzug ist wenige Wochen danach wirklich den Düsternbrooker Weg heraufgekommen«, erzählte Frau Klomb. »Und ein Ende weiter rumpelte der Leiterwagen. Sie hatten meinen Bruder aufgefischt, er war beim Baden ertrunken und lag auf Stroh, genau so, wie ich es vorher sah.«
Meine Mutter hatte keine Furcht vor dieser Frau, obwohl die mich öfters mit ihren überhellen Augen betrachtet und dazu mehrfach gesagt habe: »Ein merkwürdiges Kind.«
Später, als wir nach Hamburg umgezogen waren, hörte meine Mutter im Hinblick auf meine dreijährige Winzigkeit etwas Ähnliches. »Sagen Sie«, meinte unsere grauhaarige Putzfrau, während sie ihre schwarzen Kirschenaugen auf mich richtete, »sind Sie vor diesem Kind nicht bange?«
Meine Mutter wußte, daß ich ganz aus mir selbst heraus mit vier kleinen Geistern spielte, und sie war deswegen keineswegs bange vor mir, sondern nahm das als etwas völlig Normales hin. Meine Geister wohnten in den Ecken meines Kinderzimmers, und sie hatten sonderbare Namen, wie Lantilo zum Beispiel, der Geist, mit dem ich Ball spielte. Ich warf den Ball in die Ecke, wo Lantilo wohnte, der Ball kam zurück, aber nicht die Wand, sondern der Geist hatte ihn zurückgeschleudert. Mit dem zweiten Geistchen soll ich gesungen haben, vor seinem Winkel kniend und zunächst zärtlich nach ihm rufend: »Hollotuk, komm – komm, Hollotuk!« Wir sangen zusammen, Lieder, die es, wie meine Mutter versicherte, nicht gab. Mit Xantes, dem dritten in der wunderlichen Runde, tanzte ich mit vielen Knicksen und Verbeugungen, ich soll unter seinem Arm hindurchgetrippelt und ihm mit ausgebreiteten Händen entgegengewirbelt sein.
Der vierte Geist hieß Duleweih, er gastierte in der letzten Ecke, kam jedoch nie aus der Wand heraus und wurde auch nicht gerufen. Duleweih erschien in der Nacht in seinem braunen Mantel und einem hohen, spitzen Hut auf dem Kopf. Er setzte sich auf meine Bettdecke und erzählte mir Geschichten. Diese Geschichten habe ich am Morgen unter genauer Beschreibung des Duleweih meiner Mutter nacherzählt; es ging bunt darin zu, doch alle hatten ihren prä-

zisen Gang und einen stets guten und zufriedenstellenden Schluß. Duleweih war wohl weit in der Welt herumgekommen, wie hätte er sonst die seltsamsten Blumen und Tiere und die eigenartigsten Menschen schildern können. Er wußte, daß es Böses und Gefahrvolles in dieser Welt gab, war aber der festen Überzeugung, daß das Ende aller Dinge und Verwicklungen glücklich sei.

Ein Kind, so habe ich einmal in einem Vortrag gehört, kann sich später nur an das erinnern, was sich ungefähr nach dem dritten Lebensjahr ereignet hat, und zwar soll die Grenze da liegen, wo es aufhört, von sich als von einem andern zu sprechen: »Peter will einen Apfel«, wo es statt des Namens das Ich setzt: »Ich will.«

Meine vier Geistchen haben mich nur bis zu diesem Wegsaum begleitet, denn was ich von ihnen weiß, das entstammt den Berichten meiner Mutter, meiner Großmutter und einer Tante. Dagegen erinnere ich mich genau an die Küche der Hamburger Wohnung, die sehr groß war und in der mein Bruder Kurt, blond und mit dunkelblauen Engelsaugen, in einem heruntergeklappten Kinderstuhl saß. Am Fenster stand der Stubenwagen mit Erich, dem Neugeborenen, und durch eine Glastür trat man auf einen überdachten hölzernen Vorflur, wo Eimer und Besen ihr gemütliches Beisammensein hatten. Vom Vorraum fiel eine steile Stiege in einen winzigen Garten mit Grasplatz, ein paar Büschen und einer klapprigen Laube. Dort unter der Bank hatte meine Mutter einer bösen, wilden Katze einen Schlafkorb gerichtet, und vor die Laube stellte sie täglich Milch mit eingebrocktem Brot, während Undine, das Katzentier, mit krummem Buckel und zum Sprung bereit ihr nach dem Leben trachtete. Katze Undine mußte Schweres erduldet haben, wie hätte sie sich sonst so aller Dankbarkeit bar betragen können. Es war streng untersagt, die Stiege hinunterzuklettern, und Undine war einer der Gründe für dieses Verbot.

Ich entsinne mich gut, daß ich das Verbot immer wieder übertreten habe. Es war wohl das akrobatische Kunststück, über dünne Leitersprossen steil hinunterzusteigen, das sich einprägte, zweitens die Katze, die mir in weitem Bogen aus dem Wege ging und sich keineswegs feindlich zeigte, zum dritten das Eisentor, das den

Garten abschloß. Durch rostige Stäbe, an denen dichte Spinnennetze hingen, konnte man auf einen Pfad hinausspähen, der dort vorbeilief, und aus meiner Sicht sah man die Beine, die vorüberkamen, eilige Beine, schlendernde, schlurfende, schwer stampfende, schwer schleppende, auch manchmal torkelnde, denn am Ende des Pfades hat ein Wirtshaus gestanden.
Die Sache mit dem Gasmann hat meine Tante Maria erzählt. Meine Mutter lag im Wochenbett, und Maria, die zur Pflege gekommen war, hatte eine Besorgung machen müssen. Als sie zurückkam, stand der Gasmann vor der Flurtür. »Es geht mir«, sagte er, »heute gar nicht ums Kassieren, aber die Person da drinnen möchte ich mal sehen.« Er hatte geläutet, und ich war ans Schlüsselloch gekommen. »Meine Mutter liegt im Bett, die hat der Storch gebissen. Meine Tante holt Milch. Ich kann Ihnen das Gas jetzt nicht bezahlen. Nun lassen Sie Ihr Klingeln sein, sonst werd' ich boshaft.«
Die Sache mit dem Paket: Es war mit den Glückwünschen der Großmutter gekommen. Lag groß und dick verschnürt auf dem Tisch. Ich reckte mich zu ihm hinauf, zerrte am Strick und ließ ihn dann los. Meine Augen richteten sich groß auf die Schwester meiner Mutter: »Tante Maria, tu mich raus, sonst will ich wieder alles haben.«
Wir hatten in der Hamburger Wohnung ein Eßzimmer, einen sogenannten Salon und zwei Schlafzimmer; ich weiß heute nicht, weshalb mir von dem allem nur die Küche so deutlich im Gedächtnis geblieben ist. Vielleicht lag sie nach Süden, vielleicht wollte meine Mutter das Zuckerspiel nicht in die Zimmer verlegen. Ach, das Zuckerspiel – ehe sie zum Einkaufen ging, schüttete die Mutter einen oder auch zwei, mitunter auch drei Becher weißen Staubzucker auf den Tisch von Kurts Kinderstühlchen, und dieser Zucker war keineswegs zum Essen gedacht. Ich rückte einen kleinen Stuhl an den Tisch heran, Kurt und ich saßen uns nun gegenüber, jeder hatte seinen Löffel, und miteinander begannen wir zu bauen. Wir bauten weiße Berge und weiße Täler, Rinnen wurden gegraben und mit Silberpapier belegt, das waren Flüsse und Seen, und irgendwo erhob sich ein mit Buntpapier umkleidetes Gebilde, das war eine

Burg, und in ihr wohnte der König, und der König hatte eine wunderschöne Tochter, und am Fuße des Berges entstand aus dem grünen Heu, in dem die Ostereier gelegen hatten, eine Wiese, dort hütete ein Hirt seine Herde. Kurt hörte mir mit leuchtenden Augen zu, auch diese Augen habe ich nicht vergessen. Wenn meine Mutter nach Hause kam und ihre Einkaufstasche eilig beiseite stellte, war das Spiel zu Ende. Der Zucker wurde zusammengefegt und in den Abfalleimer geschüttet. Der im Stubenwagen schrie, sie mußte die Flasche mit der heimgebrachten Milch füllen; geschäftig lief sie in der Küche hin und her, sie war immer tätig, immer in Bewegung und meistens fröhlich. Warum sie den Zucker wohl in den Eimer schüttete, statt ihn für das nächste Spiel aufzuheben? Warum sie Zucker nahm und nicht Sand? Darüber habe ich erst nachgedacht, als ich viel später meines Vaters Mutter zu Tante Ella sagen hörte: »Sie kann nicht wirtschaften, das ist das Unglück.«

Um die Zeit, wenn mein Vater am Abend nach Hause kam, saß ich gewöhnlich in einer Ecke des Flurs neben der Haustür. Ich weiß noch, daß ich da saß, aber ich weiß nicht, warum. Draußen drehte sich der Schlüssel im Schloß, und der Vater kam herein. Er drückte die Tür hinter sich zu, und ich sagte: »Tag, Hugo.« Seine Augen hinter den dicken Brillengläsern gingen in den Winkel. »Tag, Kindchen«, sagte er.

Sein Bild dämmert aus unendlichen Fernen zu mir her, und im Äußeren wird es sich aus Fotos und den Berichten der anderen entwickelt haben. Er muß für die dreißig Jahre, die er damals zählte, zu dick gewesen sein, sein Haar war dicht und schwarz und lockig, der Schnurrbart üppig und von hellerer Farbe. Über den stark kurzsichtigen Augen wölbten sich breite, dunkle Brauen. Man sagt ihm nach, daß er ein glänzender Gesellschafter gewesen sei, überall gern gesehen und mit Hallo empfangen.

Zu Hause sprach er wenig. Die Abendmahlzeit, zu Mittag aß er auswärts, nahm er im Wohnzimmer und zumeist allein ein, die Mutter hatte mit uns Kindern vorher in der Küche gegessen. Nach dem Essen las er in Büchern oder in der Zeitung, neben sich die Karaffe mit Rum, Glas, Zucker und heißem Wasser. Nach und nach hat er den abendlichen Trunk ins Wirtshaus verlegt, es drehte sich kein Schlüssel im Schloß, wenn ich neben der Flurtür wartete, meine Mutter brachte die Brüder ins Bett, kam dann zur Tür und streckte die Hand aus. »Komm, geh schlafen«, sagte sie, »er muß heute länger arbeiten.«

Ich habe sie gefragt, warum sie weine, sobald die blauen Briefe durch den Schlitz der Flurtür fielen, es wurden immer mehr, und sie weinte immer häufiger. »Ach, das ist gar kein richtiges Weinen«, antwortete sie, »mir tun nur die Augen weh.«

Einmal, als er zu Hause war und im Wohnzimmer saß, während sie noch in der Küche hantierte, bin ich aus dem Bett aufgestanden und zu ihm gegangen. Er rührte in seinem Glas und starrte zugleich in das neben ihm liegende Buch. Erst nach einer Weile merkte er, wer bei ihm stand. »Nun, Kindchen?« fragte er, weiterrührend, weiterlesend.

»Hugo«, sagte ich, »warum tust du das?«
Er blickte auf. »Was?« fragte er.
»Warum trinkst du so viel Grog?« sagte ich. »Du hast doch morgens immer Kopfschmerzen davon.«

Er ließ den Löffel los und schob das Buch zurück. Dann nahm er die Brille ab, faßte mich an den Schultern und zog mich zwischen seine Knie. »Es soll besser werden«, sagte er sehr leise. »Das verspreche ich dir. Komm mit, ich will es auch den beiden anderen versprechen.« Wir gingen ins Kinderzimmer, und er trat an das Gitterbett, in dem Kurt schlief, und griff nach der Hand auf der Steppdecke. Er drückte auch die ganz kleine Hand im Stubenwagen, dann deckte er mich schön warm zu und ging zur Mutter in die Küche.

Sicher hat er ihr dort das vierte Versprechen gegeben; gehalten hat er keines. Und eines Tages mußten wir drei ganz rasch zu Frankes hinüber, die mit uns den zweiten Stock des gelben Miethauses bewohnten. Frau Franke hatte uns geholt, unterdessen zog meine Mutter sich eilig zum Ausgehen an. Das Krankenhaus, in dem mein Vater seit einigen Tagen lag, hatte angerufen, und zwar bei Frankes, die damals schon ein Telefon hatten. Ihre beiden kleinen Jungen schleppten Bauklötze herbei und eine Eisenbahn zum Aufziehen, ich baute aus den Klötzen einen Bahnhof und machte mit den dreien eine große Reise durch kohlschwarze Tunnel und über Brücken und Berge.

Als ich einmal in die Vordiele ging, um neues Spielzeug zu holen, hörte ich Frau Franke in der Küche sprechen. »Wenn einer selber schuld hat, dann ist es dieser versoffene Kerl«, sagte sie, und Herr Franke antwortete: »Schade um die junge Frau und die armen Kinder.«

Sie hatten keinen Namen genannt, doch mir wurde der Hals sonderbar eng. Ohne Spielzeug kam ich zurück und setzte mich an die Fensterbank, aber ich sah nicht hinaus. Nach einer Ewigkeit gellte ein langgezogenes Klingelzeichen durch die Wohnung, Frau Franke ging zur Flurtür und drückte auf den Knopf, der unten die Haustür öffnete. Ich drängte mich an ihr vorbei zum Treppengeländer und spähte durch die Eisenstäbe. Von unten kam ein dumpfes, jammervolles Weinen einem schweren Schritt vorauf, erst hinter der Treppenbiegung sah ich, daß es meine Mutter war, die da so schwankend die Stufen herauftappte. Ich erschrak so sehr, daß ich in Frankes Wohnung zurückflüchtete und mich hinter einem Lehnstuhl verkroch. Im Nebenzimmer lachten Kurt und die beiden Franke-Jungen schallend auf, weil ein Turm aus Klötzen zusammengebrochen war, der im Stubenwagen erwachte davon und schrie, und draußen in der Diele sagte Frau Franke: »Also doch tot. Ich habe es mir gleich gedacht, als sie anriefen.«

Später habe ich erfahren, daß meine Mutter ihn noch lebend gesehen hat, er saß in einem Stuhl, zwei Schwestern hielten ihn, und die eine weinte hemmungslos. »Sie ist zum erstenmal dabei«, habe der Arzt gesagt, »da nehmen sie es noch schwer. Später sind sie dann hart wie Steine.« Die Todesursache war eine Lungenentzündung gewesen. Der Körper, durch Alkohol geschwächt, habe keinen Widerstand leisten können.

Schon am nächsten Tag gewöhnten wir uns daran, daß er im Himmel war und es nun sehr gut hatte. Die Rechnungen, die sich bei uns häuften, gingen ihn nichts mehr an, mochte der unfreundliche Hauswirt die Miete einklagen, was kümmerte es den Vater, der

zwischen den Engeln saß und musizierte. Auf Erden war er unmusikalisch gewesen und hatte nie ein Instrument bedient.
Zur Beisetzung seiner sterblichen Überreste war Ella, seine Schwester, gekommen, an deren Erscheinung mir besonders das glatte, glänzende und tiefschwarze Haar auffiel. Jung und lebendig werkte sie in unseren Zimmern, räumte in Schränken, zog Schubladen heraus; es sah aus, als suche sie etwas. Und schließlich mußte sie es auch gefunden haben. Sie schwang ein Bündel Papiere in der Hand – aus Erzählungen weiß ich, daß es Postanweisungen gewesen sind – und rief: »So, jetzt weiß ich, was Mutter ihm alles an Geld geschickt hat. Sie streitet es ab, aber nun habe ich sie. Ob sie will oder nicht, das wird vom Erbteil abgeschrieben.«
Unsere Großmutter, der Tante Ella im weiteren noch heftige Vorwürfe wegen ihrer »Affenliebe« für einen Taugenichts machte, hatte zur Beerdigung nicht kommen können, weil sie am Sterbebett ihrer vierundzwanzigjährigen Tochter saß. Ich hörte aus den Gesprächen, daß der dunkellockigen Marie kein Arzt mehr zu helfen vermochte, es war von kranken Nieren die Rede und von dem Ehemann, der ohne seine Marie nicht werde leben können. So nebenher hatte Tante Ella einen Brief ihres Schwagers gefunden, aus dessen Inhalt sie einen Satz besonders laut vorlas: »Ich helfe Dir noch einmal und zum letzten, weil meine heißgeliebte Marie für Dich bittet.«
Ich war froh, als Tante Ella abreiste; ohne sie, so meinte ich, würde jetzt alles wieder werden, wie es sonst gewesen war. Doch Ruhe kehrte nicht wieder ein. Männer kamen und stempelten unsere Möbel. Ein würdiger Herr, der den Vater gut gekannt hatte, saß lange bei der Mutter. Aus seinen Worten war zu entnehmen, daß die Kirche ihr beistehen werde, bis sie eine Arbeit gefunden hätte. Eine »Krippe« wurde erwähnt, in der Kinder gut versorgt würden, man brachte sie morgens hin und holte sie am Abend wieder. Staatliche Unterstützungen für Armgewordene gab es damals noch nicht, wer ins Unglück geriet, mußte sehen, wie er sich wieder heraushalf.
Kleine Kinder können eine mißliche Lage noch nicht überblicken, doch die Unruhe geht auf sie über. Erich schrie in diesen Wochen

oft so laut, daß der Stubenwagen leise bebte, und Kurt tappte ziellos durch die Räume; manchmal, wenn wir uns trafen, hielt er inne und legte seine Arme um meinen Hals. Er nannte mich Nena und sagte: »Nena, ein Schloß bauen.« Aber damit war es aus, wir bekamen keinen Zucker mehr.

An einem grauen Regentag klingelte es, und die Großmutter, schwarz verhüllt von Schleiern, trat zu uns in die Küche. Die Küche war jetzt unser Wohnraum geworden, denn aus den beiden vorderen Zimmern hatten schwer schreitende Männer die Möbel und die schönen bunten Teppiche geholt. Die Großmutter tat die Reisetasche aus den Händen und setzte sich auf einen der beiden Holzstühle. »Ich komme von einem Totenbett«, sagte sie und legte den Schleier nach rückwärts über den Hut. Ihr Gesicht war sehr weiß in dem schwarzen Rahmen.

»Was hat sie uns mitgebracht?« fragte Kurt mich flüsternd. Aber sie nahm zunächst keine Notiz von uns, sondern erzählte meiner Mutter, daß sie nach Maries Beerdigung gleich gefahren war, die ganze Nacht hindurch, und daß sie recht müde sei. Es wäre schwer, in einem halben Jahr den Mann, die Tochter und den Sohn zu verlieren. »Wie es uns geschickt wird, müssen wir es tragen«, sagte sie.

Ehe sie sich hinlegte, zeigte es sich, daß sie uns doch etwas mitgebracht hatte. Sie öffnete die Reisetasche und gab meiner Mutter Kaffee, Tee und eine große Wurst, ich bekam eine winzigkleine Tänzerin und Kurt einen Dackelhund aus Sammet. Großmutter ging auch an den Stubenwagen, Erich lag ganz lustig in seinem Kissen, brabbelte und strampelte; ich begriff nicht, warum die Großmutter bei seinem Anblick weinte. Sie drückte einen Ring mit bunten Rasselkugeln in seine Hand, sagte »Ach, guter Gott!« und ging rasch in die Schlafstube hinüber.

Als sie ausgeschlafen hatte, wirkte die Großmutter nicht mehr so traurig, sie machte Spaß mit Kurt und »Kiex, mein Fräulein« mit mir, sie wickelte Erich, nachdem sie ihn unter »Still, schön still, mein Söhnchen« gebadet hatte, und abends saß sie an Vaters Schreibtisch und schrieb. Man durfte sie dabei jederzeit am Ärmel zupfen, sie drehte sich herum und sagte: »Nun, was willst du denn, mein kleiner Schatz?«

Der würdige Herr, der sich schon mit meiner Mutter beraten hatte, kam wieder und saß nun mit der Großmutter zusammen. Er war Pastor und hieß Schmalz. Aus seinem Munde hörte ich, wie bedauerlich es sei, daß die Mutter keinen Beruf erlernt hätte. Er habe ihr einen Platz in einer Handelsschule verschafft, dort müsse sie ein Jahr lang tüchtig lernen, danach werde er sich nach einem Arbeitsplatz umsehen. Was die beiden besprachen, klang so tröstlich, als wären nun sämtliche Wolken vom Himmel verschwunden. Ich ging beruhigt zu Kurt ins Kinderzimmer, wo alles noch stand und lag, wie es immer gestanden und gelegen hatte.

Am nächsten Tag änderte sich das wieder. Es erschienen zwei Männer mit Tragegurten, und mit ihnen kam ein Herr, den sie »Herr Rechtsanwalt« nannten. Die Männer holten den Spiegelschrank aus dem Schlafzimmer, der auch einen Stempel hatte, gestempelt war außerdem ein Putzschränkchen in der Küche. Der Vater hatte es gekauft, weil es mit seinem polierten gemaserten Holz und den vielen, mit goldenen Knöpfen geschmückten Schubladen meiner Mutter so gut gefallen hatte; es soll teuer gewesen sein, das wurde uns gesagt, damit wir nicht daran kratzten. Nun begannen die Männer, die Schubladen auszukippen, Putzpomade und Schuhcremedosen rollten über die gelben und schwarzen Küchenfliesen, und meine Mutter, die allen übrigen fortgetragenen Möbeln nur nachgesehen hatte, brach in hemmungsloses Weinen aus. Kurt lief auf mich zu und faßte meine Hand, und der Rechtsanwalt, er hieß Kahlke, gab den Männern einen Wink. Sie richteten sich auf und stemmten die Arme in die Seiten.

Rechtsanwalt Kahlke ging zu meiner Mutter hinüber. Er ist damals noch sehr jung gewesen und sie wurde ihm als erster Fall über das Armenrecht zugewiesen. »Hängen Sie so stark an dem Schränkchen?« fragte er, und meine Mutter nickte und rief schluchzend: »Ja!«

»Stehen lassen«, sagte der Rechtsanwalt zu den Männern. »Ich kaufe den Schrank.«

Als die Großmutter, vom Einkaufen zurückkehrend, von der Sache erfuhr, meinte sie: »Wer so aussieht wie du, der kommt aus dem Schlamassel wieder heraus.«

Das Putzschränkchen ist außer zwei Betten und einem Kleiderschrank das einzige gewesen, was meine Mutter bei ihrem Umzug in ein Einzelzimmer behalten durfte. Eine Erbschaft hatte sie und mit ihr der gesamte Verwandtenkreis ablehnen müssen; dem, der sie annahm, wäre damit die gesamte Schuldenlast zugefallen.

Beim Umzug in die Wohnung eines Postbeamten, Pastor Schmalz hatte das Zimmer gemietet, war ich nicht dabei. »Wir machen jetzt eine schöne Reise zu mir nach Hause«, hatte die Großmutter gesagt. »Und wenn du danach ausgeschlafen hast, steigen wir auf die Wartburg. Das letzte Stück darfst du reiten, da oben stehen eine Menge kleiner Esel; du sollst mal sehen, wie fein das wird.« So kam es, daß ich mich vergnügt verabschiedete. Nein, es machte nichts, daß die Mutter nicht mit zur Bahn konnte, Kurt würde mit den vielen Kindern in der Krippe spielen, und außerdem würde ich ja bald wieder hier sein, dann gab es neuen Spielzucker, und ich konnte daraus die Wartburg bauen.

Von der Bahnfahrt nach Eisenach hat die Großmutter mir später erzählt. Durch muntere Reden und das Aufsagen von Gedichten hätte ich den Mitreisenden viel Spaß gemacht. Ein kleiner Vers habe besonders gut gefallen:

> »Das hat kein Goethe geschrieben,
> das hat kein Schiller erdacht,
> das ist von keinem Klassiker,
> von keinem Genie.
> Und doch so voll Poesie.«

Kleine Kunstpause mit Pathos:

»Poli heißt das nicht!«

Zunächst hatte ich also Poli gesagt und war von meiner Mutter berichtigt worden. Als wäre sie leibhaftig dabei, so erzählte ich in der Eisenbahn von der Mutter. Ich schilderte, wie sie sich in ihrem blauen Morgenmantel am Spirituskocher die Stirnlöckchen gebrannt hatte und wie dann plötzlich ihre beiden Ärmel in Flammen standen. Einen Moment lang war sie eingeschlossen in bläuliches Feuer, ergriff eine Decke, wickelte sich fest hinein und kam ohne Verletzung davon. Ein bißchen ärger mußte es gewesen sein, als sie auf einer Leiter stand und die Scheibe der Flurtür putzte. Ich habe dazumal, noch nicht dreijährig, die eiserne Klammer an der Leiter geöffnet, und meine Mutter ist in die Scheibe gestürzt und hat geblutet und mußte von einem Arzt verbunden werden. Wie sich bei dem nachfolgenden Verhör herausstellte, hatte eine Bemerkung des Vaters, die Mutter sei ein Engel, den Anlaß zu meiner Untat gegeben. Ich hätte, wie ich beteuerte, nur sehen wollen, ob sie fliegen könne.

Auch diese Geschichte wurde den Mitreisenden serviert. Die Großmutter fragte dann: »Warum erzählst du nicht mal etwas von deinem Vater?« Ich soll die Stirn gerunzelt haben: »Ich weiß nichts, er war ja immer weg.«

In Eisenach war es sehr schön. Wir stiegen tatsächlich zur Wartburg hinauf, und einmal ritt ich das letzte Stück auf einem wirklichen lebendigen Esel. Später sagte die Großmutter, das Geld sei für so ein kleines Wegstück zu schade, wir wollten es lieber in meine Sparbüchse stecken, ich könnte es bestimmt noch brauchen.

Wir wohnten im ersten Stock der Bäckerei Kästner am Johannisplatz. Ida Kästner war vier Jahre älter als ich, aber sie hatte einen richtigen Kochherd, in dem man sogar Kuchen backen konnte. Großmutters Schwester war mit dem Oberforstmeister Poppe verheiratet, in dessen Haus der Großherzog von Sachsen-Weimar-Eisenach zuweilen zum Frühstück kam. Onkel Poppe hatte im Sommer einen Landauer, im Winter den Pferdeschlitten zur Verfügung, und Großmutter und ich durften oft mitfahren. Als ich schließlich merkte, daß ich nicht wieder nach Hause zurückkehren würde, war ich eingewöhnt, und das Voraufgegangene lag weit zurück.

Dort hatte sich inzwischen viel verändert. Meine Mutter ging in die Handelsschule, die von zwei bekannten Frauenrechtlerinnen, der Frau Dr. Bickel-Gans und dem Fräulein Dr. Augsburg, geleitet wurde. Vor Schulanfang schob die Mutter den Kinderwagen mit Erich in die Krippe, und Kurt trottete anscheinend teilnahmslos nebenher. Nur einmal, so stand es in dem Brief, aus dem die Großmutter mir einiges vorlas, sei Kurt stocksteif stehengeblieben. Auf der anderen Straßenseite war eine Mädchenschulklasse dahermarschiert, und mein kleiner Bruder habe hinübergestarrt und gesagt: »Alles, alles Nena!«

Was die Großmutter überschlug und aus den Briefen nicht vorlas, waren die Nachrichten über Kurts Gesundheitszustand. Seine Nieren seien nicht in Ordnung, schrieb die Mutter, deshalb könne er nur schwerfällig und für kurze Dauer gehen, meistens setze sie ihn auf das untere Ende des Kinderwagens. In der Krippe halte er sich von den anderen Kindern zurück und wolle mit niemandem spielen. Ja, diese Briefe! In einem habe gestanden, nach der Meinung des Arztes hänge der Zustand des Jungen mit dem übermäßigen Alkoholgenuß seines Vaters zusammen. Jene Nachrichten hatte die Großmutter zerknüllt und auf den Boden geworfen, Tante Ella nahm das Blatt nachher auf.

Tante Ella war, nachdem sie dem Mann ihrer verstorbenen Schwester eine Zeitlang die Wirtschaft geführt hatte, nach Hause gekommen, um letzte Hand an ihre Aussteuer zu legen. Sie wollte den netten Onkel Julius, den Bruder meiner Mutter, heiraten; die beiden waren sich beim Begräbnis meines Vaters begegnet und hatten sich seitdem geschrieben. Wenn sie in einem feuerroten Mousselinekleid an der Nähmaschine saß und Bettlaken säumte, erzählte sie mir, daß Onkel Julius ihre erste große Liebe sei, er habe schon eine Wohnung in Köln gemietet, und in eines der vier Zimmer solle ein roséfarbener Salon hinein, über dem Sofa werde ein Spiegel in breitem Bronzerand hängen, und darunter würden sie sonntags sitzen, stundenlang und Hand in Hand. Sie war gerade neunzehn, als sie das erzählte.

Meine Vertrauensstellung als Beichthörerin nahm ein rauhes Ende, als der Onkel Julius zu Besprechungen auf einige Tage von Köln kam. Beim Begräbnis hatte ich ihn nur kurz kennengelernt, nun

aber trat er voll in Erscheinung, akkurat und nach der letzten Mode gekleidet, mittelgroß mit Anflug zur Glatze, einem goldenen Zwicker, der mit einer Kette an einem Westenknopf befestigt war, und einem stolzen kastanienbraunen Schnurrbart. Der Zwicker erinnerte an meinen Vater. Was ich bei ihm nicht gewagt hatte, zu tun, das gelang mir bei Onkel Julius wie von selbst: ich setzte mich auf seine Knie und schlang die Arme um seinen Hals. Das war wie ein Bündnis. Wir hockten seitdem zusammen wie alte Freunde, guckten vom Fenster auf die Straße, während der Onkel die Vorüberkommenden lustig glossierte, wir schlichen aus dem Haus, um spazierenzugehen, wir saßen in der Konditorei und verzehrten Mohrenköpfe. »Das Kind ist der reinste Rattenfänger von Hameln«, sagte die Großmutter; ich hörte es, ohne von dem flötenspielenden Mäuse- und Kindervertilger etwas zu wissen.
Tante Ella nahm unsere Extratouren weniger beifällig auf. Sie behandelte mich unfreundlich und machte Bemerkungen wie: »Es läßt sich nicht mehr feststellen, wer die Braut eigentlich ist.« Hätte ich damals geahnt, welche Schicksalswende sich durch Tante Ellas Seelenverfassung für mich vorbereitete, ich wäre weniger bereitwillig mitgegangen, wenn der Onkel Julius unten an der Treppe pfiff und heraufrief: »Komm rasch, sie ist eben um die Ecke. Jetzt kneifen wir aus!« Manchmal ging es dann viele Treppen hinauf zum Gasthaus »Junker Jörg«, der Onkel trank dort sein Bier, und mir spendierte er Limonade, und was er dabei redete, das klang alles fröhlich und nach Sonnenschein. Er sagte zum Beispiel: »Dein Vater war ein netter Kerl, ich habe ihn sehr gern gemocht.« Oder: »Niemand sollte etwas gegen deine Mutter sagen, die ist in Ordnung. Aber die beiden hätten nicht zusammenkommen sollen.«
»Warum haben sie sich dann geheiratet?« fragte ich, und Onkel Julius zog die Schultern hoch: »Man merkt das meistens erst zu spät.«
Als der Onkel abgereist war, sah Tante Ella mich nicht mehr so böse an, sie nahm mich sogar mit, wenn sie in ihr Kränzchen ging. Und das hatte einen Grund, den ich erst nach Jahren erfahren habe. Mein Bruder Kurt war gestorben, an einer Diphtherie, die er

sich in der Krippe zugezogen hatte. Auch Erich lag mit der Krankheit im Hospital, ihm jedoch, dem Kleinen, der mit einer Gelbsucht zur Welt gekommen war, ging es schon wieder gut. Solcher Nachrichten wegen ging die Großmutter in jenen Wochen so still und abgekehrt umher, und deshalb nahm Tante Ella mich ins Kränzchen mit. Am Gang des Schicksals, den ich durch meine Rendezvous mit ihrem Bräutigam angestoßen hatte, änderte sich nichts.
Denn nun wurde die Hochzeit festgesetzt, und die Braut weigerte sich, mich als Gast dabeizuhaben. Ein Kind werde die Feier stören und ihr das ganze Fest verderben, erklärte sie, und sie wurde nicht anderen Sinnes, als die Großmutter einwendete, wie hübsch es wäre, wenn ich dem Zug vorangehen und Blumen streuen würde. »Es ist das Kind deines Bruders«, rief die Großmutter einmal, und Tante Ella sagte: »Von der Seite ist mir bisher nichts Gutes gekommen.«
So wurde denn ausgemacht, daß ich für ein paar Wochen nach Schmalkalden kam zu einem befreundeten kinderlosen Ehepaar Hahnemann, das ein Haus, einen großen Garten und eine Kartonagenfabrik besaß. Die Großmutter brachte mich hin und fuhr ganz heimlich am gleichen Tage wieder ab. Sie hätte sich nicht fortzuschleichen brauchen, ich hatte mich sofort an Tante Karola angeschlossen und war begeistert von dem ganz in Weiß gehaltenen Zimmer, das man mir anwies.

ABER ES GEHT TROTZDEM WEITER

Meine richtige Tante war Karola Hahnemann nicht. Was Eisenach anbetraf, so stand ihre gesellschaftliche Stellung auf wackeligen Füßen; aus leise geführten Unterhaltungen hatte ich entnommen, daß sie früher Dienstmädchen bei Forstmeister Poppe gewesen war, eine tüchtige junge Person, allerdings mit ziemlich hochstieksigem Charakter. So soll sie an einem Wochentag einmal ihr schwarzes Sonntagskleid angezogen haben anstelle des gewürfelten Kattunkleides, das damals für Hausangestellte üblich war. Tante Auguste Poppe hatte sie an der Haustür noch abgefangen und mit den Worten »Hoffart kommt vor dem Fall« in ihre Mansarde zurückgescheucht. Das Schwarze war für den Kirchgang und nicht zum Schwänzeln vor Männeraugen.

Bildschön soll die Karola gewesen sein, ein Schneewittchen, so weiß wie Schnee, so rot wie Blut, so schwarz wie Ebenholz. Sie hatte einen kleinen Buchhändler geheiratet, ein großes Glück für eine, die kaum ein eigenes Hemd über dem Leib hatte. Aber der Buchhändler, ihre große Liebe, war an der Lungenseuche gestorben, und sie stand allein in ihrem Bücherladen. Schließlich kam der Kartonagenfabrikant Hahnemann, vom Lieferanten avancierte er zum Freier, und nach langem Zögern gab die schöne Buchhändlersfrau ihm das Jawort. Was so ein bißchen Gesicht doch alles fertigbrachte!

Tante Auguste Poppe stellte sie später auf die Probe. Frau Hahnemann war in einen Kaffeeklatsch bei Poppes hineingeschneit und anstandshalber zum Sitzen aufgefordert worden. Im Verlauf des Nachmittags streckte die Frau Forstmeister ihre ewig geschwollenen Beine vor und sagte: »Frau Hahnemann, ziehen Sie mir mal die Stiefel aus. Sie haben es ja früher so oft getan.«

Die Großmutter war dabeigewesen. »Großartig hat sie sich gehalten«, erzählte sie. »Eine Sekunde gezögert, rot geworden bis unters Haar. Dann kniete sie nieder in ihrem schönen grünen Seidenkleid, schnürte die Stiefel meiner Schwester auf, zog sie sanft von den Füßen und stellte sie leise ab. Und sie hat sich dann wieder niedergesetzt, als ob nichts wäre.«

Sie muß etwa fünfzig gewesen sein, als ich zu ihr gebracht wurde, eine Frau mit rosigen Wangen und dunklem, grau durchsponnenem Haar. Die Hahnemanns bewohnten den zweiten Stock ihres Hauses in der Stillergasse, den ersten Stock hatten sie an Privatleute vermietet, das Erdgeschoß beherbergte zwei Läden. Es war ein graues, nicht besonders eindrucksvolles Haus, an seiner linken Flanke lag ein kopfsteingepflasterter Hof, an der Hauswand stieg eine Eisentreppe bis zum zweiten Stock empor, dort oben hatte sie ein Dach und Blumenkästen um eine Plattform herum, die Plattform vor dem ersten Stockwerk war ungeschmückt. Aber von da aus gelangte man durch eine grüne Tür in das reizendste Fremdenzimmer der Welt, so wenigstens kam mir der kleine Raum mit rosa Fenstervorhängen und rosa Bett- und Tischdecke und einer rosagemusterten Tapete vor. Brennendrote Geranien standen auf der Fensterbank. Sonst schimmerte alles in Weiß, Bett, Schrank und Kommode, die beiden Sessel, der Waschtisch mit dem weißgerahmten Spiegel, der Schafwollteppich, der den Raum ausfüllte, der kleine emaillierte Rundofen. Zehn Jahre später habe ich noch einmal in Hahnemanns Fremdenzimmer gewohnt und alles genau so wiedergefunden, wie ich es als Fünfjährige Hals über Kopf verlassen mußte.

Das Allerschönste an dem grauen Hause war seine Schleppe, ein Garten, wie ich ihn vollkommener nie mehr gefunden habe. Durch eine windschiefe Holztür und einen Geräteschuppen kam man hinein, auch die Pforte zum Paradies soll ja eng sein, und gleich am Anfang ging die Pracht schon los: ein von bunten Blumenstreifen gesäumter gewundener Weg, endend vor fünf Steinstufen, die zu einem Gartenhaus hinaufführten. Um seine bunten Scheiben rankte sich Efeu, große Spinnen webten da herrliche Netze, und im Inneren des Tempels wurde geruhsam Kaffee getrunken.

Rechts und links ging es dort hinten über felsenartige Stufen zu einer von Farnkräutern umgebenen Insel hinauf, und auf jedem dieser beiden Eilande wuchs ein Nußbaum, hier der Hasel- und drüben der Walnußbaum. Wenn man da oben war, dann setzte man sich im Schatten der beiden Nußbäume auf die Gartenmauer, um hinunterzuschauen auf den Bach, der neben einem schmalen Pfad lustig über Stock und Steine sprang, in den Zweigen raschelte es, und unten war das Plätschern, war das heitere Spiel der Sonne mit dem Wasser. Stundenlang konnte man dort sitzen, über das Moos hinwegstreichen, das an der Mauer wuchs, und sich Gedanken machen über die winzigen Tiere, die offenbar in der Moosdecke wohnten. Geschichten, die mein kleiner Hausgeist Duleweih mir einmal erzählte, fielen mir wieder ein.

Tante Auguste Poppe war ärgerlich darüber, daß Frau Hahnemann

sich Karola nannte, sie heiße schlichtweg Karoline, raunzte die Tante Oberforstmeister. Seltsamerweise tadelte Karola Hahnemann an ihrem Hausmädchen den gleichen Fehler; außerhalb des Hahnemannschen Haushaltes nannte die pausbäckige Dora sich Doris, in ihren Dienststunden, die sich vom ersten Hahnenkrähen bis zur zehnten Abendstunde erstreckten, schallte es unentwegt: Dora! Dora hier und Dora da, Dora im Keller, im Garten und auf dem obersten Boden. Nachdem sie im karierten Kattunkleid und in weißer Schürze die Mahlzeit aufgetragen hatte, erschien sie mit ihrem Teller am Tisch, Tante Karola legte ihr auf, ein nicht allzu großes Stück Fleisch, Gemüse und viel Kartoffeln. Mit dem gefüllten Teller kehrte Dora dann in die Küche zurück. Ihr Schüsselchen mit Nachtisch holte sie sich, wenn wir mit dem Essen fertig waren. Mir fiel das auf, weil Großmutters Zugehfrau nach dem Umbinden einer frischen Schürze mit uns am Tische saß.
An Onkel Hahnemann gefiel mir manches nicht, zum Beispiel sein Bart, und es war auch nicht schön, daß er so viel hustete und beim Essen immerfort Wasser trank. Trotzdem ging ich ganz gern mit, wenn Dora etwas in die Fabrik zu bringen hatte. Die Gebäude, am Saum des Ortes gelegen, wirkten mit ihren verwitterten Ziegelsteinen wie ein Räuberquartier, das Innere mit ratternden Maschinen bot sich dann fesselnder. Fabriziert wurden Kartons, Bucheinbände, Hefter und sonst so allerlei, auch Etuis, mit Samt gefüttert.
»Jetzt such dir Samt für ein Kleid aus«, sagte der Onkel, als ich wieder einmal die Samtrollen etwas lockerte, um die Farben zu sehen.
»Ja?« fragte ich und tippte auf einen feuerroten Samt.
»In Ordnung«, sagte der Onkel und winkte ein Mädchen heran.
»Abschneiden. Zwei Meter genügen für so einen Spindelfritzen.«
Er sah mir zu, wie ich auf einen Haufen Altpapier und weggeworfener Lumpen kletterte, um die an der Wand hinlaufenden Rohre zu betrachten.
»Sind die heiß?« erkundigte ich mich.
»Man muß alles selbst ausprobieren«, antwortete der Onkel. »Faß doch mal an.«

Ich reckte mich zu einem Rohr hinauf und faßte es mit beiden Händen an. Ein wilder Schmerz durchzuckte mich, und ich habe auch nicht gleich losgelassen. Erst nach Sekunden kullerte ich den Abfallberg hinunter.

Ich kam mit verbundenen Händen bei Tante Karola an und mußte ihr den Hergang erzählen. Sie sagte kein Wort. Aber als der Onkel heimkehrte, wurden es der Worte um so mehr. Sie schrie, daß Dora und ich in der Küche mithören konnten.

»Du bist ein roher, du bist ein gemeiner Mensch!« Das klang ein paarmal zu uns herein, und zuletzt sagte sie ganz laut: »Ach, hätte ich dich nie gesehen und brauchte dich nie und nirgends wiederzusehen.« Der Onkel lief danach durch den Gang, an der Küche vorüber und in sein Arbeitszimmer. Dort knallte er die Tür zu. Wir hörten das Haus zittern. Und Dora saß am Tisch, schüttelte den Kopf und wiederholte, was zu uns hereingeschallt hatte. »...roher und gemeiner Mensch« und »brauchte dich nie und nirgends wiederzusehen...«

Tante Karola räumte noch am gleichen Abend ihre Kissen aus dem gemeinsamen Schlafzimmer und machte sich in der Besuchsstube ihr Bett zurecht. Dora sagte, das habe sie schon manchmal getan, weil sie von seinem Husten nicht schlafen könne. Aber diesmal seien eben meine verbrannten Hände die Ursache gewesen.

Von Tante Karolas Umgebung sind mir nur zwei Häuser in der Erinnerung geblieben. Das eine gehörte dem Lederfabrikanten Alfred Kohn; es war genau so eingeteilt wie das von Hahnemanns, unten zwei vermietete Läden, den ersten Stock an gutzahlende Mieter abgegeben, im zweiten die eigene, herrschaftlich eingerichtete Wohnung. Kohns waren nette Leute, er lang und hager und zum Kummer seiner Frau sehr unordentlich gekleidet, sie hübsch und adrett, dazu kamen zwei Kinder, die einige Jahre älter waren als ich und mich deshalb wenig beachteten. Das Mädchen hieß Herta, auf den Namen des Jungen komme ich im Augenblick nicht. Vielleicht fällt er mir später wieder ein, denn ich kehre ja in elf Jahren nochmals an Kohns wunderbar gedeckte Festtafel zurück.

Sie war unvergleichlich kostbar, diese Tafel. Handgemaltes Porzellan gruppierte sich auf der stadtbekannten Brüsseler Spitzendecke, dazwischen schwebten porzellanene Tänzerinnen und ein Reigen schneeweißer Kinder, und auf jedem Teller, das war die Attraktion, lag ein goldener Teelöffel, nicht etwa ein vergoldeter, nein, einer aus purem getriebenem Gold, wie Tante Karola wußte. So ging das damals, da hatten Leute so viel Geld, daß sie goldene Löffel an ihre Tassen legen konnten, aber sie bauten sich kein Lusthaus an der Costa Brava, im Gegenteil, sie behielten ihr eigenes nicht einmal für sich allein, sondern ließen Mieter mit darin wohnen.

Was das Alleinleben betraf, so hielt es das kleine Fräulein Michel anders. Katrin Michel war die Älteste von elf Geschwistern und gerade fünfzehn gewesen, als ihre Eltern kurz hintereinander an einer Seuche starben. Da half kein Jammern und Trauern, Katrin trocknete ihre Tränen und räumte das Vaterhaus um. Für sich und die Kinder behielt sie nur das Nötigste, alles übrige wurde vermietet. Sie ging in die Spinnerei und fand daneben noch Zeit, die Geschwister in Zucht und Ordnung zu halten. Aus allen hat sie etwas gemacht, jeder von ihnen konnte später seinen Platz im Leben ausfüllen. Darüber aber war sie selber alt geworden und bei den irdischen Glücksgöttern in Vergessenheit geraten. Als die sich dann wieder an sie erinnerten und ihr eine Erbschaft zuschanzten, reichte das Geld nur, um einen Wunsch zu erfüllen.

Katrin Michel kündigte allen, die ihr Elternhaus mit ihr bewohnten, und richtete Zimmer und Gänge neu ein. Das Haus lag in breiter, gelber Fassade vor uns, als Tante Karola, mich an der Hand haltend, darauf zustrebte. In der Mitte war es geteilt durch einen mächtigen Torweg, bestand also aus zwei Hälften, zu jeder Hälfte führte eine eisenbeschlagene Tür. Fräulein Michel erwartete uns, schmal und winzig stand sie in der Dämmerung des hochgewölbten Durchgangs und wirkte wie ein hergewehtes, schwarzgekleidetes Püppchen mit weißem Haar. Gleich nachdem sie uns sehr herzlich empfangen hatte, zeigte sie uns das ganze Haus. Das Mamsellchen sollte, wie sie meinte, große Augen machen über den vielen Platz, den die alte Michel brauche. Zwei Haushälften mit je acht wohnlich eingerichteten Zimmern, vier im Erdgeschoß, vier im oberen Stockwerk. Durch einen Gang kam man von der einen Hälfte in die andere und endlich dahin, wo der Kaffeetisch schlicht und einfach und ohne goldene Löffel gedeckt war. Sie wohnte wie eine Königin in ihrem alten Palast, zum Leben blieb ihr nur das, was man braucht, um satt zu werden.

»Bald sitzt sie in diesem und bald in jenem Zimmer«, erzählte Tante Karola, »genießt die Aussicht vom einen und vom anderen Fenster. Sie hat wohl bisher zu eingepfercht leben müssen.«

Als die Brandblasen an meinen Händen abgeheilt waren, überreichte der Onkel Hahnemann mir das fertige rote Samtkleid und eine lebendige Eidechse. Das Samtkleid war um den Saum und die Passe herum mit einer Silberkordel geschmückt, die Eidechse saß in einem Glas, das früher einmal einen Frosch beherbergt hatte; sie sah bunt und lustig aus, obwohl ihr sicherlich gar nicht froh ums Herz war. Wenn man sich harmlos auf der Gartenmauer gesonnt hatte und von einem hustenden Onkel arglistig eingefangen wurde, so konnte man das nicht als eine erfreuliche Lebenswende bezeichnen. Sie tat mir leid, und deshalb begann ich, sie hemmungslos zu lieben. Die Eidechse ertrug das eine ganze Woche lang, vielleicht bekam sie auch das falsche Futter, oder ihre Haftzelle ist unzweckmäßig gewesen; genug, sie starb, sie lag regungslos am Boden ihres Kerkers, als ich in meinem langen weißen Leinennachthemd vor ihr am Tische stand. Tante Karola mußte es mir mehrmals erklären, bis ich ihr glaubte, daß mein Liebling tot sei. Tot, also weit fort, obgleich sie noch vor mir lag. »Das ist nur ihr Kleid«, sagte Tante Karola, »das müssen wir jetzt im Garten begraben. Die richtige Eidechse ist im Himmel, von da wird sie in der Nacht herunterkommen und sich ihr Kleid holen.«

Mir fiel mein Vater ein; eigentlich war es schön, zu denken, daß meine Eidechse jetzt bei ihm saß und ihm von mir erzählte. Mit der Freude darüber meldeten sich Zweifel an. Woher wußte Tante Karola das so genau? Die Großmutter meinte, man könne erst dann, wenn man beim lieben Gott sei, wissen, wie alles war. Jeden Tag, sobald ich die Blumen auf dem Eidechsengrab gegossen hatte, saß ich lange auf dem Stein davor, sah auf den kleinen Hügel

nieder und kämpfte mit der unwiderstehlichen Lust, ihn aufzugraben. Denn wenn es stimmte, was Tante Karola gesagt hatte, mußte die in den Himmel gekommene Eidechse ihr Kleid jetzt längst geholt haben.
Dann kam der Morgen, an dem ich fest entschlossen war, den Dingen auf den Grund zu gehen. Ich füllte das Wasserglas, das ich zum Begießen des Grabes zu benutzen pflegte, und stieg die Eisentreppe an der Hauswand hinunter. In der andern Hand trug ich den Löffel, mit dem ich die Gruft öffnen würde, auf deren Grund das Pappkästchen mit der toten Eidechse stand; die bunte Eidechsenhaut mußte nun verschwunden sein, wenn ich Tante Karola weiter glauben sollte.
Die Eisenstiege kam ich heil hinab, aber auf dem Kopfsteinpflaster des Hofes stolperte ich. Ich fiel vornüber aufs Gesicht und hörte es noch splittern und die gellende Stimme von Tante Karola, die meinen Namen rief.
In einem nie gesehenen Gitterbett wachte ich auf. Auf beiden Seiten saß jemand Weißes – ein Mann mit Brille? – ja, er hatte eine schwarz umrandete Brille auf der Nase; ihm gegenüber war die Frau im weißen Mantel, mit einer Haube auf dem Kopf. Ich guckte mir die beiden an, und sie gefielen mir recht gut. Aber sie sagten nichts, und mit irgend etwas muß eine Unterhaltung ja anfangen. So richtete ich mich am Gitter auf, stand da und hielt mich fest. Professor Wagner, der Augenarzt des Großherzogs von Sachsen-Weimar-Eisenach, hat mir das später ganz genau erzählt. Ich hätte an mir hinuntergesehen und voll Überraschung die bunte Bordüre an meinem Nachthemd entdeckt. Die ersten Worte waren: »Was für einen wunderschönen Kittel hab ich an!« Die Schwester hätte daraufhin die Hände gefaltet und gebetet, und er, der Professor, habe gesagt: »Alles in Ordnung.«
Ich lag, ohne es zu wissen, in einer damals sehr berühmten Klinik. Mein Drang, die Wahrheit um Leben und Tod zu erforschen, hatte mich das Licht meines linken Auges gekostet. Doch es war noch mehr auf dem Spiel gestanden, die Splitter des zerschellten Wasserglases drangen bis zu einer gefährlichen Tiefe in die Stirn vor, und

dabei ging es um den Verstand. Notbehandlung in Schmalkalden und in der gleichen Stunde nach Meiningen. Professor Wagner selbst hatte die Operation vorgenommen. Fabrikant Hahnemann zahlte die erheblichen Kosten, denn für mich sprang keine Versicherung ein; Familie Kohn lieferte die Ausstattung an Wäsche und Kleidung, die in der Klinik in bestimmter Anzahl und Form vorgeschrieben wurde.

Ich durfte bald aufstehen und machte morgens und abends mit dem Professor Krankenvisite im Hause. Er führte mich an der Hand, und ich mit meinem verbundenen Kopf ging eifrig plaudernd neben ihm. Er erzählte mir, was passiert war, und ich sagte: »Das ist gar nicht schlimm und wird alles wieder besser werden.«

Wir traten in helle und in abgedunkelte Zimmer und fanden überall verbundene Augen, mal war eins, mal waren beide verdeckt. Ich mußte diesen Leuten Gedichte aufsagen oder ein Lied vorsingen, und einem, so meinte der Professor, sollte ich die Geschichte von Nadular aus Island erzählen, die ich von meiner Mutter wußte. Der arme Hirte Nadular kommt mit seiner Herde an einem Wasserfall vorbei, da sitzt ein böser Lachs unter dem Sprühen von Perlen und Demanten und will ein Geschäft mit Nadular machen. Für die Kraft eines Armes bietet er dem Hirten eine Handvoll Rubine, und das Feilschen geht weiter. Hände, Füße, Bauch und Mund und Augen, alles bekommt seinen Preis, aber Nadular, der vorher seine Armut beklagte, lehnt jedes Angebot ab. Zieht weiter und singt: »Was für ein reicher Mann bin ich, ich bin der reichste Mann von Island.«

Der Mann, dem ich die Geschichte erzählen sollte, hatte beide Augen unterm Verband. »Merken Sie«, sagte der Professor, »wieviel Gold und Rubine und Diamanten Sie auch ohne Augen noch wert sind? Wollen wir es einmal ausrechnen?«

Der Mann wollte das nicht, aber er gab mir die Hand und drückte sie ganz fest. Nachher erzählte mir der Professor, daß dieser Herr ein Erfinder sei, er habe etwas versuchen wollen, und dabei sei ihm eine Säure in die Augen gespritzt. Es sei möglich, daß ich ihn etwas getröstet habe, bislang sei das noch keinem gelungen. Einige Tage

darauf – das war an dem Tag, an dem der Herr aus der Klinik entlassen wurde –, habe ich ihm die Geschichte vom Nadular noch einmal erzählt, diesmal auf seinen eigenen Wunsch. Er saß in einem großen Sessel und ich auf dem Teppich neben seinen blanken Schuhen, und es war mir etwas schwer auf meinem Kopf, denn der Herr hatte seine Hand über den Verband gelegt.
Wir, der Professor und ich, hatten uns immer etwas zu erzählen. Er berichtete mir vom Schicksal der Menschen, denen ich vordeklamierte, und ich schilderte ihm unser Zuckerspiel damals, als ich noch zu Hause sein durfte, und vom Vater sprach ich, der nun im Himmel war und den häßlichen Grog nicht mehr trank; der Professor hörte von Fräulein Michels großem leerem Haus und von Kohns goldenen Löffeln. Dabei fiel es ihm offenbar nicht ein, daß er wenig freie Zeit hatte, und ich vermißte die Besucher, die nicht kamen, kaum. Tante Karola, das wußte ich von der Schwester, war in ein Sanatorium gebracht worden, weil sie sich so sehr über meinen Unfall aufgeregt hatte. Die Großmutter in Eisenach lag mit einer Influenza im Bett; abholen wollte sie mich bestimmt, ob krank oder gesund.
Der Professor hat mich noch zwei Wochen länger, als es notwendig gewesen wäre, in seiner Klinik behalten und für die Zusatzzeit kein Geld genommen. Dann aber war die Großmutter da, und ich saß neben ihr im Arbeitszimmer von Professor Wagner, sie schwarz vom Kopf bis zu den Füßen, und ich weiß: der Mantel weiß, weiße Schuhe und Gamaschen und auf den langen, sehr hellen Haaren die weiße Helgoländerkappe. Auf dem Schreibtisch lag ein großes, in Packpapier gebundes Paket.
»Du warst mir von allen Patienten, die ich gehabt habe, der liebste«, sagte der Professor, »mein kleiner Freund und mein Assistent. Und darum gebe ich dir das mit, was mir in meiner Kinderzeit das liebste Spielzeug gewesen ist.« Er legte das Paket auf meinen Schoß.
In Großmutters Wohnung am Johannisplatz packte ich aus. Zum Vorschein kam eine grüngestrichene Arche Noah, gefüllt mit kleinen Porzellantieren vieler Gattungen, immer ein Pärchen und zwei Junge. Ich ließ sie in langer Reihe aus der Arche heraus über den

Tisch marschieren und war glücklich wie eh und je. Auch die Großmutter schien nicht daran zu denken, daß mir ein Unglück zugestoßen war, sie schenkte mir einen kleinen Sonnenschirm und einen Pompadour mit Perlenstickerei. Es mag dieses modische Beiwerk gewesen sein, das mir einen Spitznamen eintrug. Neben der schwarzgekleideten Großmutter spazierte in Weiß das »Fräulein von Savern« über den Frauenstieg, durch das Mariental zur Hohen Sonne oder nach Wilhelmstal und traf dort mit anderen dunkelgewandeten Frauen zusammen. Großmutters Kränzchen wechselte ständig seinen Tagungsort, und dabei lernte man den Prinzenteich und die Drachenschlucht kennen, stieg auf den Hörselberg und tauchte ins Finstere der Venushöhle. Oft kamen die Damen, die Frau Amtmann Kehr, die Frau Postrat Vogt, die Frau Sauermilch, Besitzerin eines Eisenwarengeschäftes, die Frau Apotheker Schwarz, auch zum gemeinsamen Treffpunkt und zogen nun in düsterer Wolke vor mir her. Ich folgte immer in einigem Abstand, weil mir die eine oder andere, sobald sie mich ins Blickfeld bekam, gern etwas zum Tragen gab, einen Schirm oder ihre Tasche mit Kuchen.

Nachher saß ich mit am Tisch, eine große Kanne mit Kaffee wurde aufgetragen, den Kuchen hatten sie mitgebracht und legten ihn auf ihre Teller. Dann nahmen sie die Handarbeit heraus, eine strickte, die andere hatte eine Häkelspitze vor, die nächste stickte an einer Decke. Großmutter strickte Strümpfe, die sie fast alle verschenkte. Tante Ella bekam welche, der Onkel Julius, meine Mutter. »Diese sind für Erich, den Kleinsten«, sagte sie einmal, und ihre Schwester, die Frau Oberforstmeister Poppe – sie war an dem Tage mit von der Partie, obgleich sie von einem Kränzchen nicht viel hielt –, antwortete: »Na, für den Älteren brauchst du jetzt nicht mehr zu stricken.«

»Nein«, sagte die Großmutter, »leider braucht der keine Strümpfe mehr.«

Mir fuhr ein Schrecken durchs Herz, so heftig, daß ich mich nicht getraute, zu fragen. Den ganzen Heimweg dachte ich nach und überlegte, warum Kurt keine Strümpfe mehr brauchte. Dabei kam ich, als wir die Drachenschlucht passierten, so nahe an die tröpfelnde

Felswand heran, daß Kleid und Kappe und das Haar kohlschwarz wurden.
Die Großmutter wusch mir das Haar in der geblümten Schale.
»Warum braucht Kurt keine Strümpfe mehr?« fragte ich, während mir das Seifenwasser über die Augen lief.
»Ach, Kind«, sagte die Großmutter. Sie hörte auf mit Waschen und nahm die Schürze vors Gesicht. »Du solltest es ja gar nicht wissen, wenigstens jetzt noch nicht.« Es blieb lange still, ich hielt den Kopf gesenkt und wartete auf den Guß. Er kam noch nicht. »Dein Bruder ist zu eurem guten Vater in den Himmel gegangen«, sagte die Großmutter.
Ich werde also nie mehr mit ihm spielen können, dachte ich. Er ist weit fort wie Hugo und die Eidechse. Mir fiel ein, wie mein Bruder einen kleinen Glashund auf die Spitze eines Zuckerbergs gestellt und gerufen hatte: »Das ist Kurt, der ist hier raufgeklettert.« Seine blauen Engelsaugen hatten dabei geglänzt.
»Halt still«, sagte die Großmutter, »daß es nicht in die Augen kommt.« Und nun ließ sie das warme Wasser aus dem Krug über mein Haar laufen und spülte die Seife ab.
»Die Wohnung haben sie nun auch nicht mehr?« fragte ich, als ich mit eingewickeltem Kopf vor dem Abendbrot saß. »Wo die Katze wohl hingekommen ist?« Merkwürdig, wir sprachen nicht mehr von Kurt, und das mochte richtig sein, denn bald darauf hörte ich die Großmutter zu Frau Kästner sagen: »Sie ist ein leichtlebiges Kind, geht immer rasch auf die Sonnenseite hinüber, wenn es anfängt zu hageln.«
Weihnachten kam meine Mutter mit Erich und löste einen Wirbel von Aufregungen aus. An diesem Tag war schon so viel geschehen, daß es mir nicht möglich war, noch mehr aufzunehmen. Als die Dämmerung von den Bergen herabkam, fuhren die Großmutter und ich im Pferdeschlitten vom Onkel Forstmeister über verschneite Wege in den Wald hinauf. Der Kutscher in einem Capemantel lenkte die Pferde. Ich hätte gern vorn bei ihm gesessen, doch die Großmutter hatte meine Hand festgehalten. Wir glitten an glitzernden Tannenwänden vorbei, und die Schlittenglöckchen bim-

melten. Auf einer Anhöhe hielten wir, und ringsum war ein großes Schweigen, bis der Schall vieler Glocken aus den Tälern zu uns heraufklang. Die heilige Christnacht wurde eingeläutet. Großmutter ließ mich los und faltete die Hände. Ich sah, wie ihre Lippen sich bewegten, wie sie flüsternd mit den Händen sprach. Der Kutscher nahm den Hut ab, es war alles sehr feierlich.
Am Johannisplatz stiegen wir aus, die Großmutter wollte das Bäumchen putzen, und ich durfte noch rasch zu zwei alten Damen hineinsehen, die in der Nachbarschaft wohnten. »Guck mal«, meinte die eine und nahm eine Puppe vom Sofa, »ist das nicht eine hübsche Mamsell? Das ist die Annemarie von Kisselbach.« Die Puppe war etwa vierzig Zentimeter groß und trug eine Thüringer Landestracht, den schwarzen, mit Silberborte verzierten Rock, schwarzes Mieder, von Silberkordeln geschnürt, ein weißes Leinenhemd, eine hohe Mütze, mit Silberperlen bestickt, die grüne Schürze und das grüne, rotgeblümte Brusttuch. Die blonden Zöpfe waren mit winzigen Haarnadeln über den Ohren zu Schnecken gesteckt.
Sprachlos vor Entzücken hielt ich sie im Arm. Die andere verblaßte ein wenig, jene große Gliederpuppe, die ich am Tage vorher auf der Kiepe eines Thüringer Puppenmannes gesehen hatte. Sie lag als Glanzstück obenauf, über vielem anderen Spielzeug, hatte braune Schlafaugen und war nackt bis auf ein dünnes Hemd. »Schöne Puppen«, hatte der Mann gerufen, »Harlekine und selbstgeschnitzte Kasperfiguren!« Atemlos erzählte ich der Großmutter davon: »Und wenn sie mir gehörte, dann würde ich sie Kindlein nennen.« – »Sie ist viel zu teuer für uns«, hatte die Großmutter gesagt.
Behutsam tippte ich die Brosche an, mit der das Brusttuch der Kisselbacherin gehalten wurde. »Sie ist für mein Enkelkind bestimmt«, sagte die alte Dame, und ich umschlang die Annemarie von Kisselbach mit beiden Armen. Weil es so sonderbar still im Zimmer wurde, schloß ich die Augen und riß sie wieder auf, als ich die Dame fragen hörte: »Willst du sie haben?«
»Nein, nein!« rief ich. »Das darf ich nicht annehmen, die Großmutter erlaubt es nicht.«

»Behalte sie, du armes Kind«, sagte die Dame. »Mit der Großmutter rede ich.« Sie drückte mir die Kisselbacherin noch fester in den Arm und schob mich zur Tür hinaus.
Draußen stand ich im wirbelnden Flockenregen und schwankte zwischen einer taumeligen Freude und einem Kummer, der sich darüberlegen wollte. Warum hatte sie »du armes Kind« zu mir gesagt? Hatte ich nicht immer hübsche Kleider und genug zum Essen gehabt, auch Spielzeug, und war ich nicht alle Tage zum Singen und Fröhlichsein aufgelegt gewesen? Alles in mir wehrte sich dagegen, ein armes Kind zu sein.
Die Großmutter konnte ich gar nicht erst fragen, die nahm mir die Kisselbacherin ab und lief ins Nachbarhaus hinüber. Sie kam mit der Puppe wieder, die Damen hatten darauf bestanden, ich durfte sie behalten.
Als ich, die Annemarie im Arm, ins Weihnachtszimmer kam, saß dort neben dem Tisch, auf dem der Baum leuchtete, die große goldlockige Puppe, die auf der Krippe des Handelsmannes gelegen hatte. Sie trug nichts als ihr dünnes Gazehemd, aber drinnen war es ja nicht so kalt wie draußen. Mehr an Glück ging nicht in mich hinein.
Ich wickelte die Gliederpuppe in Großmutters schwarzes Umschlagtuch und setzte mich zwischen sie und die Kisselbacherin unter den Baum. Nachdem die Kerzen heruntergebrannt waren, zog die Großmutter sich zum Ausgehen an. Sie müsse nochmals fort, sagte sie, sei aber bald zurück und bringe mir *noch* etwas mit.
Es dauerte wirklich nicht lange, bis sich die Tür wieder öffnete. Herein kam ein kleiner Junge, grauer Lodenmantel, weiße Gamaschen und Pudelmütze, und dahinter, das war – das war ja... Warum kippten die beiden Puppen denn um, warum löschte die Großmutter die Petroleumlampe aus? Das war ja alles gar nicht wahr... Ich lag ja im Bett und schlief und träumte.
Als ich aus der Ohnmacht erwachte, lag ich auf dem Sofa, wo die Großmutter mir ein Bett gerichtet hatte. Es war schon vorher die Rede davon gewesen, daß ich ein paar Nächte im Weihnachtszimmer schlafen sollte. »Sie ist noch recht schwach«, hörte ich die Großmutter sagen, »eine solche Operation ist kein Kinderspiel.«

»Zu allem nun auch noch dieses Unglück«, gab eine Stimme Antwort, und weil das die Stimme meiner Mutter war, wagte ich nicht, die Augen zu öffnen. Ich wollte diesen wunderbaren Traum zu Ende träumen. »Warum hast du mir nichts davon geschrieben?« fragte die Mutter.
»Was hättest du helfen können«, erwiderte die Großmutter.
»Das Leben ist doch nun hin für sie«, sagte meine Mutter. »Sie wird keinen Mann bekommen, sie wird . . .«
»Wir sind in diese Welt geschickt, um eine Aufgabe zu erfüllen«, sagte die Großmutter. »Auch sie hat ihre Aufgabe mitbekommen, gerade sie, unser Rattenfänger. Ich glaube ganz sicher, daß sie ihren Auftrag ausführt.«
Ich richtete mich auf und merkte, daß ich nicht geträumt hatte. Meine Mutter kam mir verändert vor, weil ihr Gesicht naß von Tränen war. Sie tastete nach der Narbe über der Nasenwurzel und nahm meinen Kopf zwischen die Hände, um mich genau zu betrachten. Ich tröstete sie: »Das ist alles gar nicht so schlimm. Es macht wirklich nichts, das hat auch der Professor gesagt.«
Erich war ein wendiger Junge geworden, wie ich am nächsten Tag merkte, er hatte ein niedliches, pfiffiges Gesicht, doch es war nicht Kurt. Ich brachte meine Puppen vor ihm in Sicherheit, machte einen flüchtigen Versuch, mit ihm zu spielen, und spürte, daß keine Verbindung zwischen uns bestand.
Zwischen meiner Mutter und der Großmutter gingen die Streitgespräche weiter. Es handelte sich nun um etwas, von dem ich noch nichts wußte: der Fabrikant Hahnemann und seine Frau hatten sich bereit erklärt, das Kind, das unter ihrer Obhut verunglückt war, als eigen anzunehmen. Da sie selbst keine Kinder hatten, sollten Fabrik und Haus und das beträchtliche Vermögen dem angenommenen Kind zufallen. Meine Mutter setzte sich leidenschaftlich gegen diesen Plan zur Wehr, während die Großmutter ebenso heftig die Vorteile aufzählte. »Du stellst dich ihrem Glück in den Weg!« rief sie, und meine Mutter schrie zurück: »Geld ist nicht Glück! Ich werde nie meine Einwilligung zu diesem Handel geben.«

Ich machte mir nicht viel Gedanken über die Sache und dachte, es würde schon alles so werden, wie es richtig war. Als der Onkel Hahnemann bei uns erschien, wurde die Unterhaltung noch hitziger, ich hörte mit Spannung zu und bekam so viel mit, daß meine Mutter eine Entschädigung forderte, dir mir ermöglichen sollte, einen Beruf zu erlernen. Ich stand neben dem Onkel Hahnemann, und er, ziemlich aufgeregt, zog mich an sich. Im selben Augenblick regte sich sein Husten, ich stemmte die Fäuste gegen ihn und schlug, als er stärker hustete, mit den geballten Händen auf ihn ein. Die Großmutter packte mich und schüttelte mich, was sie nie vorher getan hatte, und ehe ich's recht wußte, saß ich im Hinterzimmer und war eingesperrt.

Vielleicht hat dieser Vorfall mit dazu beigetragen, daß ich Hahnemanns Kind nicht wurde und weder eine Fabrik noch ein Haus erbte. Man richtete lediglich ein Sperrkonto für mich ein, lautend auf fünftausend Mark, was damals eine ganz nette Summe war, und legte dieses Geld bis zu meiner Mündigkeit fest.

Nach Neujahr reisten meine Mutter und Erich wieder ab. Auf dem Weg zum Bahnhof hatte sie Erich und mich rechts und links an der Hand, Frau Etzel, Großmutters Zugehfrau, trug den Koffer und die Großmutter die Reisetasche; meine Mutter ließ uns beide hopsen, und es war recht lustig. Dann lief der Zug ein, und Koffer, Reisetasche, Erich und die Mutter verschwanden in einem Abteil. Die Tür wurde zugeschlagen, und meine Mutter ließ das Fenster herunter. Sie stand in seinem Rahmen, der kornblumenblaue Mantel hatte einen breiten Schulterkragen, auf den blonden Haaren saß eine blaue Kappe.

Ich weiß nicht, warum ich plötzlich laut zu schreien begann. Ich schrie, daß alle Leute zu uns hersahen, ich warf mich auf den Boden und schrie und schrie.

»Gib sie mir herein!« rief meine Mutter, doch die Großmutter rief »nein« und raffte mich vom Steingrund auf. Der Zug fuhr schon, und ich streckte die Hände aus und schrie ihm nach.

Es sei eine fürchterliche Szene gewesen, sagten die Leute, die zugesehen hatten, doch die Großmutter wußte in allem Rat. Sie kannte meine Leidenschaft für Weintrauben, die ich in Eisenach nie bekam, weil Großmutter gelesen hatte, daß man in einem herausgeschnittenen Blinddarm Traubenkerne gefunden hatte. Vor dem Bahnhofstor befand sich ein Obststand. Großmutter schleppte das schluchzende Kind dorthin und kaufte eine große blaue Traube. Die wurde in meine Hände gedrückt, es fiel der Großmutter erst später mit Entsetzen ein, daß sie ungewaschen gewesen war; ob so oder so, sie bewirkte Wunder. Der Tränenstrom stockte, die letzten Reste wurden mit dem Ärmel abgewischt, dann wandelte sich das Gesicht in helle Seligkeit. Wie vieles wächst und blüht und reift in der Welt, das, richtig eingesetzt, der Seele in ihrem Kummer beistehen kann.

Wie eigentlich bin ich zu dem Namen »Fräulein von Savern«, Betonung auf der zweiten Silbe, gekommen? War es das flachshelle Haar, das weit über den Gürtel reichte und offen getragen wurde, Sonnenschirmchen oder Pompadour oder die Art zu gehen? »Sie trippelt wie eine vom Theater«, sagte die Tante Oberforstmeister und lobte dann ihre eigenen Enkelkinder, die auf dem Lande wohnten und kräftig ausschritten. In Schillers »Gang nach dem Eisenhammer« kommt eine Gräfin von Savern vor, die sehr fromm und tugendhaft gewesen sein soll, über ein Fräulein des gleichen Namens habe ich nie etwas gefunden. Er könnte also, an meine Existenz gebunden, in den Sprachgebrauch gekommen sein.
Einmal habe ich dem Namen sichtlich Unehre gemacht. Das war, als ich neben Großmutter den Frauenstieg hinaufstolzierte, wo uns drei gewichtige Damen, in schwarze Seide gehüllt, entgegenkamen. An der mittleren funkelte viel Gold, und das muß mich zu dem Scherz aufgereizt haben, den der Onkel Oberforstmeister zuweilen mit mir machte. Ich ging unerwartet auf die mittlere Dame zu, die unangenehmerweise die Frau Konsistorialrat Weber war, zielte mit dem Sonnenschirm mitten auf ihren Bauch und rief jubelnd: »Kieks, mein Fräulein!«
Obwohl ich sie nicht spürbar getroffen und an ihrem Staat nichts verdorben hatte, endete dieser Verstoß gegen die Straßenverkehrs-

ordnung mit einem wüsten Schimpfduett. Die Frau Konsistorialrat fragte kreischend, wem dieses schreckliche Kind gehöre – da sie meine Großmutter gut kannte, wußte sie das natürlich –, und die Großmutter konterte ebenso erregt, daß man sich nicht so anstellen solle wegen eines harmlosen Scherzes, und im übrigen werde mit dem Ausdruck »schreckliches Kind« das Andenken ihres unglücklichen Sohnes verletzt. Empört hasteten die Parteien auseinander, aber Streit weitet sich rascher aus als Feuer. Als meine Großmutter ihrer Schwester von dem Vorkommnis erzählte, warf die Frau Oberforstmeister sich auf die Seite ihrer Schulfreundin, der Frau Konsistorialrat, und flocht an dieser gut geeigneten Stelle wieder das vorbildliche Betragen ihrer Enkel ein, der Kinder des Landarztes Dr. Glück. Meine Großmutter stürmte in die große Diele, auf der eine riesige Wanduhr tickte, stülpte sich den Kapotthut auf, zerrte Mantel und Mütze über mich und verließ mit mir das Haus. Viele Sonntage gingen wir daraufhin nicht zum Poppeschen Mittagessen, wo es immer Wildbret und herrliche Pilze und Preiselbeeren gab, alles frisch aus dem Walde.

Die Glückskinder, wie Poppes Enkel genannt wurden, waren eine robuste Bande von drei Mädchen, aber keineswegs Kinder des Glücks. Zwar schalteten sie, wenn sie bei ihren Großeltern erschienen, nach Lust und Laune, stupsten mich als die Jüngste munter herum und hängten mich einmal sogar an den Füßen an einer Turnstange auf, ließen mich da baumeln, bis das Blut aus der Nase kam und ein hinzueilendes Dienstmädchen mich losband. Oder sie setzten mich in Waldorf, ihrem Wohnort, als dritte auf ein Pferd und schubsten mich, als das Pferd in sanfte Gangart fiel, nach hinten hinunter. Jeder meinte, die Mädchen könnten Bäume ausreißen, obwohl Hilde, die mittlere, mit einem Hüftleiden geboren war und dadurch stark hinkte. Dieses Leiden habe sie böswillig gemacht, behauptete die Großmutter. Alle drei nahmen kein gutes Ende. Irmgard starb fünfzehnjährig an Scharlach, Elisabeth, die kleinste und fröhlichste, geriet mit einundzwanzig in geistige Umnachtung, weil sie gegen ihren Willen Lehrerin werden mußte und nicht das Zeug dazu hatte; sie soll völlig verstummt und so auch hinübergegangen sein. Hilde wurde Apothekerin und haderte gegen Gott und die Welt. Bis zum Fünfundsechzigsten hat sie das ausgehalten. Übrig blieb ein Nachkömmling, der langersehnte Sohn der Familie. Er soll Orchesterdirigent geworden sein. Alles in allem: es nützt nichts, wenn man Glück heißt, man muß es haben.

Den Glückskindern verdanke ich im übrigen mein erstes religiöses Erlebnis. Zu Ostern durfte ich bei Oberforstmeisters Eier suchen und dies in einem winzigen, wunderschönen Garten, der von dem breiten roten Ziegelhaus durch einen gelben Sandweg getrennt war. Den Garten säumten Büsche und Tannen ein, die Mitte hielt der gepflegte Rasen, an dessen Rändern schon die ersten Primeln, goldene Himmelsschlüssel und Tulpen blühten. Tante Poppe hatte im Gärtchen die Ostereier versteckt, wir durften hinüber; die Glückskinder drängten mich wie immer zur Seite und stoben wie eine Meute losgekoppelter Hunde in den Garten hinein. Sie hatten die Eier gefunden, ehe ich zu suchen begann, und stoben zum Hause zurück. »Na komm«, sagte Tante Auguste Poppe, sie sah das leere Körbchen in meiner Hand, suchte in ihrer Schürzentasche und fand ein kleines, buntes vergessenes Ei. »Hier«, sie legte es in meinen Korb, »du bist mir die rechte. Wie sollst du bloß mal im Leben zurechtkommen!« Damit war sie den anderen nach, und ich stand allein in der Sonne und im ersten Vogelflöten.

Während ich zu den Vögeln hinaufhorchte und die Blumen und das bunt eingewickelte Schokoladenei betrachtete, fiel mir der Herr Jesus ein, von dem die Großmutter mir oft erzählte. Wie liebreich er gewesen war, was er für Wunder getan hatte und daß er deshalb vom Tode auferstand und nun an jedem Ostersonntag durchs Land gehe. Wer es von Herzen wünsche, der könne ihm begegnen.

»Ach, laß mich den Herrn Jesus sehen«, sagte ich und hob mein Körbchen gegen den blauen Himmel.

Eine kurze Weile blieb es still, dann ertönte in der Ferne ein eiliges Hufegetrappel, kam näher und fegte am Gärtchen vorbei, ein rotgekleideter Reiter auf einem braunen Pferd. Und der Reiter rief etwas. »Er kommt!« rief er. »In wenigen Minuten wird er hier sein!«

Ich wartete und starrte durch das noch kahle Gesträuch auf die Straße. Und wieder wurde es laut, weit hinten am Rande des Himmels, jagende Pferdehufe, diesmal begleitet von Räderrollen, und dann war er da und vorüber, der von vier Schimmeln gezogene Wagen. Doch so rasch das auch geschah, ich hatte die Gestalt deutlich gesehen, den Mann in der offenen Kutsche, seinen weißen Mantel, die weiße Kappe, das in der Sonne leuchtende Gesicht. Während das Räderrollen fern verscholl, belebte die Luft sich mit dunklem Brausen, die Kirchenglocken läuteten.

Erfüllt von triumphaler Freude stand ich noch lange auf dem gleichen Fleck. Der Herr Jesus war vorbeigefahren, und ich hatte ihn sehen dürfen. Es ist gut, daß ich erst viele Jahre danach erfuhr, wer da in Wirklichkeit vorbeigerollt war: nämlich der Großherzog von Sachsen-Weimar-Eisenach auf dem Wege zum Ostergottesdienst.

Wie ich schon erwähnte, ist der Großherzog, damals ein junger, gutaussehender Mann, des öfteren Gast beim Oberforstmeister Poppe gewesen, der später zum vortragenden Rat, dem ersten Forstbeamten, avancierte. Die Tante Poppe hat manchmal erzählt, in welche Sorge die Familie geriet, als einmal durch ein Hausmädchen gemeldet wurde, der Großherzog befinde sich im Jagdzimmer, und zwar in meiner Gesellschaft. Ich liege dort auf dem Teppich, und der hohe Gast habe sich sogleich in eine Unterhaltung eingelassen.

Das waren bange Minuten, während Onkel und Tante sich hastig umkleideten. Man kannte mich und wußte, daß ich mit Dingen, die mir zu Ohren gekommen waren, nicht hinterm Berge hielt. Lüftete der Besuch sein Inkognito, dann war zu erwarten, daß ich fragen würde: »Bist du nun wirklich so geizig, wie Tante Auguste sagt?« Oder: »Ist es wahr, daß du deine Frau verprügelst?« Zum Glück ist kein Malheur passiert, man fand mich zu Füßen des im Sessel sitzenden Gastes, die großherzogliche Hand ruhte auf meinem Kopf.

In diesem Kopf, hinter der Stirn des Fräulein von Savern, wird sich in der Eisenacher Zeit viel an Dramatik des menschlichen Daseins

gesammelt haben. Die Großmutter war wohl eine Art von Beichtstuhl für unglückliche Ehen; viele Frauen saßen dem geblümten Ohrensessel gegenüber, erzählten, guckten auf den Johannisplatz hinunter und weinten. Andere redeten laut und rasch und fragten, was man da machen könne. Die Großmutter, eine stattliche Erscheinung, war zwar schwarz gekleidet, aber sie wirkte darum nicht traurig; den Halsausschnitt des ernsten Kleides säumte tröstlich eine weiße Spitzenkrause, und vorne trug sie aufhellend eine Elfenbeinbrosche. Ihr graues Haar war im Nacken zu einem Nest gesteckt und an den Scheiteln durch einen Schildpattkamm gebauscht. So saß sie vor den Besucherinnen und hörte zu. Sie konnte zuhören. »Das Kind?« fragte die eine oder andere Frau, aber Großmutter schüttelte den Kopf: »Die horcht nicht hin.«
Und *wie* ich hinhorchte, während ich im Bilderbuch blätterte oder die Puppen an- und auszog! Wenn eine Besucherin sich ausgeweint und ausgeklagt hatte, gab die Großmutter ihren Rat, und sie knüpfte dabei an ihr eigenes Leben an, so daß allmählich ein vollkommenes Bild ihrer Persönlichkeit entstand. Ein Mann, den sie heiß geliebt und mit dem sie verlobt gewesen war, kam aus dem Siebzigerkrieg mit einer jungen Französin als Angetraute zurück. Man weint sich die Augen aus, aber es geht vorüber. Die Zeit heilt alles, auch die unglückliche Liebe. Da kommt dann der junge Lehrer, der neben seinem Amt in der Schule noch Damen vom Weimarer Hof in der Musik unterrichtet – er ist ein begeisterter Cellist –, der hält um die Hand der Verlassenen an, sie schickt ihn nach Hause. Ein Jahr darauf kommt er wieder, sie sagt ja, und es wird eine glückliche Ehe. »Merkt euch einiges, ihr jungen Frauen! Mein Mann mußte um sieben in der Schule sein, aber er hat an keinem Morgen ohne mich am Frühstückstisch gesessen. Ich war da – außer den drei Wochenbetten natürlich –, und ich war angezogen und gut frisiert. Niemals soll sich eine junge Frau mit unfrisierten Haaren zu ihrem Mann an den Tisch setzen. Und niemals soll sie ihn nach einem Zank ohne ein gutes Wort aus dem Hause lassen. Und kümmert euch um seinen Beruf, laßt ihn davon erzählen und sagt niemals: Das berichtest du mir nun schon zum drittenmal. Seid immer und zu jeder

Stunde für ihn da. Ist es anders, so muß er sich für den Geist oder für den Körper nach einer anderen umtun.«
Großmutter hat manche Ehe wieder zusammengebracht, indem sie den Mann zu sich bestellte und sich eine Sache nun auch von der anderen Seite her betrachtete. Sie wußte auch Rat, wenn es um den Tod ging. »Ich habe in einem Jahr meinen lieben Mann, meine verheiratete Tochter und meinen großen Sohn verloren. Wenn sie alle verzweifelten, bin ich in die Küche gegangen und habe die Mahlzeit bereitet. Ich trug die Schüsseln zum Tisch und sagte: Jetzt kommt der Magen zu seinem Recht, und alles andere hat zurückzutreten. Nach dem Essen sind sie dann ruhiger und ansprechbar gewesen.«
Die alten Frauen jener Zeit sind mir als etwas Unverlierbares im Gedächtnis geblieben. Sie nahmen einen breiten Raum im täglichen Leben ein, denn sie waren mit fünfzig schon alt, das heißt, sie trugen ihre grauen Haare mit Würde, sie wetteiferten nicht mit den Backfischen, den Frühlingsblüten, die man heute Teenager nennt; die alten Frauen hatten keinen anderen Beruf als den jetzt verachteten der Hausfrau, und sie langweilten sich nicht, wenn sie eine Krankenpflege meisterten oder mit den Töchtern zum Tanzvergnügen gingen, dort am Rande des Saales saßen und häkelten oder strickten. Sie waren nicht Schablonen, jede mit der Diorfalte im Rock, dem gleichen Haarschnitt, dem hauchdünnen Strumpf, sie hatten ihre Eigenart und ihre besondere Prägung.
Bei Tante Vogt – sie war gewichtig und lebhaft und sollte früher ein Rotfuchs gewesen sein, nicht ganz gesellschaftsfähig und hatte doch einen Postdirektor bekommen – bei ihr drehte sich alles um ihren Terrier Muck, den sie Muckedit nannte und maßlos verwöhnte. Großmutter mochte nicht gern, wenn sie ihn mitbrachte, doch sie kam nie ohne ihn; ihm dagegen war meine Gesellschaft nicht angenehm, er knurrte, wenn ich nur die Hand bewegte. Als er, schon stark bei Jahren, verstarb, ließ seine Herrin ein Fell aus ihm machen, das lag dann am Eingang eines hochherrschaftlichen Zimmers. Obwohl er sich nicht um meine Freundschaft bemüht hatte, war es mir unangenehm, auf Muckedit zu treten, zumal sein Kopf mich immer groß ansah, ich machte einen Bogen um das Fell.

Und da war Tante Jettchen Anhalt, von winziger Gestalt und eine der reichsten Frauen von Eisenach. Sie galt, milde gesagt, als außergewöhnlich sparsam und verschenkte nie mehr als ein Körbchen Birnen aus ihrem Garten. Birnen erntete sie reichlicher als Äpfel. Der Garten hatte es auch ohne Obst in sich, er lag in ganzer Länge an einer Verkehrsstraße und war von ihr durch ein stabiles eisernes Gitter getrennt. Wenn der Kaiser den Großherzog besuchte, was einige Male vorkam, dann zogen die hohen Herrschaften an Tante Jettchens Garten vorüber, und an solchen Tagen vermietete sie ihr Gitter. Wer bezahlt hatte, stand hinter dem Gitter im Garten und konnte hoch über die Menschenmenge an der Straße hinwegsehen. Es war eine besondere Gunst, daß Großmutter und ich umsonst da oben stehen durften.

Welch ein Schauspiel! Zunächst einmal die wartenden Menschen, wie einer sich vor den anderen drängen will, wie der rote Vorreiter dahersprengt: »Sie kommen, sie kommen!« und wie die Menge erstarrt. Und dann die Hofequipagen und Reiter zur Rechten und zur Linken, und dann kommt der Achtspänner, in dem der Kaiser neben dem Großherzog sitzt, und Hüte fliegen in die Luft, und es braust »Hurra!« Ein Meer von winkenden Händen, der Kaiser winkt zurück, erhebt sich halb und lächelt der Begeisterung zu. Ich winke und schreie mit, ich habe einen Kaiser gesehen, nicht einen aus dem Märchenbuch, einen wirklichen, meinen Kaiser.

Während der Beifall in der Ferne neu anschwillt, verstummt er vor Tante Jettchens Gartengitter, und ich höre eine Frau neben mir sagen: »Haben Sie schon gehört, der Großherzog, der Geizkragen, soll seine besten Pferde nicht einmal für den Kaiser anspannen lassen. Das da eben, das war die zweite Garnitur.«

Großmutter war verwandt, verschwägert, befreundet mit ungefähr ganz Eisenach. Zu den Verwandten gehörten der freundliche, stille Onkel Georg, Großvaters Bruder, der Lehrer war, und die zerbrechliche, immer traurige Tante Rosa. Sie wohnten in einer schmucken Villa unterhalb des Gasthauses »Junker Jörg« und hatten neun Kinder. Da ich von allen Seiten Schokolade und Bonbons geschenkt bekam – ich haßte beides –, trug ich ihnen diese Schätze ins Haus.

Alle stürzten auf mich, wenn ich mit meinem Korb erschien, und es war zu merken, daß ihnen an meinen Gaben mehr gelegen war als an meiner Person.

Ich spielte damals selten mit Kindern, höchstens einmal an einem warmen Sommerabend auf dem Hof der Kästnerschen Bäckerei. Dort lag eine graue Treppe, die auf einen Speicher führte, und am Ende des Hofes klaffte ein dunkler Torweg, hinter dem zwei kleine Häuser kauerten. Mittelpunkt solcher Sommerabende bildete die Treppe, ich saß auf einer der oberen Stufen, auf den unteren hatten Ida Kästner und ihre Schulfreundinnen Platz genommen, und manchmal hockten auch noch die Bäckerlehrlinge auf herumstehenden Kisten. Ich erzählte; es waren nicht mehr Duleweihs Geschichten, sondern Begebnisse, die mir einfielen, wenn ich hinter dem schwarzgekleideten Kränzchen durch die düstere Drachenschlucht ging, die kalten Wände der Venushöhle abtastete oder im Rittersaal der Wartburg mit dem Fingernagel leise an der Eisenrüstung kratzte. Räuber und schlimme Hexen kamen in den Geschichten vor, am Ende jedoch siegte wieder die gute Fee.

Alles hörte mir mit größter Spannung zu, und Frau Kästner sagte: »Das wird mal eine Schauspielerin.« Oft schlich ein seltsamer Schatten aus dem Torweg heraus, näherte sich zögernd der Märchentreppe und kauerte sich seitwärts auf den Sand. Es war Mile, die in einem der beiden kleinen Häuser hinter dem Torweg wohnte, schon fünfzehn Jahre alt, und trug eine glatt durchhängende kindliche Schürze, die ihr bis zu den Knöcheln reichte. Ein dünner Zopf baumelte auf Miles Rücken; sie sei nicht ganz richtig im Kopf, sagten die Leute. Gekommen wäre das durch ein Gewitter, sie wurde vom Blitz getroffen, der einen Zickzackstreifen auf ihrem Körper hinterließ. Wenn ich zu Mile hinsah und das Lächeln bemerkte, das bei meinen Erzählungen in ihrem sonst starren Gesicht aufschimmerte, dann begriff ich nicht, warum der liebe Gott es zugelassen hatte, daß der Blitz Mile zeichnete. Auch mit Großmutters Antwort konnte ich nichts Rechtes anfangen. Sie lautete: »Alles geschieht nach Gottes Ratschluß, wir dürfen nicht fragen, warum.«

Eine zweite Verwirrte, die damals in meinen Lebenskreis trat, brachte mich weniger in Konflikt zum Himmel. Es handelte sich um Toni, die fünfunddreißigjährige Tochter von Tante Röschen. Tante Röschen, eine weißhaarige Dame, war mit einem Forstrat verheiratet gewesen, der geistig erkrankte und im Irrenhaus verstarb. Von den vier Kindern dieser Ehe waren alle geisteskrank, drei galten als gefährlich und wurden in drei verschiedenen Anstalten untergebracht. Einmal im Jahr reiste die Frau Forstrat in Tonis Begleitung von Anstalt zu Anstalt, um ihre drei Ältesten zu besuchen.

Toni durfte sie zu Hause behalten, weil die als harmlos angesehen wurde. Sie versorgte den Haushalt und hielt alles blitzsauber. Nur mußte die Mutter ihr jeden Tag aufs neue sagen, was sie in dieser und in der nächsten oder übernächsten Stunde zu tun habe. Toni band sich eine knallrote Schleife ins Haar und behängte sich mit vielen bunten Glasperlenketten, die sie selber aufgezogen hatte. In ihrer Freizeit spielte sie mit einer großen Puppe.

Ich weiß nicht, was meine Großmutter sich gedacht hat, wenn sie mit Tante Röschen einen Ausgang machte, mich in der verschlossenen Wohnung mit Toni zurückließ und mich anwies, gut auf sie aufzupassen. Ich saß also da und beobachtete Toni, die, ihre Puppe wiegend, mit Geträller im Zimmer auf und ab ging, dann zum Fenster trat und plötzlich aufschrie: »O schöner Mann, o schöner Mann!« und dabei in die Hände klatschte.

Wie unerklärlich geht es im menschlichen Herzen zu: Bei Mile hatte ich Mitleid verspürt, aber Toni tat mir nicht ein bißchen leid. In kühler Neugier benutzte ich sie zum Experiment. Ich nahm ihr die Puppe aus dem Arm und bewegte mich damit zur Tür. Toni begann wild zu schreien: »Meine Bubbe, meine Bubbe!« (als Thüringerin sprach sie das P wie B). Mit vorgestreckten, gekrallten Händen stürzte sie hinter mir her, ich flüchtete auf den Gang, die Jagd ging durch die ganze Wohnung. Tonis Augen funkelten, die rote Schleife rutschte ihr auf den abgeflachten Hinterkopf. Einmal war sie mir ganz nahe, ich hatte mich in einer Ecke »festgefahren«, das schreiende Mädchen wollte mich schon packen, da sah ich sie an, und sie

stutzte und wich zurück. Das Geschrei hörte auf, sie setzte sich auf den Teppich und weinte leise und bitterlich. Ich legte ihr die Puppe in den Schoß, sie umschlang sie, und das Weinen ging unvermittelt in helles Gelächter über.
Dieser Wechsel und die Macht, die ich durch bloßes Anschauen über Toni gewann, reizten zur Wiederholung. Und so habe ich diese Sache des öfteren durchgespielt und nicht geahnt, in welcher Gefahr ich mich befand. Weil ich nichts davon erzählte, wußte auch die Großmutter nicht, was da getrieben wurde; so war es gut, daß die Geschichte mit dem Milchmann passierte. Toni hatte die Angewohnheit, männliche Besucher zu küssen, der Bäckerlehrling und der Postbote ließen daher große Vorsicht walten. Und gerade dem kaltblütigen Milchmann, der behauptet hatte, er werde sie schon zurechtboxen, flog Toni so unvermutet an den Hals, daß beide die Treppe hinunterpurzelten. Toni wurde verletzt, und seitdem ließ Tante Röschen sie nicht mehr allein.
Wir waren mit Tante Röschen nicht verwandt, man hatte nur jahrelang auf der gleichen Etage gewohnt, Tante Röschen mit ihrem großen Kummer und Großmutter mit ihrem kranken Mann. Tante Röschen erzählte mir, daß meine Großmutter das schönste Mädchen von Eisenach gewesen sei. »Die hätte einen Grafen haben können und nimmt einen kleinen Lehrer.« Sie war eine von den vier Töchtern des Hofmechanikus Zwez, das alte Patrizierhaus stand noch am Markt. Als Heiratsgut bekam sie ein Haus mit; es hieß der »Ackerhof«, lag vor der Stadt und hatte einen Garten, durch den ein Bach floß.
»Dieses Paradies«, erzählte Tante Röschen, »hat deine Großmutter verkaufen müssen, weil dein Großvater krank wurde, Schlaganfall und rechtsseitig gelähmt, und weil er sich, sobald er allein war, in dem Bach ertränken wollte.« Schade, einen Garten mit einem Bach hätte ich gern gehabt. »Zehn Jahre haben wir dann hier, im Hause von Duffern und Herbst, zusammen gewohnt, und ich habe ihr geholfen, den Rollstuhl die Treppe auf und ab zu schleppen.«
»Ach, das versteht sie nicht«, sagte Großmutter, als ich sie danach fragte. »Ich habe meinen Karl Valentin sehr liebgehabt.«

HIMMELSSCHLÜSSEL

Es war Frühling, und wir fuhren mit Poppes im Landauer nach... ich glaube, der Ort hieß Unkerode. Mir klang er damals immer nach »Onkel Roda« im Ohr. Während dieser lenzlichen Fahrt saß der bärtige Onkel Poppe vorne beim Kutscher, und Tante Auguste und die Großmutter lehnten im Rücksitz; ich kauerte auf dem Bänkchen davor und blickte auf den leicht im Winde wehenden Brief, den die Großmutter in der Hand hielt und aus dem sie vorlas.
Der Brief kam von meiner Mutter, es stand einiges darin, worüber Tante Auguste laut lachte. Von Frau Dr. Bickel-Gans war die Rede und von Fräulein Dr. Augsburg, den Leiterinnen der Handelsschule, in der die Mutter jetzt Stenographie und Schreibmaschine lernte. Das Fräulein Augsburg hielt öffentliche Vorträge und hatte dabei gesagt, die Menschen sollten sich nicht mehr verheiraten. Ein Mann schrieb daraufhin in einer Hamburger Zeitung: »Fort mit der standesamtlichen Trauung, sie ist eine Last – sei froh, Fräulein Augsburg, wenn du erst einen hast.«
Die Großmutter lachte nicht über den Brief, auch nicht an dieser Stelle. Es war weiter die Rede von dem möblierten Zimmer, in dem die Mutter wohnte, und von den freundlichen Vermietern. Die Eltern des Postbeamten luden die Mutter und Erich fast an jedem Sonntag zum Mittagessen ein, obwohl sie selbst nicht auf Rosen gebettet waren; nun sei der zweitälteste Sohn von einer Übung bei den Soldaten nach Hause gekommen und habe schon am ersten Sonntag einen Spaziergang mit ihr gemacht, und Erich hätte nicht laufen wollen, da habe er den auf dem ganzen Rückweg getragen.
»Sie brennt schon wieder lichterloh«, sagte die Großmutter. »Denk an meine Worte, ehe das Trauerjahr zu Ende ist, hat sie den zweiten Mann.«
Lichterloh? Ich sah die Mutter vor dem Spritkocher in der Küche stehen, die Löckchenschere in der Hand, die Ärmel ihres Morgenrockes brannten, das bläuliche Feuer wollte einen Kreis um sie schließen, und sie warf die Decke darüber und erstickte es.

»Na, freu dich doch«, meinte Tante Auguste. »Wenn sie heiratet, bist du die Sorge los.«

»Mein armer Sohn«, seufzte die Großmutter. »Aber er ist ja in sein Unglück gerannt.«

Irgendwie war mir das Gespräch unangenehm. Als der Wagen hielt, weil man eine schöne Aussicht genießen wollte, nahm ich die Gelegenheit wahr und kletterte hinaus. Um mich noch weiter davon zu entfernen, erstieg ich den seitlichen Wall, auf dem eine Wand dunkler Tannen wuchs, zwängte mich zwischen den Stämmen durch und stand vor einer Zauberwelt. Eine kleine Lichtung war über und über mit gelben Schlüsselblumen bedeckt, es sah aus wie ein goldenes Eiland, so schön, so still, daß es gar nicht von dieser Welt sein konnte.

Ich rief die anderen, und alle kamen, sogar der Kutscher stakte mit nach oben. Die Stille war unterbrochen von den Rufen der Begeisterung. Ich pflückte mir einen Strauß, und die Großmutter sagte: »Sie werden welk sein, bis wir nach Hause kommen.«

Während wir weiterfuhren, mußte ich die Blumen immerfort betrachten, ihr feiner Duft stieg mir in die Nase. »Warum heißen sie Himmelsschlüssel?« wollte ich wissen.

»Das ist so«, sagte Tante Auguste. »Wer hier von der Erde fort muß, der hat am Himmelstor immer eine gehörige Wartezeit. Er muß sich dann überlegen, was er hier unten falsch gemacht hat. Wer aber einen Himmelsschlüssel bei sich hat, der kann sich selbst die Tür aufschließen, und also husch hinein auf die Himmelswiese.«

Als wir am Abend heimkamen, waren die Himmelsschlüssel matt und gebeugt, im Wasser erholte sich nur eine Blüte, und die preßte ich mir in einem Märchenbuch.

Es war Winter, als ich mich wieder an die Blumen erinnerte. Durch den frostklirrenden Wald fuhren wir im Schlitten an dem Wall vorüber, hinter dem die gelbe Pracht im Frühling geblüht hatte, und ich verlangte, der Schlitten solle anhalten. Ich müsse nachsehen, ob die Himmelsschlüssel unterm Schnee vielleicht noch da wären.

Ich steckte bis zum Hals in einem Pelzsack und wollte heraus, strampelte, stieß Tante Auguste dabei gegen das Schienbein, so daß

sie laut schrie und mich einen ungeratenen Balg schimpfte. Natürlich hielt man nicht an, und ich benahm mich weiter wie eine Verrücktgewordene. Dann waren wir in Wilhelmstal, unserem Fahrtziel, ich wurde ausgepackt, und Tante Else, die Mutter der Glückskinder, rief: »Um Gottes willen, die hat ja Scharlach.«
Die Pferde wurden gewechselt, und zurück ging es im Trab. Von den nächsten Wochen weiß ich nur durch die Berichte der anderen. Zur gleichen Zeit lagen viele Kinder am Scharlach krank, Irmgard, die Älteste der Glückstöcher, bekam ihn auch und starb daran. Ich bin wohl gut im Training gewesen, denn in den Jahren vorher hatte ich alles durchgemacht, was so anfallen kann: Keuchhusten, Masern, Röteln, Windpocken, Nesselfieber; und Scharlach bildete nun den Schlußpunkt. Durch die Fahrt im Eiswind war noch ein Lungenspitzenkatarrh dazugekommen, das Fieber balancierte auf Höhen, die mich bewußtlos machten. Ernährt wurde ich mit Apfelsinensaft, und immer wieder hätte ich den Himmelsschlüssel haben wollen, der gepreßt in meinem Märchenbuch lag.
Am Tage teilten sich Großmutter und eine evangelische Schwester in die Pflege, nachts wachte eine katholische Schwester bei mir. Die Großmutter kannte sie, und sie hatte sich angeboten.
Diese Schwester Angela kam eines Abends, um ihren Nachtdienst anzutreten, sah meine Großmutter angstvoll an und fragte: »Lebt sie noch?« Und als Großmutter das bejahte: »In der vergangenen Nacht sah sie aus wie ein seliges Engelchen.«
Am folgenden Tag hat das selige Engelchen sich im Bett aufgerichtet, mit ganz klarem Blick, und hat den ersten Satz nach langen Wochen herausgebracht: »Ich möchte jetzt ein Stück Schwarzbrot mit Schmeer.« Schmeer ist ein thüringscher Ausdruck für Schmalz.
Da ich damals ein schlechter Esser war, haben der Großmutter vor der Verantwortung ein bißchen die Beine gezittert. Sie lief zum Schlachter Höding, und Frau Höding, ein früheres Hausmädchen von ihr, beruhigte sie. Nach einer so schweren Krankheit müsse man genau das bekommen, was man sich zuerst wünsche, und danach brauche man keinen Arzt zu fragen. Aber die Speise müsse geschenkt werden, beileibe dürfe man sie nicht bezahlen. Sie schenkte

der Großmutter also Schmeer, und Kästners schenkten schwarzes Brot, und zu Großmutters Entsetzen forderte ich nach und aß statt einer Schnitte gleich drei, dick bestrichen mit dem Fett. Und von der Stunde an kam das Fieber nicht zurück, ich stand auf, lernte an Tischen und Stühlen wieder gehen und hatte meinen Himmelsschlüssel nicht gebraucht.

Etwas Unangenehmes zog der Scharlach noch nach, der Arzt verordnete eine Erholung in Salzungen, und die Großmutter mußte mich dorthin in ein Kinderheim bringen. Das Heim wurde von erholungsbedürftigen Schwestern geleitet, und das spürte man auf Schritt und Tritt. Ein gereizter Ton herrschte vor, die Kinder lärmten, ohne fröhlich zu sein, sie prügelten sich untereinander, und die Schwestern fuhren mit Geschimpfe dazwischen. Sehr früh am Morgen wurde geweckt, der Schwamm fuhr einem übers Gesicht, der Kamm ratschte durch die Haare, und dann ging es treppabwärts in einen Korridor, und vor der Tür der Oberin sammelte sich die Kinderschar. Eine Schwester sagte: »Eins, zwei und – drei.« Und danach erschallte laut aus allen Kehlen: »Lobt froh den Herrn, ihr jugendlichen Chöre...«
Jeden Morgen zur selben Zeit dasselbe Lied, das ist mir über Jahrzehnte nachgegangen, mich ergriff Traurigkeit, sobald ich den Choral irgendwo hörte.
Nach seinem Absingen ging es in Viererreihen auf den Morgenmarsch durch die Salinen. Dieser Weg zwischen den schneeweißen Salzwänden, die mir dazumal riesig hoch vorkamen, blieb mir ebenso unvergessen. Es schien dort eine feierliche Stimmung zu weben, ganz leise tropfte das Wasser. Besucher des Bades hatten an Zacken und Vorsprüngen Körbchen angehängt, die überzogen sich mit glitzernden Salzkristallen. An den Gebilden hingen blanke Tränen, sie weinten, weil sie so verlassen in der Fremde hingen.
Ich machte es ihnen nach und weinte viel. Schon nach dem ersten Spaziergang löste sich ein Tränenstrom. Dann erst gab es Frühstück, aber dazu mußte man Milch trinken, und Milch war etwas, was durchaus nicht in mich hineinwollte. Eine Schwester öffnete

mir gewaltsam den Mund und brachte mir auf diese Weise den Morgentrank bei; der Magen rächte sich und gab das Erzwungene wieder heraus. Das aber entfesselte einen Entrüstungssturm, der über das »eigensinnige Geschöpf« hinwegfegte. »Sie bekommt kein Spielzeug zur Strafe.« Fertig, punktum.
Es ist nicht schön, ohne Spielzeug auf einem sandigen Spielplatz zu stehen, und die anderen fahren hämisch mit einem Puppenwagen vorbei oder ziehen ein Pferd hinter sich her. »Siehst du, das kommt davon.« Und die Schwestern: »Da hast du's nun. Morgen wirst du deine Milch wohl trinken.«
Zwei von den vier Wochen stand ich es durch. Auch das Gehänsel im Schlafsaal, denn wenn das kleine Kroppzeug merkt, einer ist angeschossen, dann verbellt es ihn und beißt zu, wo es nur geht. Gegen Abend war ich auf die Straße gegangen wie schon oft, um auszuschauen, wo wohl der Weg nach Eisenach lief. Da kam jemand aus dem Haupthaus heraus, und das war niemand anders als meine liebe Nachtschwester Angela. Ich rannte auf sie zu, schlang die Arme um sie und krallte mich an ihrem Kleid fest. Gesagt habe ich zunächst nichts, nur immerfort geschluchzt. Sie sei von der Großmutter geschickt, sagte sie, um nachzusehen, ob es mir gutgehe. Und nun erfuhr sie, wie schlecht es mir ging und daß sie mich mitnehmen müsse, bitte, bitte, so, wie ich war. Nur nicht ins Haus zurück, dann würden sie mich wieder festbinden wie neulich, als ich den Weg hinuntergelaufen war, um zum Bahnhof zu kommen.
Schwester Angela tat etwas, was ungewöhnlich war, sie nahm mich an der Hand und strebte sehr eilig mit mir zum Bahnhof. Die Eile tat not, denn der Zug kam schon nach wenigen Minuten. Ehe wir einstiegen, gab sie einem Mann Geld. Er solle ins Heim gehen, trug sie ihm auf, und der Schwester Oberin berichten, daß sie mich mitgenommen habe.
»Du großer Gott«, sagte die Großmutter, als sie mich neben Schwester Angela vor der Tür stehen sah. Ich soll zum Erschüttern ausgesehen haben, blaß und schmal, mit vernachlässigtem Haar und schmutzigen Ohren und tiefen Schatten unter den Augen. Schwester Angela hat am anderen Tag meine Sachen geholt, und damit war

das Kapitel »Lobt froh den Herrn, ihr jugendlichen Chöre« für mich abgeschlossen.
Erholungsbedürftig blieb ich, und darum sollte ich fürs erste nicht eingeschult werden. Herr Gruber wurde mein Hauslehrer; er hat mir später erzählt, ich sei der schwierigste Fall in seiner ganzen Amtszeit gewesen. Das Lesen und das Schreiben schien nicht mein Fall zu sein, es war fast unmöglich, mir dies beizubringen. Sobald sich ein Buchstabe oder eine Zahl als kompliziert erwies, hätte ich ein Geräusch auf der Treppe gehört oder den dringenden Wunsch gehabt, Wasser zu trinken, und auf und aus dem Zimmer, abwesend, bis sie mich wieder eingefangen hatten. Da es im Leben immer wieder Wunder gibt, habe ich schließlich doch noch gelernt, zu lesen und zu schreiben.

Es ist meiner Großmutter sehr schwergefallen, ihre Vaterstadt zu verlassen, und es wäre besser für sie gewesen, wenn sie es nicht getan hätte. Tante Ella hatte ihr geschrieben, daß sie ein Kind erwarte und ihre Mutter bitte, nach Köln zu kommen und für immer bei ihr zu bleiben. Die Entscheidung, ob ja oder nein, lag in Hamburg. Würde meine Mutter einwilligen, daß ich ganz bei der Großmutter blieb, dann wollte die weiter in Eisenach wohnen und meine volle Ausbildung, möglicherweise als Lehrerin, übernehmen. Stimme meine Mutter dem nicht zu, so werde die Großmutter dem Notruf ihrer Tochter folgen.
Meine Mutter stimmte nicht zu. Sie hatte sich inzwischen wieder verheiratet, und zwar mit dem Bruder ihres Hauswirts, eben jenem jungen Mann, der von den Soldaten kam. Noch war nicht heraus, ob sie in Hamburg bleiben würden, und so lange dürfe Großmutter mich noch behalten. Danach aber gehöre ich in die neue Familie.
Ehe wir nach Köln abreisten, trafen wir auf der Straße eine grauangezogene Dame, die bei Großmutter stehenblieb und es sehr bedauerte, daß die das gute alte Eisenach verlassen werde. Die Dame sah auch mich an, recht genau, wie mir schien, und sagte: »Ja, sie hat Ähnlichkeit mit ihm.«
Als ich Großmutter nach ihr ausfragte, seufzte die tief: »Das war

meine liebe Martha, die Braut deines Vaters. Sie ist ein reiches Mädchen, das große Haus neben der Post gehört ihr. Zwei Jahre waren die beiden verlobt und standen kurz vor der Hochzeit. Da hat dein Vater deine Mutter getroffen, und das machte alles zunichte. Na, komm«, sagte Großmutter und zog mich fort, weil ich der Dame nachsah, »es ist nicht mehr zu ändern. Aber Martha ist eine Geschäftsfrau, wie sie nicht besser sein könnte, mit ihr wäre er nie in diese Not gekommen, und leben würde er heute noch.«
Ich überlegte mir, wie das sein würde, wenn Hugo noch lebte. Dann wäre die Dame im grauen Kostüm meine Mutter, denn wenn er sie geheiratet hätte, und nur dann, lebte er ja noch. Meine Gedanken flogen nach Hamburg, und es war merkwürdig – ich konnte mir nicht mehr vorstellen, wie meine Mutter aussah. Die Hamburger Wohnung, meine Brüder, alles lag in unendlichen Fernen, Hugo als einziger leuchtete noch hervor. Doch das kam wohl, weil die Großmutter täglich von ihm sprach.
Die kleine, hutzelige Frau Etzel, Großmutters alte Zugehfrau, half beim Einpacken des Geschirrs, der Töpfe und Pfannen, die mit nach Köln sollten. Sie wohnte in einem Walddorf vor Eisenach und war seit Jahren jeden Freitag von dort zu Fuß in die Wartburgstadt gekommen, vom Frühjahr bis in den Herbst hinein barfuß. Die Schuhe lagen dann in der Kiepe, die sie auf dem Rücken trug, und wurden erst angezogen, wenn die Stadtgrenze erreicht war. Ihr Lohn war gering; wenn sie nach getaner Arbeit ging, warf Großmutter ihr noch ein paar Brotknüste in die aufgeschnallte Kiepe, und dafür bedankte sie sich immer sehr froh. Ein heiterer, glücklicher Mensch trotz ihrer tiefen Armut.
Die Abschiedsbesuche wurden gemacht, und das Kränzchen, die Leidenrothen, wie man es thüringisch zu dehnen pflegte, die Sauermilchen, die Schwarzen, die Vogten, weinten. Frau Oberforstmeister Poppe tat nichts dergleichen. Sie sagte: »Die Grube, in die sie hineinfallen, graben die Leute sich meistens selbst. Du wirst noch früh genug einsehen, was du dir eingebrockt hast.«
»Ella ist das Letzte, was mir geblieben ist«, antwortete die Großmutter. »Das Kind nimmt sie mir ja wieder ab, wie du weißt.«

Nun war ich also wieder dort, wo ich das Licht der Welt erblickt hatte, und beim ersten Erwachen stellte die Stadt am Rhein sich mir weit eindrucksvoller vor als damals. Das Fenster stand offen, und von den Kirchen läuteten die vielen Glocken. Das herrliche Morgengeläut hat mich eingefangen, sooft ich meine Geburtsstadt später besuchte.

Wir wohnten in Köln-Nippes in der Siebachstraße und saßen dort gleichsam auf dem Sprung. Tante Ella bekam einen Jungen, den sie nach meinem verstorbenen Bruder Kurt nannte, und die Wohnung wurde so eng, daß ich auf dem seidenen Sofa im Salon schlafen mußte. Es war das roseefarbene Sofa, das Tante Ella sich gewünscht hatte und auf dem sie abends und jeden Sonntag Hand in Hand mit dem Onkel Julius sitzen wollte. Ich fragte sie, ob sie das nun auch täten, und sie erwiderte mit einer Stimme, die mir traurig vorkam: »Ach, schon längst nicht mehr.« Zuerst, ja, da saß man dort einmal am Sonntagmorgen, aber dann war der schwere, bronzegerahmte Spiegel eines Nachts heruntergefallen, der hätte das Ehepaar erschlagen, falls es gerade unter ihm gesessen hätte. Den Spiegel hängte man nicht wieder an die Stelle, aber man saß trotzdem nicht auf dem rosa Sofa. Das blieb jetzt ein Platz für Besucher.

In dem Hause in der Siebachstraße sollte es überdies Wanzen geben, auch bei uns wurde desinfiziert, und mein in dem Raum verwahrtes Lakritzenwasser war dadurch ungenießbar geworden. Darum war ich recht froh, als wir zum Krefelderwall umzogen in ein schönes, neues Haus, das dem ehemaligen Festungswall gegenüberlag. Ich bekam mein Bett im Wohnzimmer der Großmutter. Die gleichen Möbel wie in Eisenach umgaben mich, das Sofa, die kleinen Sessel, der runde Tisch, der tabakfarbene, geblümte Sorgenstuhl. Von dort fiel der Blick auf das bärtige Gesicht des Großvaters, mit dem die Großmutter jeden Abend ausführlich den Gang des verflossenen Tages besprach; was sie getan und nicht getan habe, erzählte sie und fragte ihn, ob er zufrieden sei mit ihrem Verhalten oder ob er wünsche, daß sie sich in diesem und jenem ändern solle.

Mit Herrn Gruber als Hauslehrer war es vorbei, ich ging in die Schule am Eigelstein und hatte einen ziemlich weiten Schulweg.

Erst schaffte ich ihn in Begleitung von Onkel Julius, der bei einer Bank in Eigelsteinnähe beschäftigt war, und während wir so dahintrabten, die Neußer Straße hinauf, über den Deutschen Ring und durch das mächtige Eigelsteiner Tor, kam manchmal der frühere lustige Onkel Julius zum Vorschein. Er machte einen Spaß mit einer der beiden Frauen, die mit ihren Körben rechts und links am Tor saßen, kaufte mir entweder bei der einen für einen Fünfer Johannisbrot oder bei der anderen ein Apfelbrötchen und mahnte, ich solle zu Hause nichts davon erzählen. In der Wohnung verhielt er sich meistens still, las, bastelte an seinem Aquarium, in dem er seltene Fische züchtete, oder hantierte an den Vogelkäfigen, die in der großen Küche eine Wand einnahmen. Unter den Vögeln war ein Dompfaff, der pfiff das Lied »Ach, ich hab sie ja nur auf die Schulter geküßt« und fing damit an, sobald der Onkel den Schlüssel ins Schloß der Wohnungstür steckte. An der Art des Aufschließens erkannte er, wer da kam.

Aus einem Gespräch der Großmutter mit Lina, der zweiten Frau von Großvater Neukirchen, erlauschte ich, daß in der Ehe von Tante Ella nicht alles lief, wie es hätte laufen sollen. Das erste, sehr heftige Zerwürfnis sei kurz nach der Hochzeit der Nachricht von meinem Unglücksfall gefolgt. Meine Mutter und ihr Bruder waren der Ansicht gewesen, daß Tante Ella die Schuld daran trage, weil sie mich beim Fest nicht hatte dabeihaben wollen. Der Onkel Julius solle gesagt haben: »Das vergesse ich dir nie, und wenn du hundert Jahre alt wirst.« Ich überlegte es mir ein paar Tage und sagte dann zu Tante Ella: »Du bist nicht schuld, daß mir so etwas passiert ist. Auf der Hochzeit hätte ich genauso hinfallen können.«

Sie gab ihrem kleinen Kurt gerade die Flasche und sah mich überrascht an. »Du nimmst es doch nicht schwer?« fragte sie. »Du bist doch immer ganz vergnügt.«

»Ich nehme es überhaupt nicht schwer«, sagte ich. »Andere Leute haben viel schlimmere Sachen.«

»Das erzähle mal deiner Mutter und dem Onkel Julius«, sagte sie. »Die Hamburger werden ja bald kommen und dich abholen.«

Ich spürte einen heißen Schrecken. »Aber doch jetzt noch nicht?«

fragte ich. Es erschien mir undenkbar, von hier fortzumüssen, getrennt zu werden vom schönen Geläut der Agnes-Kirche, vom Wall, der wie ein grüner Seedeich vor meinem Fenster lag, von der Großmutter, vom kleinen Kurt, von Fräulein Fiebig, meiner Lehrerin, von Elli Maurer, meiner Freundin.

Elli bot übrigens den Anlaß dafür, daß eines Tages die Polizei meinethalben alarmiert wurde. Nach der Schule überredete sie mich, mit in ihre elterliche Wohnung zu kommen. Die lag in einer dunklen Gasse hoch unterm Dach, und ich fand das riesig interessant. Auch daß Ellis Vater Maurer war und Maurer hieß, fand ich bemerkenswert und überhaupt alles, was mit ihr zusammenhing; auch die Äußerung der Großmutter, daß man gegen solche Leute nett sein müsse, aber nicht mit ihnen verkehren könne.

Obgleich es in der Wohnung der Maurers recht dumpf roch, schmeckte mir ihr Mittagessen bedeutend besser als das von Tante Ella, in das immer sehr wenig Fleisch und Fett hineinkam. Der Blick über Dächer und Schornsteine war prachtvoll, und das Abenteuer nahm seinen Fortgang, als wir, mit einem großen Korb ausgerüstet, in den Konsum geschickt wurden. Elli gab Korb und Zettel ab, dann saßen wir lange auf einer Bank, Elli kannte Kunden und Verkäufer und berichtete von ihnen, und weil so viele Leute etwas haben wollten, waren wir wohl vergessen worden. Gegen sieben Uhr abends erinnerte man sich wieder an uns, das war die Zeit, als die Polizei auf die Suche nach mir ging.

Da ich bei Maurers noch Abendbrot bekam, fand sie mich nicht, so ging ich seelenruhig mit aufgeschnalltem Ranzen heim, es war schon ganz dunkel und muß um die neunte Stunde gewesen sein.

Es war das erstemal, daß der Onkel Julius Hand an mich legte, er packte mich und schüttelte mich und sah dabei ganz weiß und elend aus. Die Großmutter schluchzte, und Tante Ella gab ihr Herztropfen.

Das Schütteln nahm ich dem Onkel Julius übel, aber ein anderes Mal sollte es noch heftiger zwischen uns zugehen. Ich hatte in einer Zinnkanne Bier geholt, ein leichtes Bier, das manchmal zum Abendbrot getrunken wurde. Ich bekam dann immer ein kleines Glas mit.

Aber an jenem Abend war ich ungezogen gewesen, und deshalb hieß es: »Heute bekommst du kein Bier!«
Am Trank selber lag mir weniger, aber mich kränkte der despotische Entzug. Ich rannte in Großmutters Schlafkammer, die zum Hof hinaus an einem tiefen Luftschacht lag. Unsere Wohnung befand sich im zweiten Stock. Ich kletterte auf die Fensterbank, riß das Fenster auf und balancierte auf dem Brett: »Wenn ich kein Bier bekomme, springe ich jetzt runter in den Hof.«
Man war mir gefolgt, und man stand regungslos an der Schwelle. »Nicht erschrecken«, flüsterte die Großmutter. »Komm, liebes Kind«, hauchte sie.
Der Onkel Julius faßte sich zuerst. Mit zwei Panthersprüngen war er am Fenster und hatte mich erfaßt. Und herab von der Fensterbank, das war nur ein Griff, mit dem anderen legte er mich übers Knie. Das tat der nette Onkel Julius, der mit mir ausgekniffen war, sobald seine Braut hinter der Hausecke verschwand.
Schon in der frühen Jugend ist vieles geschehen, für das man sich heute entschuldigen möchte, für Ängste und Sorgen und Ärger, die man den anderen gebracht hat. Wenn das nur ginge. Über Gräber hingesprochen kommt die Entschuldigung nicht mehr an. Oder – doch?

ADIEU, BIEBE

Merkwürdig ist das mit der Liebe. Sie kommt unerwartet, und sie ist nicht an äußere Vorzüge gebunden, wenn es die richtige Liebe ist. Ich hatte den kleinen Kurt, den Tante Ella mit der Flasche ernährte, wenig beachtet, es war mir sogar unangenehm gewesen, daß er abends so oft schrie und dann von Onkel Julius unter leisem Summen durch den langen Korridor getragen wurde. Dann fing er an zu kriechen, hob sich an Tischdecken und Stühlen empor, und plötzlich begann er schnell und trappelnd zu laufen. Das war um die Zeit, als Tante Ella an der Nähmaschine saß und ihm ein Kleid nähte. Sie hatte, wie alle Bürgerstöchter von Eisenach, einen Weißnähkurs durchgemacht und nichts dabei gelernt. Aber sie war damals noch eine stolze Mutter, die ihren Sohn selbst einkleiden wollte.

Ich kam aus der Schule und trat durch die Flurtür. Vor mir streckte sich der Korridor und bog dann um in Richtung Salon. Aus dieser Gegend erscholl ein wildes Getrappel winziger Schuhe, und um die Ecke kam etwas wie ein kleiner Strohwisch, Kurt mit aufgesträubtem, düsterem Haar, in einem Kleid, das ihn faltenreich umwallte und bis auf den Boden reichte. Die Arme steckten in engen Röhrenärmeln, die kaum eine Bewegung erlaubten. Das Bündel Menschlein jauchzte meinen Namen, ich hockte mich nieder, und es stürzte mir um den Hals. Das war der Anfang einer großen Liebe.

Der Großmutter verschlug es wieder einmal den Atem, als sie beim Heimkommen aus dem Kränzchen, sie hatte bereits ein neues, ihren Enkel im Haschespiel mit mir fand. »Du großer Gott«, rief sie – dieser Ausruf war typisch für sie –, »das Kind sieht aus wie 'n Bettelmönch.«

Seit Kurt der zweite, also gewandet, auf mich zugestürmt war, wurde es mir hart, in die Schule zu gehen, und froh bei der Heimkehr. Und dabei war er nicht im geringsten hübsch etwa wie mein erster Kurt, hatte einen gelblichen Teint und enge, helle Augen, trotzdem wurde er mein »Biebe« und flitzte bei diesem Anruf aus dem entferntesten Winkel.

Meine Mutter hatte neben dem Onkel Julius noch einen zweiten Bruder in Köln, den Onkel Robert, damals schlank und elegant und voller Witze. Was gerade angesprochen wurde, es konnte ein Faß Sauerkohl sein, ließ ihn stutzen: »Moment, dabei fällt mir ein Witz ein.« Wenn er in dem Zusammenhang den Blick unsicher prüfend auf mich lenkte, gab der Onkel Julius mir einen Auftrag. Etwa: »Sieh doch mal nach, ich glaube, die Haustür ist nicht abgeschlossen.« Ehe ich noch an dieser Tür war, erscholl im Zimmer eine Lachsalve.

Der Onkel Robert hatte eine magere blonde Frau namens Milli, sie war lungenkrank, und mir wurde anbefohlen, in ihrem Haushalt nichts Eßbares anzunehmen. Auch Onkel Roberts erste Frau war tuberkulös gewesen und hatte, ehe sie starb, ihren Sohn Karl angesteckt; Karl wiederum übertrug die Krankheit auf die junge Stiefmutter, und diese verlor am gleichen Übel ihr kleines Mädchen. Karl lebte und hustete Blut in ein großes Taschentuch. Ich machte dort häufig Besuch und glaubte mit der Großmutter, daß es ungefährlich sei, solange man keine Nahrungsmittel zu sich nahm. So war das zu der Zeit; wer kein Geld für ein teures Heilbad hatte, lebte unbehindert in der gewohnten Umgebung und streute seine Bazillen aus.

Mir haben sie nichts angetan. Aber etwas anderes begann mich zu beschäftigen. Tante Milli sagte mir, Kurt und ich seien gleichermaßen völlig falsch erzogene Kinder, und wir würden es deshalb später schwer im Leben haben. Ich empfand mich eigentlich als ziemlich artig, ich machte meinen Knicks und hatte mir das Dazwischenreden abgewöhnt. Aber es muß da doch etwas gewesen sein, was nicht seine Richtigkeit hatte. Ich denke dabei an meine Drohung, in den Hof hinunterzuspringen, falls ich kein Bier bekäme. Der Onkel Julius hatte mir zwar empörenderweise eine Tracht Prügel verpaßt, aber die Großmutter stellte das Erziehungsmittel wieder in Frage. Sie kam nämlich, als ich schluchzend im Bett lag, leise zur Tür herein und trug ein Glas Bier ans Lager, das um ein Stück größer war als das kleine gewohnte. »Hier, mein Schatz«, raunte sie, »hast du dein Bier. Aber sag es keinem, sonst fallen sie wieder über mich alte Frau her.« Ich trank im Triumph, ich hatte gesiegt! Und Großmutter sagte: »Wenn dein Onkel das Kind meines Sohnes noch einmal anrührt, dann gnade ihm Gott.«

Auch Biebe war nach Tante Millis Meinung also unerzogen, vielleicht darum, weil er sich, wenn er etwas nicht haben sollte, grell kreischend auf den Rücken warf und mit den Schuhen die Tür bearbeitete. Ich fand das niedlich und lachte immer sehr darüber.

Der Tag kam, an dem mir das Lachen verging. »Sie kommen«, sagte die Großmutter unter Tränen. »Sie holen dich, mein armer Schatz.« Ehe der gemeldete Besuch eintraf, wurde ich noch Zeuge eines Streites, der mich tief erschütterte. Im seidenen Salon standen sich die Großmutter und der Onkel Julius gegenüber. Der laute Schall ihrer

Stimmen hatte mich hergetrieben, entsetzt stand ich in der Flügeltür und blickte auf zwei wutverzerrte Gesichter.
»Du richtest mein unglückliches Kind zugrunde«, schrie die Großmutter. »Was ist sie denn, deine Dienerin, dein Schuhputzmädchen! Aber du hast ja deine Vögel und deine Fische, wozu brauchst du noch eine Frau!«
»Sehr richtig«, brüllte der Onkel zurück. »Nur hätte ich mir das früher überlegen sollen. Aber merkt euch eines, ihr beiden: eines Tages nehme ich Stock und Hut und...« Er brach ab, jetzt erst hatte er mich entdeckt. Rasch kam er auf mich zu, nahm mich an der Hand und führte mich hinaus. »Geh in die Küche und schau mal nach dem Dompfaff.«
In der Küche saß Tante Ella, eine Schüssel mit Kartoffeln im Schoß, die sie hatte schälen wollen. Die Hand mit dem Messer hing kraftlos herab. »Was kann ich nur machen?« fragte sie. »Großmutter mischt sich in alles ein, und zu wem soll ich halten, wenn sie streiten, zu meinem Mann oder zu meiner Mutter?«
»Wären wir doch lieber in Eisenach geblieben«, sagte ich. »Dann könnten sie sich nicht zanken, und dann kämen die aus Hamburg nicht, um mich hier abzuholen.«
Ich sagte »die aus Hamburg«, so fremd war mir meine Mutter geworden. Als ein unbekanntes Wesen sah ich sie eine Woche darauf aus dem Zug steigen, eine fremde, hübsche Dame in einem hellkarierten Mantel, dazu trug sie einen runden, gradrandigen Strohhut. Der Junge im Matrosenanzug war wohl Erich, er stupste mich gleich in die Seite, was mir gar nicht gefiel. Danach kletterte ein fremder Herr aus dem Zug, der einen kleinen Jungen auf dem Arm trug. »Das ist dein Bruder William«, sagte meine Mutter, während sie mich auf den Herrn zuschob. »Und das ist Papa, dein neuer Vater.«
Der Junge guckte mich aus großen braunen Augen an. Er sah dann zu einem Nebengleis hinüber, auf dem ein Tiertransport vorbereitet wurde, und sagte ernst: »Da geht Hühü.«
Vierzehn Tage lang hatte ich Zeit gehabt, mich an sie zu gewöhnen, doch es gelang mir nicht. Zu viel stand auf der Tagesliste: Abschied

von der Schule und einer geliebten Lehrerin, Abschied von Elli Maurer, von der Großmutter, von Biebe.

»Nichts essen und ständig heulen«, riet Elli, »dann werden sie es leid und schicken dich zurück.« Die Großmutter sagte: »Du kommst ja jedes Jahr in den großen Ferien, das haben sie mir versprochen. Und wenn du es nicht aushältst, dann müssen sie mir das Kind meines Sohnes wiedergeben.« Sie nahm mich in die Arme: »Sei brav und gehorsam, deine Mutter hat eine lose Hand. Gestern mußte ich zusehen, wie sie Erich geklapst hat.« Sie seufzte: »Ich habe meine Kinder nie geschlagen.«

Erich, so meinte ich, habe es verdient, nachdem er mich ein paarmal gekniffen hatte. Trotzdem stieg eine dumpfe Angst in mir auf. In unserer Eisenacher Zeit wünschte ich mir manchmal eine weiße Mutter, eine weißgekleidete, im Gegensatz zum Schwarm der schwarzen Kränzchenschwestern. Aber jetzt hätte ich die Großmutter in ihren schwarzen Kleidern tausendmal lieber behalten.

Bei unserer Abfahrt auf dem Bahnhof machte mein neuer Vater einen Scherz, über den Onkel Julius herzlich lachte. Er nahm meine Mutter beim Handgelenk und meinte: »Wenn du noch irgendwo ein Kind hast, dann sag es jetzt, damit wir es gleich abholen können.« Die Großmutter war nicht mitgekommen, weil ihr, wie sie behauptete, dabei das Herz brechen würde. Sie saß wohl in ihrem Sessel und trug dem Bild des Großvaters ihren Kummer vor.

In Hamburg wurden wir von einem kleinen Mann erwartet, der sich mir als mein neuer Großvater vorstellte. »Was für eine feine Haut die hat«, sagte er und strich mir durchs Gesicht. »Aber der Mantel ist zu dünn für diese Jahreszeit.« Er nahm meiner Mutter den Koffer ab. »Nimm das dicke blaue Cape, das du nicht mehr trägst«, redete er weiter, während er den Koffer zur Elektrischen trug. »Elli kann einen Mantel davon nähen.«

Elli, dachte es in meinem Kopf. Ella – Elli – Elli; mir war recht kalt, und ich sah meinen neuen Großvater dankbar an. Diese Zuneigung habe ich ihm bewahrt, solange er lebte.

Das neue Heim lag in einem Mietshaus in der Alsenstraße, viel zu eng für eine fünfköpfige Familie, große Küche, Schlafzimmer, Diele

und das unvermeidliche »gute Zimmer«, möbliert in rotem Samt. In dieses Zimmer stellte Papa einen Liegestuhl, tat Kissen hinein und sagte, ich müsse nun etwas schlafen. Wir waren nachts gefahren, und ich hatte die vielen Stunden mit offenen Augen dagesessen. O nein, ich war auch jetzt nicht müde, ich wollte nicht schlafen, unter keinen Umständen. Als ich soweit war, hatte er mich schon auf den Stuhl gehoben und zugedeckt. Aber schlafen würde ich nicht, nie mehr, wenn ich nicht wieder heim – zur Großmutter und zu Biebe – dürfe. Papa hat mir später erzählt, daß ich nach dem letzten dahinschlurrenden Satz fest eingeschlafen sei.
In diesen ersten Tagen muß ich ein Bild des Jammers gewesen sein. Einmal hörte ich, wie meine Mutter zu Papa sagte: »Nie mehr würde ich ein Kind aus der Hand geben. Wie ist sie weggegangen, und wie ist sie wiedergekommen!«
Mit der Zeit paßt ein Fuß sich einem ungewohnten Schuh an, aber etwas bleibt zurück, vielleicht sichtbar, vielleicht in der Tiefe – in der Tiefe bestimmt. Ich schreibe das, was in der Kindheit geschah, so genau auf, weil sich aus diesen kleinen Flicken und Flittern das Wesen zusammenfügt, das sich später mit der Welt, mit dem Himmel und der Hölle auseinanderzusetzen hat. Scheinbar Unwichtiges, das dem Kind begegnet, kann entscheiden, wie sich sein Leben gestalten wird.
Etwas Wichtiges ist zum Beispiel die Tür des Backofens in der Küche gewesen. Meine Mutter war nicht gern allein, Papa aber hatte ihr dringend aufgetragen, mich beizeiten, das hieß bei ihm um zwanzig Uhr, ins Bett zu schaffen. Weil sie nicht allein sein mochte, hielt sie sich nicht daran. Ich mußte mich ausziehen und ins Nachthemd hinein, sie klappte die Tür zum Backofen herunter, und ich setzte mich darauf, die Füße auf einer Matte und die angenehme Wärme aus der Röhre im Rücken. Und dann fing meine Mutter an, mir Märchen zu erzählen. Sie wußte sie alle aus dem Kopf und verschönte sie durch einen temperamentvollen Vortrag. Bald sprach sie leise vom Schicksal des armen Aschenbrödel, die Stimme frohlockte, wenn dieses zarte Mädchen in seinen goldenen Schuhen tanzte – die Bremer Stadtmusikanten bellten, miauten und kikiri-

kieten sich in die Hansestadt hinein, des Bauern jüngster Sohn ließ sein Tischlein gedeckt sein, den Esel Golddukaten zaubern und den Knüppel aus dem Sack fahren. Grimms, Bechsteins und Andersens Märchen geisterten an mir vorbei, die schimmernden Tore von Tausendundeiner Nacht taten sich auf. In solchen Abendstunden verschwand das Heimweh, und die Zeit dämmerte aus weiter Ferne herüber, wo meine Mutter Kurt, meinem Bruder, und mir die hübschen Kinderlieder gesungen hatte.
Papa kam immer spät aus dem Geschäft. Die Firmen hielten damals bis einundzwanzig Uhr ihre Türen offen; wenn die geschlossen waren, räumte man auf, eilte, tief Atem holend, zur Straßenbahn und kam gegen zweiundzwanzig Uhr zu Hause an. Meine Mutter hörte den Schritt auf der Treppe und brach mitten im Satz ab. »Schnell«, rief sie, »und tu, als ob du schläfst!« Manchmal war das nicht nötig, zuweilen aber fragte er: »Du hast sie doch nicht wieder auf gelassen?« Und damit war er auch schon im Schlafzimmer und lauschte zu meinem Bett herüber. Ich lag tief unter der Decke, Augen zu und kaum atmend; zögernd gab er sich damit zufrieden.
Merkwürdig, wie ein großer Teil der Menschen damals Weihnachten feiern mußte. Das Engrosgeschäft, in dem unser Papa tätig war, schloß am Heiligen Abend gegen dreiundzwanzig Uhr. Das war notwendig, hieß es, damit alle Aufträge noch erledigt und auf Fahrt gebracht werden konnten. Wir Kinder kamen um neunzehn Uhr ins Bett. Papa hatte am Abend vorher den Christbaum geschmückt, die Geschenke aufgebaut und das gute Zimmer verschlossen.
Gegen Mitternacht kam er heim, wusch sich und zog sich um, und dann wurden wir geweckt. Wir schlüpften in die Sonntagskleider, das Glöckchen läutete, und selig standen wir unter dem brennenden Baum. Es wurde gesungen und gespielt, und wenn Papa um zwei Uhr morgens still in der Sofaecke saß, dann stellte ich verwundert fest, daß er eingeschlafen war.

Eines Tages sagte Papa, er müsse mehr Geld verdienen und wolle sich deshalb anderswo bewerben. Meiner Mutter war das gar nicht recht, sie hatte Angst vor Veränderungen. Ich auch, aber ich nicht

aus dem gleichen Grund. Mir wuchsen die Dinge ans Herz, und ich konnte mich nur schwer von ihnen trennen. Da war die Wirtschaft am Ende der Alsenstraße, aus der die näselnde Grammophonmusik und das Singen der Männer kam, und Schalli, der Inder, von dem unheimliche Dinge erzählt wurden. Ich sah ihn oft zu Tewes hineingehen, in einer zerrissenen Hose und nacktem Oberkörper; sobald er betrunken war, sprach er Indisch und wickelte sich in seinem Quartier in ein schmutziges weiß gewesenes Tuch, weinte und rollte sich auf dem Boden herum. Tewes gegenüber lag der Veilchenweg, dessen Betreten uns streng verboten war. Manchmal rasteten Zigeuner dort, einmal hatte so ein Trupp sogar einen Bären mit dabei. Wer dachte da noch an Verbote! In der Alsenstraße wohnte zudem noch meine Freundin Klara Schmieding, und abends ging da ein Zopfabschneider um, der den Mädchen die Haarpracht rigoros vom Kopf schnippte. Welch prickelnder Reiz, wenn man von Tewes Bier holen mußte, und der Weg im Finstern führte an Bauzäunen und einer Wiese vorbei! Die Zöpfe waren nach vorn geworfen und unterm Kinn verknotet, den Bierkrug hielten zitternde Hände, das Schreckliche folgte den eilenden Füßen, der Kopf war emporgewandt zum Himmel, hinter dem der Retter wachte. Das alles würde man zurücklassen, sobald Papas neue Stellung gefunden war.
Zwei Angebote kamen in die engere Wahl: wir konnten nach Essen oder nach Heide in Holstein. Nach Essen wollte meine Mutter auf keinen Fall, lieber sterben als nach Essen! Also fuhr Papa zur Vorstellung nach Heide. Er kam mit vollen Händen zurück. Erster Reisevertreter einer Engrosfirma für Fahrräder, die Reise würde über Mecklenburg und Pommern bis nach Ostpreußen gehen. Gehalt, Provision und Spesen. Anspruch auf Ferien, die Arbeitszeit konnte er sich selber regeln. Alles klang wie ein Märchen, und eine Wohnung hatte er auch schon gemietet.
Mit Sack und Pack ging es nach Heide, von dessen Existenz keiner von uns bislang eine Ahnung gehabt hatte. Es erwies sich als eine ländliche Kleinstadt mit zehntausend Einwohnern, von allen vier Himmelsrichtungen führten prachtvolle Alleen hinein. Die Mitte hielt ein riesiger Marktplatz, es soll der größte oder zweitgrößte in

Deutschland sein. An der Südecke des Marktes streckte die kleine Kirche ihren nadelspitzen Turm in die Wolken, und es gab eine Süder-, eine Wester-, eine Norderstraße und eine Osterweide, die Himmelreichstraße führte geradeswegs in die Hölle hinein. Unsere Wohnung lag im zweiten Stock eines Quadratbaus, aufgeteilt in Küche und vier Zimmer, von denen ein ziemlich sonnenloses, zum Hof hinaus gelegenes als Kinderzimmer eingerichtet wurde. Dort schliefen wir, die beiden Brüder in der einen Ecke, ich in der anderen. Die Betten der Eltern standen in der Stube nebenan, auch auf sie fiel kein Sonnenstrahl, aber schön und hell war es in der »guten Stube«, in die, außer Besuch, keiner hineindurfte. Und Besuch bekamen wir nicht, wer würde fremd Hereingekommene besuchen?

Ich habe meine Mutter damals viel weinen sehen. Am Fenster sitzend, weinte sie, weil die Häuser mit den spitzen Dächern so klein waren; sie weinte auch, wenn sie zwei Treppen in den Hof hinuntermußte, um die dort gelegene Toilette aufzusuchen, ein Häuschen mit eingeschnittenem Herzen und im alten Stil eingerichtet. Die Bänke vor den Häusern gefielen ihr nicht, auf denen abends Leute saßen, die man grüßen mußte, sooft man vorüberkam. Ich merkte, wie sie die Köpfe zusammensteckten und hinter meiner Mutter herflüsterten.

Schwer wurde es, in der Schule Fuß zu fassen. Herrn Tietgen, unseren Lehrer, hatte ich gleich ins Herz geschlossen, und meine Liebe wurde erwidert. Als schädlich erwies es sich, daß er mich häufig lobte, etwa so: »Hört mal zu, wie sie spricht. Sie sagt ›Könijin‹, und bei euch hört es sich an wie ›Keunikin‹. Komm mal nach vorn und sag ihnen das Gedicht noch einmal vor.«

So etwas erweckt den Massengroll. Es bildete sich eine Gesamtfront gegen mich, ich ging in der Pause allein unter herrlichen Kastanien spazieren und stellte mir vor, ich wäre ein Königskind, durch schlimme Machenschaften von seinen hohen Eltern getrennt und in bürgerliche Gefilde verschlagen. Denn im Elternhaus war ja auch manches, was mir ganz und gar nicht paßte. Aber eines schönen Tages käme ein Wagen, von sechs Schimmeln gezogen, vor dem

Quadrathause vorgefahren, um mich ins königliche Schloß zurückzuholen. Den Eltern wollte ich das, was sie Gutes an mir getan hatten, reichlich zurückerstatten, Papa würde einen guten Posten bei Hofe bekommen. Die Schulklasse jedoch sollte hart bestraft und für jedes geringschätzige Wort zur Rechenschaft gezogen werden.
In diese schönen Zukunftsträume platzte die Nachricht, daß eine gewisse Köhnke, ein Mädchen aus einer höheren Klasse, sich vorgenommen habe, mich bei nächster Gelegenheit gründlich zu verhauen. Diese schwerwiegende Mitteilung wurde mir von Anna Teschke überbracht, die mir zugleich erklärte, daß sie mit »der ganzen Mistbande« gebrochen habe und mir von Stund an beistehen werde. Hier beginnt die Geschichte einer sonderbaren Freundschaft, von der ich später erzählen will.

DER TAPEZIERER KAM NACHTS

Neben dem Mietshaus, in dem wir wohnten, lag hinter einem verschlossenen Holzgatter eine große Wiese. Darauf weideten die ersten Kühe, die ich leibhaftig zu Gesicht bekam. Weit mehr als sie fesselte mich das Gatter. Ich erklomm es und lernte, darauf zu balancieren. Nachdem die Gleichgewichtsfrage gelöst war, begann ich, von diesem Olymp herab zu deklamieren und zu singen, zunächst vor einem Publikum von kleineren Kindern, dann aber in der Hauptsache vor erwachsenen Nachbarn. Die standen ganz still und horchten zu mir herauf; war ich mit einer Darbietung zu Ende, so klatschten sie, und am Schluß der Vorstellung überreichten sie mir ihre Gaben, einen Fünfer oder ein Zehnpfennigstück, Bonbons und Schokolade, und einmal bekam ich sogar von einem Gärtner aus der Nachbarschaft einen wunderschönen Rosenstrauß.
Von meinem Bühnenerfolg berauscht, stellte ich mir immer neue Programme zusammen, ich sang vom Maiglöckchen, das zum Tanz der Blumen läutet, auf schmalem Steg hin und her gehend, vom Rumpelstilzchen und der gepeinigten Königin oder sprach das Ge-

dicht vom goldenen Tod, in dem der betrogene Nöck die undankbaren Fischer mit einer Goldfracht in die Tiefe holt. Das dauerte so lange, bis meine Mutter dahinterkam und mir meine »Bänkelsängerei« kurzweg verbot. Wenn ich jemandem ein Gedicht aufsagen oder etwas vorsingen wolle, gut und schön, aber Geld dafür zu nehmen, das sei nicht anständig.

Sie hatte nicht mit meinem begeisterten Publikum gerechnet. Ich lehnte das Geld ab, und sie steckten es mir einfach in die Manteltaschen. Genommen hatte ich also nichts.

Einmal hörten zwei Vagabunden zu, ältere Männer in zerlumpten Kleidern. Man nannte diese Sorte drolligerweise »Monarchen«, sie kamen zur Erntezeit ins Land, die Schnapsflasche guckte ihnen aus der Jackentasche. Tagsüber standen sie an der Dreschmaschine, nachts lagen sie an der Hecke und schliefen ihren Rausch aus.

Von den beiden, die mir zugehört hatten, wischte sich einer die Augen mit dem Ärmel, das Gedicht von den Kölner Heinzelmännchen mußte ihn traurig gestimmt haben. Beide Männer zogen Geld aus der Tasche und hielten es mir hin, jeder ein blankes Fünfzigpfennigstück. Eine ungemein verlockende Gage. Ich setzte mich auf den Tanzsteg, bereit, hinunterzuspringen, aber mein Fuß verhakte sich wieder am Pfosten.

»Du bist bange vor uns«, sagte der eine Mann, und er fügte hinzu: »Das kann ich verstehen.«

»Paß auf«, rief der andere. »Wir legen das Geld auf diesen Stein und gehen fort. Und wenn wir weit genug weg sind, dann holst du es dir.«

Und so geschah es. Sie gingen über die Wiese, weit und immer weiter, und ganz in der Ferne blieben sie stehen. Nun kletterte ich vom Steg hinunter und flitzte zum Stein. Zwei Fünfzigpfennigstücke in der Hand, knickste ich in die Gegend, wo die Männer unbeweglich standen, und rannte dann ins Haus, um mein Honorar in der Zigarrenkiste zu verbergen, die mir als Tresor diente.

Hier endete mein Gastspiel auf dem Gatter. Erich hatte mir wieder einmal nachspioniert und meinen Geschäftsabschluß mit den »Monarchen« aus seinem Versteck heraus mit angesehen. Er verklatschte

mich, und meine Mutter ahndete das Zuwiderhandeln gegen ihr Verbot mit einer Tracht Prügel. Härtere Strafen wurden mir angedroht, falls ich mich und die Familie noch einmal in schlechten Ruf bringen würde. Schluchzend zählte ich mein Geld und nahm mir vor, mich später an meiner Mutter und an Erich bitter zu rächen. Bei Nacht und Nebel wollte ich zur Großmutter zurück, und wenn ich zu Fuß und wenn ich barfuß gehen müßte.
So sehr ich meinen Bruder Kurt geliebt hatte, so inbrünstig haßte ich Erich. Er hatte eine Art, mich zu schikanieren, die gleichsam nebenherlief; er brauchte nur, aus der Schule kommend, mit der schiefgerückten Mütze und dem spöttischen Lächeln an mir vorbeizuziehen und, wie unbeabsichtigt, ein Steinchen gegen meinen Fuß zu schleudern. Am Abendbrottisch, wenn meine Mutter oder Papa mir das Brot gestrichen hatte und es herüberreichte, griff er zu, nahm die Schnitte höflich aus der haltenden Hand und legte sie auf meinen Teller. Er wußte, daß ich sie nicht essen würde, wenn er sie angefaßt hatte, und kannte die Auseinandersetzung, die sich danach zwischen mir und den Eltern anspann: Prinzessin auf der Erbse, Burgfräulein, das sich vor dem eigenen Bruder ekelt, und was dabei sonst zur Sprache kam. Ich stand dann auf und ging aus dem Zimmer; es gab damals viele Tränen, die Erich zuzurechnen sind.
Meiner Mutter ging es zu der Zeit nicht gut, und es kam vor, daß sie mich dann und wann zu Hause behielt und mir am nächsten Tag in einem Entschuldigungsbrief an Lehrer Tietgen bescheinigte, daß ich mich nicht wohl gefühlt habe. Da ich in dieser Klasse mit Abstand die Erste war, schadeten die vier versäumten Stunden nicht viel. Als ich nun wieder einmal zu Hause behalten wurde, benutzte Erich eine Freistunde, um ans Fenster meiner Klasse zu klopfen und dem dort erscheinenden Lehrer mitzuteilen, daß ich keineswegs krank wäre und nur daheim geblieben sei, um meiner Mutter in der Wirtschaft zu helfen.
Es gab einen großen Aufruhr, als die Anfrage von der Schule kam, doch seltsamerweise rechneten meine Eltern dem Erich seine Missetat nicht hoch an. Er versicherte mit treuherzigem Augenaufschlag, daß er sich dabei nichts gedacht habe, und in Wahrheit war es ihm

ja auch nicht eingefallen, daß er unsere Mutter und nicht mich in die Tinte gesetzt hatte. Diesen Fehlschlag machte er wieder wett, indem er mir einen Schuh versteckte, einen Frosch in den Ranzen setzte oder mein sehr langes und dichtes Haar heimlich mit Kletten bewarf. Bei alledem log er auf eine so herzgewinnende Art, daß ich stets als eine »zimperliche Übelnehmerin« ins Nachteil geriet. Es hat ungefähr bis zu meinem fünfzehnten Jahr gedauert, als Papa durch einen kleinen Vorfall dahinterkam, wer der Anstifter zu den ewigen Streitereien war, und mit dem Tage brauchte ich um Erichs willen nicht wieder zu weinen.

Doch das lag noch in der Ferne. Erst einmal schliefen wir zwei Kampfhähne noch mit dem freundlichen und friedlichen William in einem Zimmer. Eines Nachts öffnete sich die Tür. »Aufstehen!« rief Papa. »Ihr müßt ganz schnell mit den Betten in die gute Stube hinüber. Der Tapezierer kommt.«

»Was?« fragte ich entgeistert. »Es ist ja noch Nacht, ganz dunkel.«

»Der Mann hat sonst keine Zeit«, sagte Papa und half mir mit Schwung aus den Federn, die er schulterte und davontrug. Erich, der sich flink in jede Situation fand, war mit Kissen und Decken schon hinter ihm her, der taumelnde William kam als Letzter. Im Nu war das gute Zimmer in einen Schlafsalon verwandelt, und obwohl wir die Tapeziererei um Mitternacht blödsinnig fanden, schliefen wir alle drei rasch wieder ein.

Als ich am Morgen erwachte, kam Erich im langen Nachtrock just vom Korridor herein. »Wir haben ein Kind bekommen«, sagte er, und da hörten wir sie auch schon schreien, Annemarie, unsere neue Schwester. Eigentlich hätte sie Anneliese heißen sollen, aber der Name war Papa auf dem Weg zum Standesamt entfallen, so wurde Annemarie daraus. Die Geburt hatte noch etwas anderes zur Folge: Herr Jürgens, unser grimmeliger Hauswirt, kündigte uns die Wohnung. Drei Kinder wären ihm schon zuviel gewesen, der Kinderwagen aber ginge ihm nun auf den Kessel.

Es kostete Mühe, eine andere Wohnung zu finden. Papa war nur am Wochenende zu Hause, manchmal blieb er auch drei oder vier Wochen ganz fort. Wenn er in Mecklenburg oder Pommern reiste,

begleitete ich meine Mutter auf der Suche. Es mußte in Heide sehr viele Leute mit Nervenkrankheiten geben. »Ja, wenn Sie nur dieses nette kleine Mädchen hätten! Aber vier Kinder, das hält unsere Gesundheit nicht aus.« Schließlich landeten wir über einem Kolonialwarenladen, vier Zimmer, Küche und Toilette auf dem Hof. Mutter konnte sie erreichen, wenn sie mit Erlaubnis der Kaufmannsfrau durch deren Küche ging, wir anderen mußten ums ganze weiße, quadratische Eckhaus herum. Entsetzen weckte bei mir der Wagen, der allwöchentlich vorfuhr, um den randvollen Kübel aus seinem Brettergehäuse zu entfernen und durch einen leeren zu ersetzen. Zwei braungekleidete Männer verrichteten diese Arbeit, manchmal, wenn sie den gefüllten Kübel auf den Wagen hoben, schwappte etwas vom Inhalt unter dem Deckel hervor und sickerte über die braune Lederschürze.
»Das müßte abwechselnd gehen«, hörte ich einen mageren Mann sagen, »einmal holen die Großen den Schiet ab und einmal die Lütten. Keiner kann verlangen, daß ein anderer das für ihn tut.« Der magere Mann war Setzer bei der Zeitung, die unserer neuen Wohnung schräg gegenüberlag.
»Das ist nun mal so«, sagte Kaufmann Schmidt. »Immer so gewesen und bleibt dasselbe.«
Verlasse sich einer auf eine solche Aussage. Bald darauf waren Heides gängigste Straßen von großen Betonröhren gesäumt, eine reihte sich an die andere, und von einer zur nächsten springend, wanderte ich zur Schule und von der Schule wieder heim. Beim Auf- und Abstieg half mir Anna Teschke, das starke, schwarzlockige und dunkeläugige Mädchen, das meinen Schutz übernommen hatte. Im übrigen waren die Betonröhren nicht zu meinem Vergnügen aufgestellt worden, sie hatten eine umwälzende Bedeutung: Heide bekam Kanalisation.
Anna Teschkes Vater war Hilfsarbeiter. Sie hatte zahlreiche Geschwister, ihre Wohnung lag irgendwo im Gewimmel kleiner Häuser, Gänge und Höfe, ich wußte es nur ungefähr, Anna nahm mich in die Gegend nie mit. Sie war einfach und sauber gekleidet und wurde wegen ihrer körperlichen Kraft von allen geachtet. In ihrem

Schulzeugnis stand hinter sämtlichen Fächern der Vermerk: im ganzen gut. Man konnte also mit ihr verkehren, ohne sich zu blamieren. Seit sie mein Schatten geworden war, griff mich niemand mehr an; auch wenn ich jetzt allein ging, blieben spöttische Bemerkungen wie »Großstadtpflanze«, »Tietgen sien Dietschel« oder »Zierbock« aus.

Mit der Zeit verwandelte die Zweckbekanntschaft sich in eine tiefe Freundschaft. Beim Schulausflug zu Hagenbecks Tierpark gab Anna einen halben Liter Bier für mich aus. Obgleich ich mit dem kaum fertig wurde, spendierte sie den zweiten, und ich trank ihn mit großer Anstrengung, weil Anna mir gesagt hatte, sie habe von dem Geld, das sie in ihrer Laufmädchenstellung verdiente, gespart, um für mich ausgeben zu können. Sie war betroffen, daß ich so wenig vertragen konnte, und hat mich mit Lehrer Tietgens Hilfe wie einen feucht gewordenen Sandsack zum Bahnhof geschleppt. Als wir nach diesem sommerlichen Ausflug im Herbst schon wieder mit Lehrer Tietgen ausfliegen sollten, mußte ich verkünden, daß ich von zu Hause keine Erlaubnis bekommen habe. Durch die kleine Schwester sei das Geld bei uns knapper geworden.

Anna meldete sich, stand auf und sagte mit fester Stimme: »Wenn sie das Geld nicht kriegt, dann bezahl ich.«

Tietgen sah sie erstaunt an und wandte sich an mich: »Erzähle das zu Hause.«

Ich tat dies und bekam die Erlaubnis, mitzufahren.

Anna und ich trafen uns an jedem Schultag an der Ecke der sogenannten Kleinen Straße vor einer weißen Hauswand, und bis zu dieser Wand begleitete Anna mich nach Schulschluß. Unterwegs hatten wir die herrlichsten Gespräche. Mit mir war Anna der Ansicht, daß ich nicht das Kind meiner Eltern, sondern eine heimliche Prinzessin wäre. Mein königlicher Vater würde mich eines Tages zurückholen, und von da an lebte ich in Glanz und Gloria. Sie müsse mich dann unbedingt besuchen, drängte ich.

Anna runzelte die runde Stirn. Tja, wenn das so einfach sei. Da waren die Diener, und die würden eine Anna Teschke gar nicht erst hereinlassen.

Ich überlegte mir die Sache und versah eine weiße Karte mit folgendem Text: »Meine liebe Freundin Anna Teschke ist ohne Anmeldung und sofort einzulassen und zu mir zu führen.« An unserem Treffpunkt, an der weißen Hauswand lehnend, händigte ich Anna die Eintrittskarte aus. Annas Gesicht wurde rot vor Freude, sie las sie ein paarmal durch und steckte sie ins Gesangbuch.
Daß ein Schicksal oft krause Wege geht, das wußte ich schon damals. Wie, wenn nun Anna zu des Reichtums Höhen emporsteigen würde und ich verarmt vor ihrer Tür stünde, von hochmütigen Dienern fortgewiesen? Anna winkte ab. »Ich gehöre aufs Kartoffelfeld«, sagte sie. »Ich komme nach der Konfirmation zum Bauern, und falls ich einen Mann abkriege, muß ich bei dem auch Kartoffeln pflanzen. Das ist so, und da bin ich mit zufrieden.«
Mit allen Mitteln der Beredsamkeit versuchte ich, Annas Zukunft auf eine höhere Ebene zu bringen. Und eines Tages kramte meine Freundin beim Abschied an der Hausecke in ihrer Manteltasche und zog ein mit einer Blume beklebtes rosa Kärtchen hervor. Ihre schwarzen Kugelaugen glitzerten feucht, als sie es mir herreichte. Zu lesen war darauf in ihrer großen, steilen Handschrift: »Wer diese Karte hat, soll in mein bestes Zimmer gebracht werden. Wenn ich nicht zu Hause bin, soll mich einer auf der Stelle holen. Die anderen sollen feines Essen kochen und in der Fremdenstube den Ofen heizen. Gezeichnet: Anna Teschke.«
Die Karte, die mir einen so feierlichen Empfang in Annas Prunkhaus sicherte, kam bei mir nicht ins Gesangbuch, ich legte sie in einen Holzkasten, in dem ich Dinge verschloß, die Erich nicht sehen sollte. Von der heiligen Handlung unseres Kartentausches wurde nicht mehr zwischen uns gesprochen, unsere Themen aber rissen nicht ab. Wir überlegten, ob und warum es einen Gott geben müsse, wir beredeten die Ungerechtigkeiten in dieser Welt und richteten uns auf anderen Sternen eine bessere Ordnung ein. Dabei machte meine Phantasie große Sprünge, und Anna zog sie mit nüchternem Einwand auf den Boden zurück. Eine Sache, die heute so stark in den Vordergrund gezogen wird, kam bei uns nie zur Sprache, Erotik und Sexuelles waren einfach nicht da. Wir schwiegen darüber

nicht etwa, weil wir »verklemmt« gewesen wären, es ist uns nie etwas Derartiges eingefallen.

Anna war sehr stolz auf mich, wenn Lehrer Tietgen mit einem meiner Aufsätze aus der Klasse stürzte und zum Rektor lief, um ihn mitlesen zu lassen. Sie begrüßte es, daß man mich allein in einen Klassenraum setzte, damit ich, jeden Verdacht häuslicher Mithilfe ausschließend, über ein mir gegebenes Thema schreiben sollte. »Nun sehen sie, was du kannst«, sagte Anna nachher. Große Freude hatte sie, als ich unter einem großen Baum in der Schulhofmitte Theater zu spielen begann. Um den Baum zog sich eine Bank, gut geeignet, einen Szenenwechsel zu arrangieren. Ich erfand aus dem Stegreif kleine Theaterstücke und spielte darin die Hauptperson. Für einige begabte Mitschülerinnen betätigte ich mich zugleich als Regisseur und Souffleur, und so kam denn ein armes Mädchen zu einem Prinzen, eine Hexe in den Kerker, eine Nixe mit echtem Dukatenhaar zu einem schlichten Fischer. Kurze Tragödien, die versöhnlich endeten und die große Pause ausfüllten. Ein dreifacher Ring von Schülerinnen bildete das Hauptpublikum, und über diesen Kreis hinweg spähten die Lehrer, kopfschüttelnd und bestimmt recht amüsiert. »Daß du das magst«, wunderte Anna sich. »Aber du weinst so schön echt – wo hast du das bloß gelernt?«

Als Ostern herannahte, mußte ich ihr sagen, daß ich nun bald in die Töchterschule von Fräulein Lola Gerdts komme. »Ach«, meinte Anna. Kein Wort weiter. Sie guckte über mich hinweg auf die weiße Hauswand und verabschiedete sich rascher als sonst. Vom Schulwechsel wurde dann nicht mehr gesprochen. Er wurde erst wieder am letzten Tag vor den Ferien erwähnt.

Ich lehnte an unserer Wand, und Anna stand vor mir, groß und kräftig und die Sonne verdeckend, die über dem Dach der gegenüberliegenden Bäckerei blinzelte. »Dann hast du ja jetzt einen anderen Weg«, sagte Anna.

Ich nickte. »Ja, und auch andere Zeiten. Wir kommen erst um eins oder um zwei heraus.«

Es gab nichts weiter, über das man reden konnte. »Na, tschüs«, sagte Anna. Sie ging mit gesenktem Kopf davon. Ich blickte ihr nach und sah, wie sie sich an der Biegung noch einmal umdrehte. Beide vergaßen wir, uns zuzuwinken.

Im Gang des neuen Schulbetriebes legte sich der Kummer, den ich spürte, wenn ich an der gekalkten Hauswand vorüberkam. Andere Lehrer, interessante Freundschaften lenkten davon ab. Anfangs hatte ich erwartet, Anna werde mir irgendwo in den Weg treten, aber nichts dergleichen geschah. Sie schien vom Erdboden verschwunden zu sein, und nach und nach gewöhnte ich mich daran. Bis zu einem Vormittag, an dem wir zeitiger als sonst Schulschluß hatten. In breiter Front schlenderte die Klasse über den Fußsteig. Auf dem Fahrdamm kam eine Volksschulklasse, geführt von einer Lehrerin, auf uns zu; sie strebten zur Turnhalle unserer Schule, die sie benutzen durften, weil eine derartige Einrichtung in der Volksschule fehlte. Ich ging in der Mitte des lachenden, sich schubsenden, plappernden Pulks und sah dem Zug auf dem Fahrdamm entgegen. Er hatte uns erreicht, schob sich vorbei, als sich eine Faust aus den Reihen reckte. Ihr nach fuhr ein Kopf mit dichtem schwarzem Lockenhaar, ein rotes, wutverzerrtes Gesicht – mein Gott, das war ja Anna. Unsere Blicke stürzten ineinander. Und dann schrillte eine heisere, fremde Stimme: »Du feiges, falsches, hochmütiges Gebritz! Dir werde ich es geben! Dich schlag ich kaputt, wenn ich dich mal allein treffe!« Der Spuk war vorbei.

»Wer ist denn das gewesen?« fragte jemand.

»Ich weiß es nicht«, sagte ich.

Ich wußte nicht, was ein Gebritz war, auf jeden Fall etwas Schändliches. Gejagt von einem rasenden Zorn, rannte ich nach Haus, riß meinen Holzkasten aus seinem Versteck und zerrte die rosa Karte von seinem Grund. In hundert kleinen Fetzen versank Annas hochherzige Einladung im Ascheneimer.

Der Zorn ist in den kommenden Tagen und Wochen merkwürdigerweise einem Druck gewichen, der nur ein Schuldgefühl gewesen sein kann. Ein paarmal habe ich mich am sinkenden Abend an die weiße Hauswand gestellt, an der wir unsere hohen Gespräche führten und die Karten tauschten, die uns auch in der Zukunft wieder zusammenführen sollten. Ich wartete auf Anna, aber sie kam nicht. Noch später ging ich in die Gegend, in der sie wohnen sollte, zu den Höfen und Hinterhöfen in Hohenheide. Ich wünschte mir sehr, sie würde kommen. Ob sie es fertigbrachte, mich zu schlagen? Das war die brennende Frage, die ich mir immer wieder stellte. Aber Anna trat mir nicht in den Weg. Ich habe sie nie wiedergesehen. Nach Jahrzehnten ist aus dem Erlebnis, das weiter in mir schwelte, eine Novelle geworden. »Anna und die heimliche Prinzessin« wurde oft gedruckt, doch mein stiller Wunsch ist nicht in Erfüllung gegangen. Anna hat nicht gelesen, wie tief ich mich in ihre grenzenlose Enttäuschung hineingelebt habe. Ich spiele keine hervorragende Rolle darin.

Von Tragik umwittert war auch mein erstes Auftreten im Rampenlicht einer Bühne. In der Gesangstunde wurde ich vom Musiklehrer des öfteren aufgefordert, allein zu singen. Ich vertauschte damit den Steg am Hecktor mit dem Podium des Katheders, stand am Rande dieses attraktiven Möbels und versetzte meine Mitschülerinnen in mißbilligendes Erstaunen, weil ich Liebeslieder vortrug. »Mutter, ich will en Ding han, watt vörn Ding, mien Herzenskind – en Mann, en Mann...« Dieses rheinische Liedchen oder etwas Ähnliches. Nun hatte ich durchaus keine tragfähige Singstimme, machte aber den Effekt durch den Vortrag. Und daher kam es wohl, daß man mich für die Weihnachtsaufführung der Schule als Elfenkönigin wählte.
Die Sache war nicht so einfach, wie sie zunächst ausgesehen hatte. Meine sparsame Mutter entsetzte sich, als sie hörte, was alles ihre Tochter als Titania brauchte: Tüll für die grüne Gewandung, eine Krone, roten Chiffon für den Schleier, der graziös um mein Haupt wehen sollte, Silberlitzen, die um das Kleid genäht wurden. Nach einigem Überlegen siegte der mütterliche Stolz, ich durfte mitmachen.
Zur ersten Bühnenprobe im »Kaisersaal« erschien ich so frühzeitig, daß ich, völlig allein, in den Ankleideraum witschen konnte. Von dort war eine halsbrecherische Treppe zu überwinden, dann stand ich mitten auf den weltbedeutenden Brettern. Sie knarrten freund-

lich, als ich mich auf die Zehenspitzen hob und meinen Elfentanz probierte. Der Vorhang war noch heruntergelassen, hoch oben in einem Winkel brannte ein kleines Licht, das große Schatten warf. Plötzlich brach ich meine Tanzprobe ab, ein Geruch war mir in die Nase gestiegen, der ein Gefühl atemloser Spannung in mir auslöste. Hier hatte mich etwas eingeschlossen, das ich kannte, in dem ich mich bis ins Letzte geborgen fühlte. Zur Dämmerung des Schnürbodens hinaufhorchend, wich ich in die Waldkulisse zurück und sah, wie zwischen den gemalten Baumstämmen der grüngepinselten Wiese Gestalten hervorhuschten, wie sie miteinander ins Gespräch kamen und wieder auseinandergingen. Nicht lautlich, aber ebenso deutlich hörte ich sie rufen und weinen, dem Spiel ähnlich, das ich unter dem Baum auf dem Schulhof inszeniert hatte. Hier jedoch ging alles ohne meine Einmischung vor sich. Und da war auch schon die Deutung: ich würde eine Schauspielerin werden, eine große Künstlerin, der die Menschen zujubelten und von der die Zeitungen schrieben. Es war kein Zufall, daß ich beim Dramenlesen in der Schule so oft die Hauptrollen bekam, oh, ich würde Johanna sein, die mit wehender Fahne ihren Truppen voranzog, als Maria Stuart ging ich in meinem Kerker hin und her, als Gretchen würde ich rauh und verhalten vom König in Thule singen.

Ein Mann kam über die Bühne, und der war echt. »Was tust du denn da?« fragte er mürrisch. »Mach mal, daß du hier runterkommst!« Er zog den Vorhang hoch, und ich drückte mich durch dicken blauen Samt und kletterte verstört die seitliche Rampentreppe hinunter.

Wenig später erschien Lola Gerdts mit Lehrern und Lehrerinnen und dem Darstellertrupp. Erst kamen die Kleinen an die Reihe, die, am Bühnenrand stehend, die Weihnachtsgeschichte aufsagten: »Der Kaiser Augustus ließ einmal ein Gebot ausgehen, daß alle Welt sich schätzen ließe.« Und die nächste feine Stimme: »Da machten sich auch auf Maria und Joseph...« Die ganze wunderbare Mär von der Geburt eines Gottgesandten. Schließlich, nachdem die Chöre vom Christfest erzählt hatten, alles klappte vorzüglich, kam die Geschichte vom armen Waisenknaben auf die

Bretter. Den Waisenknaben hätte ich fürs Leben gern gespielt, weil es eine reine Sprechrolle war; den hatte nun gerade Alma Hansen, die viel besser sang als ich. Die Elfenkönigin mußte tirilieren, das hatte ich nun von meinem falschen Singruhm!
Es konnte gar nicht anders sein, ich wurde die Niete dieser Probe. »Leichtsinnig Volk, immer tanzen und locken...«, hatte ich in den Saal zu jubeln und dabei den roten Chiffonschleier um mich herumzuwirbeln. Ich merkte schon nach den ersten Tönen, was los war – meine Stimme, die beim Sprechen bis in den letzten Winkel eines Saales drang, wurde beim Singen vom Raume verschluckt. Als ich bei den Glocken war, die von ferne die Weihnacht einläuteten, steckte das Team vor der Rampe die Köpfe zusammen. Dann rief Lola: »Noch mal, man hört ja gar nichts!« Ich munterte mein Elfenvolk zum zweitenmal auf, mit dem Erfolg, daß Lola plötzlich auf die Bühne flatterte. In ihrer straffen Zierlichkeit stand sie vor mir: »So geht es nicht. Wir müssen die Rolle umbesetzen. Du spielst dann nächstes Jahr mit, etwas, was dir mehr liegt.«
Fassungslos starrte ich sie an. Das erste, was mir einfiel, waren mein grünes Gazegewand und die silberne Krone, die sich noch in Arbeit befanden, für heute hatte ich als einziges Requisit den Schleier mitbekommen. Was würde meine Mutter sagen, wenn ich nicht mitwirken durfte, nachdem sie so viel Geld in meine künstlerische Laufbahn gesteckt hatte? Ich sank auf einen hinter mir liegenden Baumstumpf und begann laut zu weinen. Lola versuchte vergeblich, mich zu trösten. So bekamen zwei Elfen den Auftrag, mich vor die Tür zu bringen.
Draußen schneite es, und es war dunkel. Weinend kam ich auf unserem riesigen Markt an, und weil die Flocken so dicht fielen, verirrte ich mich ein paarmal und gelangte an die Norder- und Wester- statt an die Süderstraße. Ich überlegte, wie man sich wohl das Leben nehmen könne, und weil mir nichts einfiel, bin ich dann doch zu Hause angekommen.
»Wo bleibst du denn?« fragte meine Mutter, als ich wie ein Schneemann die Treppe hinaufschlich. »Zwei Kinder sind schon dagewesen. Du sollst nicht vergessen, morgen zur Probe zu kommen.

Sie haben da was umbesetzt, zwei Elfenköniginnen sollen singen, du und Grete Hinz. Warum eigentlich zwei?«
»Ich weiß es nicht«, flüsterte ich. Der Mensch weiß oft sehr viel, wenn er das sagt. Ich für meinen Teil hatte beim Irrweg über den Markt meine gefalteten Hände zum Himmel gereckt und den Gott, der die Sonne und die Sterne gemacht hat, um Hilfe angerufen. Und ich wußte, daß er mich gehört hatte.

In diesem Kapitel wäre noch nachzutragen, daß meine kleine Schwester, die mit dem Tapezierer ins Haus gekommen war, mittlerweile laufen und etwas sprechen konnte. Das letztere war mir gar nicht angenehm. Wenn ich mich heimlich aus der Tür drücken wollte, um zu meiner Freundin Ella zu laufen (wieder eine Ella, die Ellis und Ellas folgten mir beharrlich), sobald ich also Miene machte, einem Vergnügen nachzugehen, sagte meine kleine Schwester mit heller, unüberhörbarer Stimme: »Und Annemarie mit!« Sofort hörte meine Mutter mit irgendeiner Beschäftigung auf und meinte: »Das ist richtig, du könntest sie mitnehmen, damit sie an die Luft kommt.« Rasch war das kleine Wesen angezogen, während ich mißgestimmt an der Lippe nagte; ich mußte die unförmige Karre aus dem Schuppen des Hauswirts holen, die Kleine wurde hineinbugsiert, und quietschend und knarrend rumpelte das Gefährt auf den Gehsteig. Die Karre kam von der Großmutter, und die hatte sie von einer Verwandten, und dieser Wagen war zu allem Elend noch eine Zwillingskarre. Zwischen zwei verstellbaren Lehnen waren die zwei Sitze angebracht, und durch Betätigung der Umstellapparatur saß die Kleine manchmal vorn, einen leeren Sitz hinter sich, oder hinten, den überzähligen Platz vor sich. Sie liebte die Abwechslung, und darum mußte ich auf dem Weg zu Ella, die am Markt wohnte, des öfteren halten und den Sitzwechsel vornehmen, was jedesmal mit lautem Beifallsgeschrei belohnt wurde. Es war kein Wunder, daß ich auf diese Art im Straßenbild ziemlich auffiel, was einem im Alter von zwölf Jahren nicht ganz recht ist.

WENN MAN KEIN EIGENES HAUS HAT

Unsere Wohnung über dem Kaufmannsladen war eigentlich ganz hübsch, wenigstens für uns Kinder. Die Chausseestraße, wie sie damals hieß, wurde beschattet von einer alten Baumallee – ich meine, es wären Kastanien gewesen –, über den holprigen Fahrdamm kamen trappelnde Gespanne, Reiter, Kuhherden und an schnelleren Verkehrsmitteln dahinflitzende Fahrräder. Autos und Motorräder gab es schon, aber auf unserer Straße waren sie selten. Uns Kindern gehörte der Weg, und wir nutzten ihn, um Vogelhändler, Kipsel und Kapsel, Ball und Schäfer und Edelmann zu spielen. Neben dem Haus lag einer der freien Plätze, von denen Heide an allen Ecken einen hatte, kleine, abgeschlossene Spielparadiese. Auch die Jüngsten konnten da mitmachen, ein Kindergarten war nicht vonnöten.

Hinter dem Hause läuteten die Glocken der winzigen katholischen Kirche uns am Morgen wach, und vorne hinaus blickten wir auf das Zeitungsgebäude des »Heider Anzeigers« und damit auf eine lebendige weltliche Einrichtung, die mich sehr anzog. Wie in einer Vorausschau beobachtete ich die Setzer und Drucker, die zur Arbeit kamen oder die rückwärtigen Räume durch einen breiten Gang verließen. Tief beeindruckt war ich von der Equipage, die manchmal am Sonntag vor dem Hause hielt und den Druckereibesitzer, seine elegante Frau und zwei weißgekleidete Kinder aufnahm. Sehnsüchtig schaute ich hinter dem Wagen her.

Die Wohnung über dem Kaufmannsladen mochte ihre Vorzüge haben, aber sie hatte Kellerasseln. Sobald mir ein Mitglied der eiligen Sippe begegnete, mußte ich gellend aufschreien, was mir den Zorn meiner Mutter eintrug. Aber ich schrie gar nicht selbst, das Entsetzen schrie aus mir heraus.

Haben uns nur die Kellerasseln vertrieben, oder war auch sonst noch etwas im Spiel? Genug, meine Eltern mieteten übereilt eine neue Wohnung, und wir kamen vom Regen in die Traufe.

Diesmal wohnten wir zum allseitigen Entzücken am großen, von Lindenreihen umstandenen Markt, mit schönem Ausblick bis zur

Süderstraße. Vier große Zimmer lagen an einem hellgedielten Gang, den zur Treppe hin ein hübsches Geländer begleitete. Na ja, die Küche erwies sich als sehr klein und lag, außerhalb der Wohnung, auf einem Bodenraum, in dem sich neben Kohlen noch das Fremdenzimmer des Wirtes befand. Der wohlbeleibte Hausherr imponierte durch einen rotblonden Schnauzbart und ferner durch seine stattliche Frau, die recht herb wirkte, es jedoch, bei Licht besehen, durchaus nicht war. Beide hatten versichert, bei ihrer Gastwirtschaft handle es sich um ein ruhiges bürgerliches Lokal. Was den Vormittag und Nachmittag betraf, stimmte das auch. Am Abend rauchte dann der Schornstein um so mehr, es war was los, und die Wände dröhnten.

Auch auf eine weitere Kleinigkeit war nicht aufmerksam gemacht worden. Auf dem Bodenraum, also neben unserer Küche, bewegten sich rollend und grollend die Kohlen, sie taten das nicht von selbst, denn dort hausten Ratten. Unser Hauswirt staunte, als er davon hörte, stellte Fallen auf und fing in jeder Nacht zwei Ratten, die er morgens, neckisch damit schlenkernd, an uns vorbeitrug. Schließlich nahm er eine Senkfalle, und da gleich beim ersten Versuch eine Unvorsichtige hineingestürzt war, erklärte er uns, daß die durch ihr Hungergeschrei weitere Artgenossen hineinlocken werde. Da sie kein Futter bekämen, würden sie sich am Ende gegenseitig auffressen und dadurch abschreckend auf den übrigen Troß wirken.

An einer Ratte, die mir aus dem Küchenschrank entgegensprang, bin ich fast gestorben. Stand ich am Herd, um einen Auftrag auszuführen, und draußen auf dem Boden kullerten die Kohlen, dann verkrampften sich meine Hände: »Vater unser, der du bist im Himmel...« Auch meine Mutter stand mitten in einer Tragödie. Eine Ratte saß in der Senkfalle und sollte nun hungern, bis sie Gefährten bekam und eine die andere fraß. Die Mutter wollte das nicht und fütterte sie heimlich. Die Ratte wurde so zahm, daß sie aufrecht am Gitter stand, wenn Mutter sich näherte, und zierlich mit den Pfoten bittend nahm sie den Brocken entgegen. Eines Tages lag die Falle, umgestürzt und dadurch geöffnet, im Koks, keiner konnte sich erklären, wie das gekommen war. Ich dachte mir mein

Teil, als ich meine Mutter sagen hörte: »Wo so viele sind, kommt es auf eine auch nicht mehr an.«

In dem unheiligen Haus am Markt wurde ich konfirmiert. Mit ziemlichem Pomp, denn in der kleinen Stadt herrschte die Sitte, daß jeder, dem es einfiel, zur Feier kommen konnte. Die Tische brachen unter Kuchen und Torten, und ein Besucher gab dem anderen die Klinke in die Hand. Jeder brachte ein Geschenk, und diese Gaben häuften sich auf einem weißgedeckten Tisch.

Ich bekam recht viel, ganz fremde Leute erschienen und sagten, ich sei eine »so nette Deern«. Enttäuscht von mir zeigte sich einzig meine kleine Schwester. Sie hatte nämlich aufgeschnappt, daß man nach der Konfirmation erwachsen sei, und stand nach der Einsegnung an der Kirchentür, als unser Zug die Kirche verließ, eine Reihe schwarzgekleideter Mädchen, ich als einzige trug ein weißes Tuchkleid. Der Stoff kam von der Tante Hahnemann aus Schmalkalden, und als weiteres Geschenk lockte die Einladung, für vier Wochen zu ihnen zu kommen, bei Erstattung des Reisegelds.

Meine kleine Schwester hat mich mit engen Augen angestarrt, als ich auf sie zukam. »Sie ist ja gar nicht größer geworden«, sagte sie und hatte offenbar erwartet, daß ich mit zirka ein Meter siebzig das Gotteshaus verlassen würde.

Aus dem unheiligen Haus kamen wir im Herbst heraus. Als wir in die Mühlenstraße zogen, meinte unser früherer Hauswirt: »Ich kann Sie nicht drum verdenken. Sie haben sich verbessert.«

Das letztere war augenscheinlich, und doch hat sich mir das unheilige Haus, ohne daß ich darum wußte, tief eingegraben. Ich merke es erst bei dieser Rückschau. Da ist das Buch »Der Stern Kretuklar«, und die Ratten, die auf dem Dachboden im Hause des Lumpenhändlers Tarlatan ihr Wesen treiben, sind unverkennbar die grauen Nager auf unserem einstigen Kohlenboden. Jene Männer, die, von der Toilette kommend, unter Johlen und Gebrüll die kleine Flurtreppe hinunterkollerten, bevölkern die »Destille Veit«, mein erstes erfolgreiches Bühnenstück; Jakob Veit, der hinter dem Tresen hantiert, hat unter seinem rotblonden Schnurrbart das gleiche abgründige Lächeln wie unser Hauswirt im unheiligen Haus.

Der neue Hauswirt betrieb einen modern eingerichteten Kolonialwarenladen mit einem Gehilfen und einem Lehrling. Seine Frau hatte sich ganz und gar auf vornehm eingerichtet, sie betrat den Laden nie und lebte nur ihren Hobbys, als da waren: Klavierspielen, das sie erst vor kurzem mit wenig Erfolg gelernt hatte, Sticken, Malen oder Schneidern, wozu in einem der prächtigen Zimmer eine ihren Maßen entsprechende Büste stand. Es sprach für Frau L.s Kühnheit, daß sie in der »Gartenlaube« annoncierte: »In vornehmem Kaufmannshaus werden junge Mädchen aus besten Familien zur Weiterbildung in Musik und Literatur aufgenommen.« Drei solcher arglosen Lernbegierigen wurden aus dem Haufen der Angebote herausgefischt und gegen ein beträchtliches Pensionsgeld im Erkerzimmer des Hausbodens untergebracht. Das Schicksal der jeweils Auserkorenen, die sehr oft wechselten, war trüb. Sie scheuerten, wuschen, bügelten, arbeiteten im Feldgarten, kochten ein; ihre Weiterbildung in der Musik beschränkte sich darauf, daß sie am Abend ein Stücklein vorspielten, während Frau L., durch keinerlei Sachkenntnis dazu berufen, ihr Urteil abgab: »Diese Stelle würde ich leiser – oder lauter – spielen, hier etwas langsamer – oder rascher.« Bei der Fortbildung in der Literatur durfte ich anwesend sein, Goethe oder Schiller lagen auf dem Tisch und wurden kommentarlos vorgelesen, es kam höchstens zur Sprache, daß die eine oder die andere Stelle sehr schön sei.
Lustig ging es dagegen auf dem Hausboden zu. Nachdem die obligaten Wünsche für eine gute Nachtruhe in den drei verschiedenen Wohnungen des Hauses ausgetauscht worden waren, öffneten sich die verschiedenen Türen des großen Bodens, und wie die Mäuse huschten sie heraus, die drei hübschen Kandidatinnen für höhere Bildung, die junge Wirtschafterin der gelähmten Frau Lafrenz, die mit uns im ersten Stock wohnte, Ernst, der Gehilfe aus dem Kaufmannsladen, und Fritz, der strohhaarige Lehrling. Daß ich nicht fehlte, liegt auf der Hand. Wir plazierten uns auf den von einer reizenden Generalstochter sauber gescheuerten Dielen des Bodens, und nun wurde erzählt. Zunächst schimpfte jeder auf diejenigen, die ihn zur Pflicht trieben, der Boden hallte wider vom Klage-

geschrei über die Ungerechtigkeit der Welt. Dann kamen eigene oder fremde Erlebnisse an die Reihe, wobei kühne Liebesabenteuer, besonders die des Lehrlings, aufgedeckt wurden. Was wir nicht wußten, war, daß wir Zuhörer hatten. Denn lange, ehe unsere Versammlung zusammenströmte, saßen meine Brüder hoch unterm Dach zwischen Balken und gestapelten Kisten auf einer Art von Empore, die sich neben einer für Schornsteinfeger und Dachdecker angebrachten Leitertreppe befand; sie saßen hübsch still und spitzten die Ohren.
Ich entsinne mich einer Gewitternacht, in der eigentlich die Welt hätte untergehen müssen. Frau Lafrenz, hoch in den Siebzigern, hatte sich mit dem Rollstuhl in den unteren Hausflur bringen lassen. Neben ihr saß Herr Gößler, Frau L.s fünfundsechzigjähriger Vater, Inhaber einer pechschwarzen Scheitelperücke, mit einer Kassette auf den Knien. Meine Mutter hatte sich auch angezogen, blieb aber in der Wohnung bei der fest schlafenden Annemarie. Wir, die Dachbodentruppe, hatten auf der Bodentreppe Platz genommen, ich auf der obersten Stufe allein, wie weiland in Eisenach auf Kästners Hof, die anderen immer eine Stufe tiefer, zu zweit auf einem Absatz. In dieser Nacht fiel mir eine Mordgeschichte nach der anderen ein, und während die Blitze wie blanke Türkensäbel durch die Dunkelheit flitzten und krachende Donnerschläge das abziehende und das neu herandrängende Gewitter meldeten, schilderte ich die unangenehme Situation des Handlungsreisenden, der im Hotelbett liegt und raucht und dabei sieht, wie ein herabsinkender Funke von einer Hand gelöscht wird, die unter dem Bett hervorkommt. Der im unbequemen Versteck Ruhende ist kein anderer als der berüchtigte Mitternachtsmörder G. In ähnlicher Weise, wie es der Handlungsreisende tut, rettet sich die berühmte Sängerin V. Es ist bekannt, daß einem in London wütenden Frauenmörder zwei Finger fehlen. Die Sängerin, auch sie in ihrem Hotelzimmer, will zu ihrem Frisiertisch gehen, als sie an der hellen Wand den Schatten von drei Fingern sieht. Sie weiß sogleich, mit wem sie allein ist, faßt sich und beginnt zu trällern, geht auf und ab, singt und bleibt plötzlich stehen. »Mein Gott«, sagt sie im Selbstgespräch, »ich

brauche ja in aller Frühe meinen Schmuck. Für das Safe ist so zeitig keiner da.« Sie begibt sich zum Telefon. »Hallo, hier ist Zimmer sechs. Ich brauche sofort meinen Schmuck. Das geht nicht mehr? Aber ich muß darauf bestehen, auf jeden Fall. Schicken Sie mir sofort jemanden herauf, ich gebe ein paar Zeilen an die Hotelleitung mit.« Es kommt ein Mann, und sie gibt ihm einen Zettel. »Zeigen Sie keine Spur von Erschrecken. Hilfe! Holen Sie die Polizei. Der Mörder mit den drei Fingern sitzt unter meinem Toilettentisch.« Nachdem der Mann verschwunden ist, beschäftigt sie sich mit diesem und jenem, singt Partien aus ihren Rollen, klimpert auf dem Klavier, bis die Tür auffliegt und die Polizei hereinstürmt. Während der Mörder hinter dem Wandbehang hervorgezerrt wird, liegt die standhafte Dame ohnmächtig in den Armen eines Polizisten.

Als das Gewitter endlich seinen Rückzug angetreten hatte, wollte keiner meiner Zuhörer wieder ins Bett. Alle waren erfüllt von kaltem Grauen, und am meisten fürchtete sich wohl Sanni, die Frau L. aushilfsweise zur Generalreinigung des Ladens angenommen hatte. Herr L., der noch einmal zur Inspektion des Bodens aus dem Erdgeschoß heraufgestiegen war, hörte in Sannis Zimmer eine männliche Stimme und begehrte daraufhin so heftig Einlaß, daß sein Gehilfe Ernst nicht umhin konnte, zu öffnen. Neugierig hatte ich meine Tür aufgemacht und mußte nun miterleben, wie Ernst im Schlafanzug aus dem Zimmer der kleinen Siebzehnjährigen herausgeschleift, mit zwei kräftigen Ohrfeigen traktiert und in seine Stube geschubst wurde. Dem Schnaufen nach mußte Herr L. nahe vor einem Herzanfall stehen; Sanni bekam Befehl, sich anzuziehen und noch in der Nacht das Haus zu verlassen. Was würde im gleichen Fall wohl heute geschehen?

Wie es eigentlich gekommen ist, weiß ich nicht, aber eines Tages setzte meine Mutter sich hin und schrieb eine kleine Erzählung. Die las sie zunächst mir vor, dann ging sie damit zu unseren Flurnachbarn, dem Ehepaar Lafrenz, und erntete dort einen Beifall ohnegleichen. In der Schule hatte sie die besten Aufsätze geschrieben,

und einmal sagte ihre Lehrerin: »Aus dir wird noch einmal eine Schriftstellerin.« Bei der Vorlesung waren außer der gelähmten alten Dame und ihrem Ehemann, dem weißhaarigen Herrn, der mich im Vorüberhuschen immer gern streichelte, noch ein paar Mitglieder eines Leseklubs anwesend. Der Ruhm meiner Mutter schien also fest fundiert. Kritisch beurteilt wurde die Erzählung einzig von mir, dies allerdings ganz im geheimen, denn auch Papa stimmte in das Lob voll ein. Ich dachte: Das könntest du besser, und empfand, daß es herrlich sein müsse, berühmt zu sein. Ich sonderte mich ab, ging ein bißchen in der Feldeinsamkeit spazieren, durch die von hohen Wallhecken eingesäumten Wege, die wir hier im Dithmarschen haben, und schon sah ich mitten zwischen grünem Gras und Butterblumen ein schönes Mädchen sitzen, das in Wirklichkeit gar nicht da war. Ich taufte die Unsichtbare Amrei, stieg am Abend in mein Bodenzimmer hinauf und schrieb beim Schein einer kleinen Petroleumlampe, elektrisches Licht hatten wir damals noch nicht, die Geschichte dieser Amrei nieder. Auf Aktenbogen und zweiseitig beschrieben. Zwischen Angst und Triumph schwankend, las ich sie am anderen Tag meiner Mutter vor.
Eine ganze Weile saß sie da und sagte nichts. Dann kam ihr Urteil: »Du kannst es besser als ich. Ich gebe es auf.«
Sie riet mir, die Geschichte zur Zeitung zu bringen. Ich wartete noch etwas damit und schrieb inzwischen eine zweite Erzählung, »Der Kriegsgefangene«. Was der Amrei passiert ist, darauf kann ich mich heute nicht mehr besinnen, vom Kriegsgefangenen weiß ich noch, daß es sich um den Krieg 1870, eine kleine Französin und einen deutschen Gefangenen gehandelt hat. Und nun ging es mit diesen beiden literarischen Erzeugnissen zur Redaktion des »Heider Anzeigers«, wo der Hauptschriftleiter, Max Matheus, das Kuvert mit wohlwollendem Spott entgegennahm. Er werde bei Gelegenheit hineinschauen, aber ich solle inzwischen nicht vergessen, meine Schularbeiten zu machen.
Nach einigen Wochen geschah das Wunder. Ich bekam eine Karte des Verlegers Friedrich Johnsen, der mir mitteilte, meine Arbeiten zeugten von großem Talent. Ich möchte aber in Zukunft Manu-

skripte nur einseitig beschreiben. Die beiden Erzählungen würden in der Zeitung abgedruckt, das Honorar dafür solle ich mir bei Gelegenheit bei ihm abholen.

Bei Gelegenheit? Ich ging am nächsten Tag. Herr Johnsen empfing mich mit väterlicher Freundlichkeit und zählte mir fünfzehn Mark auf den Schreibtisch. Glückselig verstaute ich das Geld in meiner abgeschabten Börse. Ich solle es gut anlegen, mahnte Friedrich Johnsen, der Mann, den ich an manchem Sonntag neidvoll angestaunt hatte, wenn er mit seiner Familie in die gemietete Equipage stieg.

Mit meinen fünfzehn Mark eilte ich, ohne erst nach Hause zu gehen, ins Kaufhaus und erwarb zwei brennendrote Taftbänder für meine Zöpfe und eine kunterbunte Kappe, die so aussah, als wäre sie mit zierlichen Stichen in allen Farben der Welt bestickt. Im Schmuck des Erstandenen schritt ich, jeder Zoll eine Königin, zur Zeitung zurück.

»Na, aber so was«, sagte Herr Johnsen. Weil er dabei lachte, war er mit der Anlage des Vermögens wohl einverstanden. »Und wenn Sie nun etwas Größeres, zum Beispiel – einen Roman schreiben würden«, fragte er, »was würden Sie sich dann kaufen?«

»Einen weißen Sommermantel«, antwortete ich.

Er lachte noch lauter, und damit war eine lange Freundschaft zwischen uns geschlossen.

Ehe ich zu einem Roman kam, sollte noch allerlei geschehen. Erst einmal starb der alte Herr Lafrenz auf unserer Etage, nachdem er am Tage vorher, den Arm um meine Schultern gelegt, mit mir vor seinem großen Schrank auf dem Boden gestanden und mir eine dort hängende wunderschöne Ledertasche gezeigt hatte. »Die sollst du erben, wenn ich einmal sterbe«, meinte er. Und nun war er tot. Seine Frau verlangte, daß ich ihn sehen müsse, er habe »so viel von mir gehalten«.

Zum erstenmal machte ich Auge in Auge Bekanntschaft mit dem Tod und geriet in eine Verzweiflung, die niemand begriff, nicht einmal seine Lebensgefährtin. Die konnte sogar lächeln, als meine kleine Schwester sich an sie herandrängte und gespannt fragte:

»Wird er ein alter Engel?« Sonst lief ich rasch über den finsteren Boden, wenn es einmal spät geworden war, und schlug die Tür meines Zimmers hinter mir zu, jetzt ging ich langsam und dachte, er ist neben mir, und die Tür hielt ich einen Spalt weit offen, damit er mit hereinkönne. Die Tasche habe ich weder durch den liebenswürdigen Geist des alten Herrn, der sich in meiner Vorstellung seltsamerweise ständig auf dem Dachboden aufhielt, noch von seinen zahlreichen Anverwandten bekommen. Wenn er, der Dahingeschiedene, nicht dafür sorgte, dann war es ihm wohl nicht so ernst damit gewesen. Erwähnt habe ich die entgangene Erbschaft keinem gegenüber.

Nach der Beerdigung wurde in der Nachbarwohnung alles für den Umzug gerichtet, die alte Dame siedelte in ein Altersheim über, und ihre vier Kinder packten. Mit dem Mobiliar, und das war schmerzlich für mich, würde auch die Wäschemangel vom Boden verschwinden, die wir leihweise hatten benutzen dürfen. Am Umzugstag erschien ich mit meinem prallgefüllten Korb auf dem Boden und fragte den Leitenden schüchtern, ob ich noch eben mangeln dürfe. Der sagte das nicht nur zu, sondern kommandierte einen jungen Möbelträger an die Mangel, der dem Befehl gern nachkam. Ich sehe ihn noch vor mir, lockiges dunkles Haar, blitzende schwarze Augen, wie er mit dem bloßen sonnenbraunen Arm munter den Griff kreisen ließ und mit angenehmer Stimme dazu sang:

> »Hilf mir mal die Rolle drehn,
> du bist so schlank und fein.
> Mal rechts herum, mal links herum,
> wir drehn das Ding zu zwein.«

Gute Menschen rutschen ins Herz und bleiben da unvergessen.
Nachdem die alte Frau Lafrenz aus unserem Gesichtskreis verschwunden war, zogen Meyerheims ein, ein interessantes Ehepaar, beide schlank und hochgewachsen, beide apart gekleidet; er hatte das Amt eines Provisors in der Löwenapotheke inne, sie war Sängerin gewesen und gab jetzt Gesangstunden, um damit sein Gehalt aufzubessern. Da sie die drei Zimmer auf der Etage als Wohn- und

Gesellschaftsräume brauchten, zogen sie mit Schlaf- und Ankleideutensilien in zwei Bodenkammern ein, und seit sie dort schliefen, hörte das gesellige Beisammensein unseres Bodentrupps unvermittelt auf.

Trotzdem fand der recht umgängliche Herr Provisor anfangs einiges zu beanstanden. Er machte unsere Mutter darauf aufmerksam, daß meine beiden Brüder in ihrer Kemenate am späten Abend zweistimmig, musikalisch ansprechend zwar, unanständige Lieder sängen; eines davon handle von der Annemarie – sie gehe zur Stadt hinein, wo die Soldaten sein, was ja nicht immer glatt ablaufen soll. Nachdem das Singen abgestellt war, ging es um ein Huschen und Knistern hinter den Kisten auf der Dachempore. Meyerheims vermuteten Ratten dort oben und legten am nächsten Tage Gift. Meine Brüder kamen mit dem Leben davon, denn sie haben die Brocken nicht angerührt.

Den Giftmischern aber blieb es ein Rätsel, daß auch die Ratten sie verschmäht hatten und sich dennoch seit der Stunde nicht mehr bemerkbar machten.

ALLERLEI UNBEDACHTSAMES

Zu Ostern war ich in die zehnte Klasse unserer Töchterschule versetzt worden, und dabei brodelten schon aufrührerische Gedanken unter meinem jetzt zum Mozartzopf aufgesteckten Haar. Fort aus dem Schulbetrieb mit dem festen Stundenplan. Eine Schriftstellerin – nach den ersten beiden von der Heider Bevölkerung mit Anteilnahme aufgenommenen Geschichten entstand nun unter meiner Einpfennigstahlfeder eine Fortsetzungsnovelle unter dem Titel »Dort unten in der Mühle« – eine Schriftstellerin sollte frei sein und nicht keuchend in letzter Sekunde die Schultreppe hinaufstolpern. Was konnte man mir auch im letzten Jahr noch groß beibringen, ich wußte alles; wenn die Lehrer ein Thema anschnitten, dann schien es mir, als würde ich nur an etwas erinnert, das längst mein Eigentum war. Und was die Menschen betraf, es kam mir vor, als seien sie aus Glas und ich könnte in sie hineinschauen und selbst das Letzte erkennen. Auch bei ganz fremden Menschen erging es mir so: sie brauchten nur den Mund aufzutun, und ich wußte, wer sie waren. Daneben entwickelte sich bei mir die Gabe, durch geschickte Fragen und aufmerksames Zuhören aus ihnen herauszubekommen, was sie vielleicht lieber verschwiegen hätten. Vom Leben meiner Mutter erfuhr ich vieles, was sie mir, in ein Mäntelchen gehüllt, vom Schicksal anderer berichtete. Ich konnte das sofort trennen und wußte, dieses oder jenes hat sie selbst durchlitten und will sich erleichtern, indem sie zu mir davon spricht. Unter anderem habe ich so erfahren, daß sie meinen Vater nicht aus Liebe geheiratet hat, und seitdem wurde ich sein Anwalt, sobald sie über ihre Ehejahre mit ihm und über seinen Leichtsinn klagte.

Die Großmutter hüllte ihren Sohn in eine Gloriole, bei ihr war meine Mutter an seinem Unglück schuld. Diese indessen versuchte, alles, was geschehen war, auf ihn zu häufen. Das hat zu einem tiefgreifenden Zwiespalt geführt. War ich in den Ferien in Köln bei der Großmutter, dann nahm ich Partei für meine Mutter, zu Hause aber stand ich für den Vater. »Er kann sich nicht verteidigen«, sagte ich einmal, »und ich bin nicht in der Lage, ihn zu fragen, was richtig ist.« Meine Mutter wurde blaß, sie stürzte blindlings auf mich zu und schlug mich ins Gesicht. Ich war damals fast sechzehn und antwortete: »Von nun an bin ich dir keinen Dank mehr schuldig.«

Sie fiel auf einen Stuhl und weinte hemmungslos. Ich lief hinauf in mein Dachbodenzimmer und schrieb an die Großmutter, ob ich kommen dürfe. Es waren gerade Osterferien.

Großmutter antwortete, diese Zeit sei viel zu kurz. Aber ich solle im Sommer auf einige Monate nach Thüringen fahren, einen Monat nach Schmalkalden, wo Hahnemanns mich erwarteten, einen Monat nach Brotterode zu ihrer Schwester und deren Mann und die weitere Zeit nach Eisenach. Dort werde sie mit Tante Ella, dem Onkel Julius und meinem Vetter Kurt Urlaub machen, und ich solle mit von der Partie sein.

Als der Brief kam, hatten meine Mutter und ich uns ohne jedes auf unseren Streit bezügliche Wort längst ausgesöhnt. Sie hatte die Brücken gebaut, die mein Starrsinn nicht schlagen wollte, mir alles nur mögliche geschenkt und zuliebe getan. Und um diesen Guttaten die Krone aufzusetzen, willigte sie ein, daß ich die Schule vorzeitig verlassen dürfe, um diese lange Reise machen zu können.

Im Juli packte ich meine Koffer und fuhr nach Schmalkalden zu Hahnemanns. Dort hatte sich fast nichts verändert. Die Tante Karola war ein bißchen dicker geworden, der Onkel etwas grau, in der Kartonagenfabrik ratterten die Maschinen, im Garten führten die gleichen Stufen zum rosenumrankten Gartenhaus empor. Am Gartenende saß ich unter dem Nußbaum auf der Mauer und blickte zu dem flinken Bach hinunter, der da über die Steine sprang. An meinen Unfall, jene Schicksalswende, wurde ich nur einmal erinnert, als ich, ein paar Weingläser tragend, auf dem Weg zum Garten über die holprigen Hofsteine lief. Karola Hahnemann stand an der Treppe, die am Haus entlang nach oben führte, sie sah mir entgegen und fing an, laut zu schreien. »O Gott, o Gott«, schrie sie, »genau so war es damals! Hier an der Treppe stand ich, und genau so kamst du mit dem Glas gelaufen!« Weinend saß sie auf der Treppenstufe, und ich brauchte lange, um sie zu trösten.

Das kleine Zimmer, in dem ich vor elf Jahren schlafen durfte, schimmerte in Weiß und Rosa. Kohns legten noch immer goldene Teelöffel an die Tassen, das alte Fräulein Michel stand winzig klein und schwarz gekleidet in ihrem dunklen Torweg. Kohns Kinder allerdings waren größer geworden, Ludwig ein junger Mann, Herta ein üppiges junges Mädchen. Am liebsten von ihnen allen mochte ich den alten Herrn, der als schmuddelig von seiner Familie mißachtet wurde. Aus dem Theater kommend, wir hatten »Hamlet« gesehen, ging ich an seinem Arm über den stockfinsteren Kirchhof, und er erklärte mir, daß er die Sache mit dem Geist lächerlich finde. Zumal es keine Geister gäbe, der Tod sei eben von diesem hübschen Leben das Ende, danach komme ein Punkt und sonst nichts.

Der Pfad, auf dem wir gingen, war schmal, die Zweige schattenhafter Zypressen streiften uns. Ich bedauerte, daß wir diesen Ab-

kürzungsweg genommen hatten, irgendwoher wehte es mich kühl an. Ängstlich sah ich zum Himmel empor, an dem kein Stern glänzte, hoffentlich hatte der liebe Gott das nicht gehört. Es wäre mir gar nicht recht gewesen, wenn er den freundlichen Herrn Kohn bestrafen würde. Damals betrachtete ich es noch als Todsünde, wenn jemand nicht blindlings glaubte, mir war noch unbekannt, daß Glauben ein Geschenk und kein Verdienst ist.
Herr Kohn erzählte indessen frohlaunig, wie ihn seine Jugendfreunde hereinlegen wollten, als sie ausmachten, er, der sich vor nichts fürchtete, solle um Mitternacht bei Mondschein allein über den Kirchhof gehen. Er war auf die Wette eingegangen und hatte sich mit einem Knotenstock bewaffnet. Na, kurz und gut, hinter einem Stein tauchte natürlich ein weißumhülltes Gespenst auf und er hinterher, der Spuk springt über die Gräber wie gar nichts, doch der Verfolger holt ihn ein und prügelt ihn mit dem Knotenstock, bis er mit durchaus menschlicher Stimme brüllt: »Mensch, laß mich los, du bist wohl tollwütig geworden.«
»Ich glaube an Geister«, sagte ich.
Wir waren an der Pforte angelangt, sie öffnete sich und fiel klirrend hinter uns zu.
»Sie kleine Unschuld«, antwortete er.
»Wenn«, sagte ich, »wenn Sie glauben, nach dem Tode gäbe es nichts mehr, dann haben Sie noch nie in Ihrem Leben jemanden wirklich geliebt.«
»Das mag sogar stimmen. Aber einiges doch in dieser Welt. Dich zum Beispiel, als du klein warst mit diesem vielen wunderschönen hellen Haar. Jetzt bist du ja dunkel geworden.« Er schwieg, während wir auf das Hahnemannsche Haus zugingen. An der Tür gaben wir uns die Hand. »Ja, es stimmt schon«, meinte er, »es wäre schade, wenn man dich nie wiedertreffen würde.«
Da er am nächsten Tag auf längere Zeit verreisen mußte, haben wir uns in dieser Welt nicht wiedergesehen. Statt seiner wollte mich nun der Onkel Hahnemann ins Theater führen, Tante Karola bekam Kopfschmerzen, wenn sie so unaufhörlich zur Bühne sah. Mit dem Onkel ging ich nur einmal. Wir sahen »Alt-Heidelberg«, das Stück

von Meyer-Förster. Ich war berauscht und verzaubert und unsinnig verliebt, nicht in den Prinzen, sondern in seinen Hauslehrer Dr. Jüttner, der im Stück mindestens seine Fünfzig auf den Schultern hatte. Leider wurde ich aus meiner Begeisterung immer wieder durch den Husten des Onkels in einen unchristlichen Zorn hineingerissen, an den schönsten Stellen quoll ein ganzes Orchester von Hustenstößen aus seinem Mund, und ich hätte ihn von seinem Stuhl werfen können, wie ich ihn als Kind mit den Fäusten abgewehrt hatte.
In meinem kleinen Gastzimmer spielte ich, abends im Bett liegend, nun täglich die Rollen des Stückes durch, ich brach wie die Käthi schluchzend zusammen: »Karl Heinz, du kommst net wieder!« – ich sprach tonlos die Abschiedsworte des Prinzen. Besonders heftig aber muß ich in der Rolle des Hauslehrers geworden sein: »Und wenn sie dir deine Jugend rauben wollen, Karl Heinz – glaub ihnen nicht, glaub ihnen nicht!« Gewöhnlich klopfte es dann an den Fußboden des über meinem Zimmer liegenden Raumes, dort schlief der Onkel, abgesondert und allein, weil er so hustete. »Herr Doktor Jüttner«, rief er, »ich bitte endlich um Ruhe!« Er hatte Humor, und heute tut es mir leid, daß ich so unfreundlich gegen ihn gewesen bin und vor allem so dumm war, nicht wieder mit ins Theater zu gehen.
Als ich nach Brotterode abreiste, stand der junge Ludwig Kohn mit einem riesigen Blumenstrauß am Zug. Sein Vater hatte ihm aufgetragen, mir seinen Abschiedsgruß zu überbringen.
Der kleine Ort Brotterode erstickte beinahe in seinem Wald. Die Tannen wuchsen buchstäblich in die Häuser und die Hinterhöfe hinein, um die Gärten zogen sich die ersten Jägerzäune, denen ich begegnet bin, jene aus gekreuzten Rohhölzern gebastelten Einfriedigungen, die so heimelig wirken. Sie eroberten mein Herz und haben mich doch nicht von einer Dummheit abhalten können.
Das Ehepaar Stötzer, das ich auf Befehl der Großmutter besuchte, bestand aus Tante Sophie und Onkel Hugo. Sie war Großmutters ältere Schwester und er der Patenonkel meines Vaters. Sie holten mich in Begleitung ihrer Hündin Nidia vom Bahnhof ab und küßten mich schon dort aufs herzlichste, was von ihrer Seite ein Fehler war, denn ich habe mich von klein auf dagegen gewehrt, von Ver-

wandten geküßt zu werden. Während ein Träger mein Gepäck nahm und rüstig von dannen eilte, gingen wir Schritt um Schritt, und das geschah Nidias wegen, die, wie Tante Sophie erzählte, sehr alt sei und Atembeschwerden habe.

Die Villa, in der die Stötzers wohnten, ragte als Krönung eines den Berghang emporsteigenden Gartens über die Häupter mächtiger Rotbuchen hinweg, holzgesäumte Sandstufen führten hinauf, und ungefähr in der Mitte setzte Nidia sich hin und wollte nicht mehr weiter. Der Onkel bat mich, anzufassen, er packte hinten an, ich vorn, wo ihr langhaariger Kopf mich kläglich ansah, sie war ziemlich schwer, und ich hustete ein bißchen, als wir oben waren.

»Du bist erkältet«, sagte Tante Sophie, »ich werde dir sofort einen Tee kochen lassen.«

Sie war kleiner und rundlicher als meine Großmutter, von der es überall hieß, sie sei eine schöne, stattliche Frau. Aber auch Tante Sophie gehörte zu den vier hübschen Töchtern des Hofmechanikus Zwez, dessen Patrizierhaus noch heute am Eisenacher Markt steht. Der Onkel schritt als lange, hagere Gestalt mit weißem Haar und Bart durch die pompös eingerichteten Räume der großen Wohnung im Erdgeschoß, umflutet vom Ruhm seines Bruders.

In der ganzen Familie wußte man, daß dieser ältere Bruder einer der militärischen Erzieher des deutschen Kaisers Wilhelm II. gewesen war, er wurde geadelt und bekam den Posten eines Gouverneurs von Metz. Sein Glanz strahlte bis zur Wohnung Hugo Stötzers, dem das Glück weniger geneigt gewesen war.

Onkel Hugo gab mir einen Bericht seines, wie er sagte, verfehlten Lebens. Er hatte einen guten Freund gehabt, mit dem war er schon als Student durch dick und dünn gegangen. Beide saßen sie dann als Referendare bei derselben Behörde, und beide zugleich hatten sie vor einer Aufstiegschance gestanden, bei der nur einer gewinnen konnte. Der Mann, auf den es dabei ankam, war ein gefürchteter Examinator, bekannt als ein eitler und kleinlicher Mann. Alles erzitterte, als es hieß, der Geheimrat Hering sei angekommen und schreite schon durch die Korridore des Amtsgebäudes. Mein Großonkel, mit seinem besten Freund allein im Zimmer, ergriff einen

Stift und zeichnete, beflügelt durch den Namen, einen Hering, der schuppig auf einer Schüssel lag, geschmückt mit dem Kopf des Geheimrats.
Es klopfte, und geistesgegenwärtig warf der Onkel Hugo die Zeichnung in ein Fach seines Schreibtischs. In der nächsten Sekunde stand der Geheimrat mit seinen Begleitern vor dem nämlichen Möbel. Die Vorstellung erfolgte, und während die Rede noch hin und her ging, sah mein Onkel, wie der Freund spielerisch am Fach des Tisches herumfingerte, es herauszog und damit den Blick auf die Zeichnung freigab. Geheimrat Herings Gesicht sei erstarrt, schilderte der Onkel weiter. »Ah, eine begabte Arbeit. Wer ist der geniale Zeichner? Sie also! Sie hätten Maler werden sollen, mein Guter.« Onkel Hugo fiel durch, er avancierte nicht. Aber nicht das wendete sein Leben, er hatte den Glauben an die Menschen verloren. Der Geheimrat Hering hat den unglückseligen Zeichner dann weiter verfolgt, kaum war der irgendwo seßhaft geworden, wurde er wieder versetzt, von Ost nach West, von Süd nach Nord.
Auch mein Vater, sein Patenkind, hat den Onkel Hugo enttäuscht, er ließ ihn auf einer Bürgschaft sitzen, Onkel Hugo bezahlte und enterbte ihn. An die Stelle des Enterbten sollte nun ich treten, so war es zwischen den Stötzers und der Großmutter ausgemacht.
Wie wenig bedeutete mir damals Geld. Ich war kaum einige Tage in Brotterode, als ich mir schon den Kopf zerbrach, auf welchem Schleichweg ich es wieder verlassen könnte. Tante Sophie rümpfte die Nase über Frau Hahnemann – »daß du von diesem früheren Dienstmädchen als von einer Tante sprichst«. Sie hatte etwas gegen die netten Kohns. »Wie konntest du da nur verkehren...« Das alles gefiel mir wenig, doch schlimmer erschienen mir die nächtlichen Besuche. Niemand durfte im Hause Stötzer seine Tür verschließen, so blieb auch meine nur zugeklinkt. Zu später Stunde wurde diese Klinke niedergedrückt, und Onkel und Tante, beide in langen Nachtgewändern, er eine Kerze tragend, kamen herein. Ich stellte mich schlafend, sie horchten, traten ans Bett und ließen den mit der Hand abgeschirmten Lichtschein auf mich fallen. »Wie sehr gleicht sie ihrem Vater«, seufzte die Tante. »Ja, sie ist ganz

unser Hugo«, sagte der Onkel. »Das wellige Haar, der Mund und die zärtlichen Augen.« – »Von Kopf bis Fuß eine kleine Schauspielerin«, flüsterte die Tante. Nach einem letzten langen Blick zitterte das Licht dann wieder zur Tür hinaus.

Eine zweite Woche hielt ich es noch aus, dann schloß ich den Pakt mit dem Dienstmädchen Hermine. Sie hatte mir anvertraut, daß Stötzers ihr zu alt seien, und daher erfuhr sie von mir, daß ich die Absicht habe, durchzubrennen. Begeistert schmiedeten wir den Fluchtplan, ich packte meinen Koffer, und Hermine gab ihn heimlich auf dem Bahnhof auf. Ich selber kehrte von einem Spaziergang nicht mehr zurück, saß im Wartesaal und stieg ein paar Stunden später in den Zug nach Eisenach.

Ich stand noch draußen auf der Plattform, als Onkel Hugo erschien. Er war rasch gelaufen und außer Atem, das weiße Haar wehte um seinen Kopf herum. »Das wäre nicht nötig gewesen«, sagte er mit der leisen keuchenden Stimme, die mir ins Herz schnitt. »Wenn du so ungern bei uns warst, dann hättest du uns das sagen können. Wir sind die letzten, die jemanden halten, der von uns fortstrebt.« Es war ein schrecklicher Augenblick, wir starrten uns an, und ich hätte hinunterspringen und ihm um den Hals fallen mögen. Warum tut man so etwas nicht? Brennende Hitze schlug mir ins Gesicht, sprechen konnte ich nicht, so heftig klopfte es in meinem Hals. Der Zug setzte sich in Bewegung, der Onkel blieb zurück. Meine Hand, die winken wollte, fiel schwach herab. Vielleicht ahnte ich damals etwas von der Tragik des Alters, von diesem breiten Graben, der sich allmählich zwischen dem blühenden Land und einer karg gewordenen Landschaft auftut, auf der ein jeder einmal stehen wird, wenn er nicht frühzeitig den Weg zu den Sternen angetreten hat.

Meine Erbschaft ist mir in dieser Stunde verlorengegangen. Hermine hatte in letzter Minute noch Angst bekommen und geschwatzt, sie schrieb mir, sie habe die Sorge der alten Leute, die mich verirrt im Walde vermuteten, nicht länger ertragen können.

Mit meinem Koffer stieg ich in Eisenach zur Villa von Onkel Georg hinauf, wo ich als Kind seine zahlreichen Kinder mit Schokolade

gefüttert hatte. Ich klingelte, und Walter machte die Tür auf. Groß, schlaksig und semmelblond stand er da; sein Gegenüber war klein und schmal, zwei dicke goldbraune Zöpfe hingen über den Schultern, im kindlichen Gesicht fielen starke dunkle Brauen und ein tiefroter herzförmiger Mund auf, den hatte kein Lippenstift, sondern die Natur hineingemalt. Der unerwartete Besuch trug einen braunkarierten Mantel und auf dem Scheitel einen Roßhaarhut, Kopf schwarz und golden die hochaufgeschlagene Krempe. Der Onkel Stötzer hatte diesen recht teuren Hut als »Wurstpelle« bezeichnet und wollte mit mir nach Meiningen fahren, um einen anderen und dazu einen echten Kamelhaarmantel zu kaufen; das lehnte ich ab, weil zu der Zeit mein Fluchtplan schon reif war. Ich stellte mich dem schweigenden Walter vor, und er sagte: »Du warst doch früher blond.«
»Ist nachgedunkelt«, antwortete ich.
Bei Großmutter hieß ich immer »unser Rattenfänger«, und das bewährte sich im Hause meines Großonkels Georg. Ich eroberte sie nacheinander, die winzige Tante Rosa mit dem versorgten Gesicht, meine sehr schöne fünfzehnjährige Kusine Nanni, Jörg, der in der Lehrerausbildung stand, zwei ältere Schwestern Else und Meta und sogar den wortkargen, grüblerisch wirkenden Onkel. Der kleine Wilhelm Ernst mag weniger entzückt gewesen sein, weil alle Aufmerksamkeit sich von ihm, dem sechsjährigen Nachkömmling, auf den Gast verlagert hatte. Und dann war er noch da, Hermann, der Forstassessor, der seinen Urlaub im Elternhaus verbrachte. Gab es auf der ganzen Welt einen Mann, der ihm das Wasser reichen konnte? Mein Herz brannte lichterloh; um Hermann zu gefallen, kokettierte ich auf Teufel komm raus mit Walter, der darüber vergaß, daß er noch in diesem Schuljahr das Abitur machen sollte.
So standen die Dinge, als die Kölner ankamen, die Großmutter, Onkel Julius, Tante Ella und Biebe, der nun schon sieben Jahre alt war. Banger Vorahnungen voll ging ich nicht zur Bahn, aber als sie den Berg heraufkamen, war ich gerade, Ausschau haltend, über den Weg gelaufen. Tante Rosa erzählte mir nachher, die Großmutter sei stehengeblieben und habe fassungslos hinaufgestarrt: »War das

eben…?« Tante Rosa stammelte: »Ja…« und berichtete alles. Darauf setzte die Großmutter ihre Tasche hin: »Du großer Gott, damit hat sie sich um ein Vermögen gebracht.«
Aber da nützte ja keine Strafpredigt mehr, die Würfel waren gefallen.
Großmutters Glück, mich wiederzusehen, war auch viel zu groß, als daß sie mir mehr als einen solchen Vortrag gehalten hätte. Sie hatte mich ein Jahr lang nicht gesehen, und mittlerweile war ich eine »richtige« Schriftstellerin geworden. »Du wirst«, sagte sie in unbändigem Stolz, »die Adler-Ballestrem noch aus dem Sattel heben.« Im Moment war daran nicht zu denken, denn diese Dame saß noch fest in allen Sätteln, als Buch- und Zeitschriftenautorin von jung und alt gern gelesen. Ebenso erfolgreich zeigte sich Natalie von Eschstruth, und zu der hatte Großmutter sogar Verbindung. Mein Großvater hatte neben seinem Lehrerberuf in Weimar Musikunterricht gegeben, unter anderem der Natalie und noch einigen Damen vom Hofe. Zu jener Zeit besuchte die kleine Natalie manchmal meine Großmutter in Eisenach und führte Reden wie beispielsweise diese: »Ach, was ist Schönheit wert. Ich bin wahrhaftig keine, aber wenn ein Hoffest ist und meine schöne Schwester hat die Kavaliere um ihre hübsche Larve versammelt, dann kreuze ich mit meinem Mundwerk auf, und im Handumdrehen sind sie alle zu mir übergelaufen.«
»Ja, die Natalie«, sagte Großmutter, »ich bin gewiß, daß du die auch noch schaffst. Mit der Fräulein Sanner stehe ich übrigens seit deiner letzten Novelle auf Kriegsfuß. Das freche Frauenzimmer hat behauptet, das wäre nur ein Anfang, man könne nicht ersehen, was daraus würde.«
Wenn meine Großmutter gewußt hätte, daß ich in diesen Tagen fest entschlossen war, die Schreiberei aufzugeben! Den Anlaß dazu gab Hermann, mein Idol. Wir waren einen Augenblick allein gewesen und standen im Hausgang vor der Garderobe, wo er sich gerade am Spiegel kämmte. Mit zitternder Hand kramte ich in meiner Tasche und zog zwei Zeitungsblätter hervor, die »Amrei« und den »Kriegsgefangenen«.

»Ich schreibe nämlich«, flüsterte ich, »und dies sind meine beiden ersten Werke.«
Hermann steckte den Kamm weg, nahm die Blätter und sah auf den Namen. »Um Himmels willen«, sagte er, »mach du bloß so was nicht. Ein Blaustrumpf werden – Mädel, dafür bist du doch viel zu schade.« Damit gab er mir die Ausschnitte zurück, angelte sich seine Mütze vom Haken und ging federnd zur Haustür hinaus.
Nie wieder eine Zeile, so lautete mein Entschluß. Schmerzvoll folgten meine Gedanken dem Geliebten auf dem Weg, den er, wie ich von Nanni wußte, jetzt nehmen würde, ein Ende durch den Wald und in das Gasthaus »Junker Jörg«; dort bediente eine Kellnerin, die ihm schöne Augen machte. Erreichen konnte die ja nichts damit. Nanni hatte einen Brief aus seiner Jackentasche genommen, den studierten wir gemeinsam. Er kam von der Tochter seiner Logiswirtin und endete mit dem Satz: »Ich beneide Deine schöne Base nicht um ihre Schönheit und ihr Temperament, sondern einzig darum, daß sie in Deiner Nähe sein darf.« O Seligkeit, er fand mich also schön! Aufmerksam betrachtete ich mich im Spiegel und konnte in dieser Hinsicht nicht einer Meinung mit ihm werden. Schön fand ich dunkle Augen, ich habe blaue; zur Schönheit gehörte bei mir eine hohe, edle Gestalt, und ich bin klein. Ach, fort mit den Zweifeln, wenn ich ihm so gefiel, wie ich war.
»Du bist eine Hexe«, sagte Walter. »Das erste Mädchen, in das ich verliebt bin, muß ausgerechnet eine Hexe sein.«
Bald darauf kam diese unvergeßliche Nacht. Das Haus war still, alles hatte sich in seine Schlafkoje zurückgezogen. Mein Zimmer lag neben dem von Walter, eine verschlossene Flügeltür trennte beide Räume. Den Schlüssel dazu hatte Tante Rosa an ihrem großen Bund. Ich schlief wohl schon eine Weile, als ein Geräusch mich weckte. Ich starrte in die Finsternis; ja, da regte sich etwas an der Tür. Es knirschte dort, ganz behutsam drehte sich ein Schlüssel. Und nun – ein sachtes Scharren in den Angeln, die Tür öffnete sich. Kerzengerade saß ich im Bett. Da kam etwas auf bloßen Füßen. Und dann hörte ich die Stimme, Walters fremde Stimme, die heiser meinen Namen nannte.

»Walter!« schrie ich zurück. »Auf der Stelle gehst du aus dem Zimmer! Was fällt dir ein. Ich rufe das ganze Haus zusammen, wenn du nicht augenblicklich verschwindest.«
So vieler Worte hätte es gar nicht bedurft, die weiße Gestalt, die durch die Dunkelheit schimmerte, ergriff schattenhaft die Flucht. Ein Knarren der Tür, der Schlüssel drehte sich.
Ich schrie noch weiter, ich schrie das ganze Haus wach und stürzte der Großmutter weinend um den Hals.
Sie knüpfte andern Tags an das Erlebnis noch eine Lehre. Wenn so etwas geschehen sei, wäre es ja mit Walters Verschwinden aus dem Zimmer getan gewesen. Unter vier Augen konnte ich mich dann später mit ihm auseinandersetzen. Aber solch einen Aufruhr hätte ich nicht machen dürfen, dadurch könne ein junger Mensch schweren Schaden erleiden.
Nach Heide zurückgekehrt, erzählte ich meiner Mutter vorsichtshalber nicht, daß ich mir eine Erbschaft zerschlagen hatte.
Die Liebe zu Hermann verblaßte mit der Entfernung und wurde abgelöst durch eine Leidenschaft für meinen jungen Zahnarzt. Meine Mutter und ich beendeten jeden Tag mit einem Abendspaziergang, Klaus machte einen solchen Gang zur gleichen Stunde mit seinem Vater. Da beide Paare immer denselben Weg nahmen, trafen sie irgendwo zusammen, die Herren lüfteten den Hut, wir nickten dankend, und ich war glücklich. »Hat er mich angesehen?« fragte ich meine Mutter. Sie war schlau, sie sagte: »Mit einem langen, liebevollen Blick« und wußte, daß ich am anderen Tag jede Arbeit mit Freuden tun würde.
Um Hermanns willen hatte ich nie mehr schreiben wollen, für Klaus fing ich nun wieder an. Er war der junge Held in der Novelle »Dort unten in der Mühle«. Klaus wirkt darin als Müllerssohn und Arzt, er liebt Jutta, die junge Müllerin, die wiederum hoffnungslos vom Mühlknecht verehrt wird. Die Geschichte wurde von den Lesern unserer Zeitung verschlungen; wenn ich durch die Straßen kam, sangen die Schuljungen mit kessen Stimmen: »Dort unten in der Mühle«, und während einer Zahnbehandlung, bei der ich angstzitternd unter dem Bohrer ächzte, summte Klaus: »Wo sie war, die

Müllerin, zog es auch den Berti hin, doch sie lachte ihn nur aus, denn – sie wollte Müllers Klaus!«
Mitten in solche sorglose Heiterkeit gellten Fanfarenstöße. Die Welt hielt den Atem an. Der Erste Weltkrieg war ausgebrochen. Auf unserem Abendspaziergang trafen wir nun weder Klaus noch seinen Vater, aber die ersten Kanonen. Sie standen vor den Bahnschranken, und ich betrachtete sie in heller Begeisterung. Meine Mutter sagte weinend: »Es wird dir noch mal leid tun. Papa muß an die Front, und was aus dir und uns allen wird, das weiß nur Gott.«
Es wurde dann besser, als sie befürchtet hatte. Papa kam zunächst als Ausbilder nach Rendsburg und blieb dort zwei Jahre lang, wir anderen schlugen uns durch, und ich konnte sogar daheimbleiben und weiterschreiben.
Als erstes phantasierte ich mir die Erzählung »Rurik Iwanowitsch« zurecht, in der es hart zwischen einem Russen und vielen Wölfen zuging; erwähnenswert ist sie nur deshalb, weil ich sie an eine große Zeitschrift schickte und vom Hauptschriftleiter selbst die Antwort bekam. Sein Urteil lautete: »Die Novelle verspricht sehr viel, obgleich sie für uns nicht verwendbar ist. Versuchen Sie, weniger blutrünstig zu arbeiten, dann kann noch was draus werden.«

MARCEL IM ROSENGARTEN

Die erste einschneidende Folge des großen Krieges, der nach Meinung der Optimisten nur vierzehn Tage dauern sollte, war für uns ein Umzug aus der sehr geliebten Wohnung in der Mühlenstraße nach Freudental.
Die Wohnung im Tal der Freuden war viel kleiner als die alte, sie hatte Ofenheizung, kein Bad, keinen großen Boden als Jugendversammlungsort, lag aber wiederum über einem Kolonialwarenladen. Zwar waltete dort kein Gehilfe Ernst, kein Lehrling Fritz, dafür stand Max Hinrichs rotblond beschnurrbartet hinter dem Ladentisch, und klein und behende assistierte ihm seine aggressive Frau.

Zwischen ihr und meiner Mutter kam es bald zu Auseinandersetzungen über Treppenreinigung und Bodenbenutzung, und wenn ich nicht gewesen wäre, hätte es zum Bruch kommen müssen. Ich bewährte mich als Rattenfänger und Diplomat, erwischte sie in der Küche oder in ihrem kleinen Vorgarten und sagte ihr, meine Mutter habe bei diesem Zwist wohl etwas mißverstanden. »Eine so nette Frau wie Frau Hinrichs kann das nicht so gemeint haben, dazu ist sie viel zu vernünftig.« Damit blieb ich auf der ganzen Linie erfolgreich, manchmal kam es sogar zu Tränen, weil Frau Hinrichs die hohe Meinung, die ich von ihr zu haben schien, auf keinen Fall enttäuschen wollte.

Mein Bruder Erich, mit dem mich auch jetzt noch keinerlei Sympathien verbanden, war inzwischen als Lehrling in ein Strumpfwarengeschäft nach Kiel gekommen. Aber Erich tat dort nicht gut, er saß als Gasthörer in der Universität und schoß im Geschäft einen Bock nach dem anderen. »Er hat eben keine Lust zu Strümpfen«, entschuldigte William ihn. Die beiden Halbbrüder, verschieden wie Feuer und Wasser, vertrugen sich glänzend, Erich, der Materialist, William, der Idealist. Erst nach Jahrzehnten ist mir aufgegangen, daß hier ein ergiebiger Romanstoff vorlag. Die Brüder sind die Hauptgestalten in »Barbarossa und der Dicke«.

Obwohl bald zu erkennen war, daß dieser Krieg länger als vierzehn Tage dauern würde, ließ er sich hoffnungsvoll an. Wir würden siegen, davon kündeten die Böllerschüsse auf dem Markt und die durch die Stadt flatternden Extrablätter. Oft waren die Opfer des Feindes so zahlreich, daß auch die Glocken ihre Stimmen erhoben und dankend zu Mond und Sternen hinaufhallten. Ich empfand dann gewaltigen Stolz, meine Mutter freute sich nach einer anderen Richtung hin, sie sagte: »Nun muß der Krieg ja bald aus sein.«

Nach zwei Jahren kam Papa an die Front, in seinen Briefen berichtete er von der Somme und von Arras, Namen, die man zum erstenmal mit Bewußtsein hörte. Mir war eng in der Kehle, wenn die Siegesmeldungen verlesen wurden. Hatten wir nicht auch Verluste gehabt, und konnte Papa unter denen sein, die »auf dem Felde der Ehre« gefallen waren?

Bei einem Besuch in Köln verstärkten sich solche Angstgefühle. Tante Ella arbeitete bei der Bahnhofsmission, ehrenamtlich und mit viel Hingabe. Ich ging des öfteren mit und war einmal mit ihr auf einem Bahnsteig. Dort standen zwei Züge, der linke war gefüllt mit abfahrenden Frontsoldaten, denen Tante Ella Becher mit Kaffee reichte, aus dem rechts stehenden wurden Bahren herausgetragen, es war ein Verwundetentransport. In diesem Augenblick wurde mir klar, daß ein Krieg etwas Schreckliches war, auch wenn man damit die ganze Welt gewinnen würde.
Die übrigen Begleiterscheinungen machten mir weniger aus. Meine Mutter bekam für ihren an der Front kämpfenden Mann siebenunddreißig Mark Unterstützung vom Staat; da sie das Geld selber nicht vom Rathaus abholen wollte, mußte ich hingehen und stand in der Schlange seufzender und schimpfender Frauen, die vom Stadtkassierer hart angefahren wurden. Siebenunddreißig Mark betrug unsere Miete. Wovon hätten wir leben sollen, wenn Papas Firma nicht hundert Mark im Monat dazugetan hätte? Aber sie tat es, und darum machte ich mir keine Sorgen. In der Kartenwirtschaft hatte ich eine glückliche Hand, auf dem Rathaus saß ein junger, schüchterner, hinkender Mann, der mir sehr gewogen zu sein schien. Es war nicht zu erraten, ob er aus Versehen oder absichtlich zwei Karten statt einer ergriff, wenn ich mich mit ihm unterhielt, jedenfalls fand sich meistens etwas Überzähliges bei unseren Lebensmittelkarten, mal bei der Brotzuteilung, doch zuweilen auch in höheren Sphären, beim Fleisch oder bei der Butter. Dankbar denke ich an ihn zurück. Es mag der Glorienschein der »stadtberühmten Schriftstellerin« gewesen sein, der auch in den Läden die Waage tiefer sinken ließ, wenn ich, die Karte erwartungsvoll in fächelnder Hand, die Lebensmittel einkaufte, und derartige Erfolge wurden von der Familie weit höher bewertet als die schriftstellerischen. Ich wurde zum Generaleinkäufer und hielt das Boot um Zentimeterbreite über Wasser.
Weil wir nur ein Wohnzimmer hatten, in dem die ganze Familie sich versammelte, schien die Zeit des Schreibens vorüber zu sein. Aber was erfindet man nicht alles, um etwas sehr Geliebtes nicht

aufgeben zu müssen. Das Zimmer hatte einen Erker, über den schräg Papas Schreibtisch gerückt war. Dahinter entstand ein von Fenstern eingerahmter Hohlraum. Dort hinein zwängte ich einen Nähtisch und einen Hocker und baute auf dem Schreibtisch eine Blumen-Blätterwand auf. Die Palme mußte herhalten, ein umfangreiches Gewächs, das ich zur Konfirmation bekommen hatte, und die hochwuchernden Geranien meiner Mutter. Obgleich der Schall dadurch nicht abzufangen war, fühlte ich mich hinter der Wand allein, man hat in der Jugend diese wunderbare Kraft, sich zu verteidigen. Mein Roman »Familie Hanke« hatte in der Zeitung wieder Aufsehen erregt, sogar Lola Gerdts, die Schulleiterin, las mit. Sie urteilte: »Gut gemacht, aber literarisch ohne Wert.« Man hinterbrachte mir das, und ich war tief betroffen. Denn mit jedem neuen Werk hoffte ich ja, zum Weltruhm vorzustoßen. Wenn ich es mir jetzt überlege, ist es mir mit diesen ersten Arbeiten, wie »Laßt uns den Haß begraben«, »Die Toten stehen auf« und »Wunderlich, der Gärtner«, ähnlich ergangen wie dem Schauspieler, der beim Wandertheater, bei der Schmiere, von der Pieke auf lernt, wie man schauspielert. Wie man dort gedrillt wird und auf die richtigen Töne kommt, das hat mir später einmal Paul Wegener erzählt. Er setzte die Ausbildung bei der Schmiere höher als die auf der Schauspielschule.

Ich flüchtete aus dem Kreis der lebhaften Familie und suchte auf einsamen Feldspaziergängen nach einem neuen Stoff, mit dem ich auch Lolas Zustimmung erringen konnte. Und im Schatten hoher Wallhecken, vor der bunten Wildnis des blühenden Feldrains, beim Gezwitscher der Vögel verfiel ich, siebzehnjährig und ohne diesbezügliche Erfahrung, darauf, einen Eheroman zu schreiben. Vielleicht hat »Frau Hannas Ehe« ihre Wurzeln in den Gesprächen gehabt, die unzufriedene junge Frauen mit meiner lebensklugen Großmutter führten, im Beisein der kleinen Enkelin, die aufmerksam in ihrem Bilderbuch blätterte und dabei nichts vom Hin und Wider verpaßte. Anders hätte die zarte Frau Hanna wohl nicht die Herkulesarbeit vollbringen können, ihren Mann aus dem Kreis von Schwägerinnen und Tanten heraus und an ihre Seite zu reißen. Der Roman endete mit ihrem vollen Sieg über Verwandtschaft und

Kleinstadt, und als ich den Schlußstrich gezogen hatte, nahm ich mein immer noch handschriftlich, aber jetzt einseitig beschriebenes Manuskript unter den Arm und ging zur Zeitung.
Herr Johnsen versprach, den Roman selbst zu lesen, und er tat das noch am gleichen Abend. Ich bekam Bescheid, ihn aufzusuchen, und saß ihm wieder einmal mit Herzklopfen gegenüber.
»Mein Kind«, sagte er und strich mir über die Wange, »ich will diesen Roman in meiner Zeitung nicht bringen.«
»Oh«, stammelte ich und sah ihn mit Entsetzen an. Ich hatte schon auf ein höheres Honorar gehofft, für die »Familie Hanke« waren mir fünfzig Mark auf die Hand gegeben worden, und wenn es diesmal mehr geworden wäre, so wußte ich bereits, welches neue Frühjahrskostüm ich mir kaufen wollte. Denn trotz des Krieges verfügte unser Kaufhaus noch über eine verführerische Konfektion.
»Und warum nicht?« fragte ich leise.
»Weil er zu gut für unsere Zeitung ist«, sagte Herr Johnsen. »Die Zeit ist da, wo Sie weiterkommen müssen. Ich gebe Ihnen ein Verlagsverzeichnis mit, suchen Sie sich einen Verleger heraus und schicken Sie ihm das Buch. Finden werden Sie für diese Ehegeschichte bestimmt einen.«
In dem Verzeichnis fand ich zwei Anschriften, die mir für meinen Fall erfolgversprechend erschienen, der eine Verlag sprach junge Talente an, der andere suchte Romane, die Frauenschicksale behandelten. O je, wie fern lag das Kostüm, naturfarbene Fallschirmseide mit roten Knöpfen verziert. Die Textilproduktion hatte etwas mit Kriegsabfällen zu tun. Wie sucht man sich einen Verlag? Ich schrieb die Namen der beiden Verleger auf zwei Zettel, machte aus beiden gleiche Röllchen und wirbelte sie durcheinander. Dann zog ich mir eines heraus und hatte den Dr. Sally Rabinowitz, den Mann, der sich für Frauenschicksale interessierte.
Der Roman wurde eingepackt, im Begleitbrief schilderte ich mein Dasein und erwähnte, daß ich nicht imstande sei, eine Schreibmaschine zu kaufen, und daß es mir, falls ich eine besäße, auch nicht viel nützen würde, da ich darauf nicht schreiben könne.
Dr. Rabinowitz hat sich mit der Handschrift abgefunden und den

Roman nach einwöchiger Prüfungszeit angenommen. Das Buch, mein erstes Buch, erschien ein Vierteljahr später und war gewidmet... Aber hier muß ich erst etwas einfügen.
Meine Mutter hatte hin und her nachgedacht, wie sie unser schmales Einkommen erweitern könnte. Essen und Trinken kosteten zwar nicht viel, denn es gab ja kaum etwas zu kaufen, doch schließlich brauchte man auch etwas zum Überziehen, und die Schuhe sollten besohlt werden, wenn auch mit Gummi oder Holz. Wir kamen darauf, noch näher zusammenzurücken und mein Schlafzimmer zu vermieten. Das bedeutete, daß ich fortan im Wohnzimmer auf dem Sofa schlief, während unser Mieter, Herr Robert Friedrich Paul Huebner, mein breites weißes Eisenbett bezog.
Herr Huebner war schon Ende vierzig und hatte sich freiwillig an die Front gemeldet. Er stand im Range eines Unteroffiziers und wurde nun in der Kaserne für irgend etwas Spezielles ausgebildet. In der Kaserne wollte er nicht gerne wohnen und hatte sich daher nach einem Privatquartier umgesehen. Und seine Wahl war auf uns gefallen, weil unsere Wohnung ganz nahe bei der Kaserne lag. Er, ein großer, breitschultriger Mann, kam mit einem Dicken, der sich später als Rittergutsbesitzer entpuppte. Meine Mutter zeigte ihnen das Zimmer, sie ging zur Küche, um etwas zu holen, und ich hörte, wie der Dicke sagte: »Das müssen Sie nehmen, allein wegen der Kleinen.« Dabei schnalzte er vernehmbar mit der Zunge.
Dieser Bemerkung wegen trat ich Herrn Huebner zunächst etwas schüchtern entgegen, doch ich merkte bald, daß er keineswegs ein so lockerer Vogel war wie sein Begleiter. Er betrachtete mich immer, wenn ich ihm etwas brachte, sehr freundlich, beinahe liebevoll durch seine Brillengläser und lud mich oft ein, mich ein wenig zu ihm zu setzen.
Was er mir nach und nach auf meine Fragen hin erzählte, war für mich atemberaubend, ein Hauch der großen Welt, nach der ich mich heimlich sehnte. Er war Großkaufmann und hatte in Afrika große Besitzungen gehabt und dazu den Posten eines englischen Konsuls bekleidet. Mit dem Herzog von Mecklenburg war er zur Jagd gefahren und hatte dabei ein Löwenabenteuer gehabt, das in einem

Buch des Afrikaschilderers Schilling erzählt wurde. In Gedanken saß ich im weißen Marmorhof seines Hauses und erlebte mit, wie ein Ziegenbock einen ganz jungen spielenden Tiger durch die Luft schleuderte. »Wenn das deine Mutter wüßte«, hatte Herr Huebner zu dem kleinen Tiger gesagt.
Eines Abends las ich Herrn Huebner ein Kapitel aus »Frau Hannas Ehe« vor und hatte einen aufmerksamen Zuhörer. Als ich schließlich mein Manuskript sinken ließ, trat er hinter mich und strich mir übers Haar. »Nun sieh einer an«, meinte er, »diese Tante Hanna.«
»Aber das ist keine Tante«, verbesserte ich, »Sie verwechseln das mit Konrads Verwandten.«
»So ja«, sagte er, »dann war das eine Verwechslung.« Mir schien, als wäre er mit seinen Gedanken ganz woanders, ich drehte mich um und sah zu ihm auf. »Wenn ein Mann sich eine Frau nimmt, die dreißig Jahre jünger ist als er . . .«
»Aber Hanna ist nur zwei Jahre jünger«, rief ich dazwischen.
»Ach?« fragte er. Und fuhr fort: »Wenn sie dreißig Jahre jünger ist, dann muß der Mann reich sein. So reich, daß er ihr die ganze Welt zeigen kann.«
Ich war ratlos. Hatte ich so undeutlich gelesen, daß er nun alles durcheinanderbrachte, oder so wenig eindrucksvoll?
»Mein Kind«, sagte Herr Huebner, »wäre ich noch der reiche Mann wie vor dem Krieg, hätte ich die Besitzungen noch, die von den Engländern beschlagnahmt wurden und die sie mir nie wiedergeben werden, also wenn das alles so wäre, dann würde ich Sie jetzt etwas fragen. Und ich wollte alles daransetzen, Ihnen, obwohl Sie dann einen alten Mann hätten, ein glückliches Leben zu schaffen. So aber muß ich Ihnen Lebewohl sagen, denn ich gehe morgen ins Feld.«
»Nein«, flüsterte ich. In diesem Augenblick liebte ich den großen, starken Mann über alle Maßen, und es war für mich undenkbar, daß er vielleicht für immer fortgehen sollte. Er zog etwas aus der Tasche und überreichte mir ein Päckchen. Von einem Atemzug zum anderen begann ich jammervoll zu weinen, suchte nach einem Taschentuch, fand keines und schluchzte in den Ärmel meines weißen Kleides.

Herr Huebner legte den Arm um meine Schultern und sagte: »Das habe ich nicht gewußt. Nein, ich habe nicht gewußt, daß jemand so um mich weinen würde... Ich werde Ihnen oft schreiben«, begann er wieder, »und sollte ich heil herauskommen, müssen wir uns sehen. Aber vielleicht sind Sie dann schon eine große Schriftstellerin und erinnern sich nicht, daß es mich gibt.«
Als ich später sein Päckchen öffnete, lag ein Füllfederhalter mit einer kleinen goldenen Schreibfeder in einem Lederkästchen. Ich war fest davon überzeugt, daß sie mir Glück bringen würde.
Am nächsten Morgen nahmen wir Abschied.
Ich schrieb am gleichen Tag an meinen Verleger Dr. Rabinowitz und bat ihn, eine Widmung in den Roman einzufügen: »Herrn R. F. P. Huebner in Dankbarkeit zugeeignet«.
Das Erscheinen meines ersten Buches begann mit einem Keulenschlag. Jemand brachte mir das Buchhändler-Börsenblatt, und darin war »Frau Hannas Ehe« ganzseitig angekündigt. Ein Buch, das die gesamte Frauenwelt in Begeisterung versetzen würde, und was da alles stand, von einer elementaren Art zu schreiben, von einer ungemein lebendigen Erzählkunst. Und fettgedruckt mitten dazwischen: »Dieses Buch stellt die besten Arbeiten der Hedwig Courths-Mahler weit in den Schatten.«
Meiner »Frau Hanna« schadete die Reklame nicht, kaum erschienen, war die erste Auflage schon weg, und die zweite mußte vorbereitet werden. Der Roman wurde in zirka fünfzig Zeitungen nachgedruckt, und nur die dankbaren Leser von »Familie Hanke«, »Gärtner Wunderlich« und so weiter äußerten sich skeptisch. Sie meinten, ich hätte mich mit dem neuen Buch etwas verschlechtert.
Herr Huebner fragte in einem langen Brief, womit er sich diese Widmung verdient habe. Ich dachte an die Milchkarte, die er für mich besorgt hatte, weil ich ihm blaß vorgekommen war, an das Essen aus der Kaserne, das er uns brachte, wenn er ins Gasthaus ging, aber das war es ja gar nicht. Er, der Mann aus der großen Welt, schrieb mir wöchentlich zwei Feldpostbriefe, die ebenso ausführlich beantwortet wurden, er ging auf meine Hoffnungen und Pläne ein, ermunterte mich und schilderte sein Entsetzen vor dem,

was er im Krieg erlebte. Er schrieb über diese Dinge ganz anders als Papa, dessen Erlebnisse im Grunde dieselben waren. Papa verzeichnete die Geschehnisse nüchtern und ohne Stellungnahme, Herr Huebner verflocht sie mit Gedanken über Entstehung und Fortbestand der Welt, über das grausige Geschöpf eines unbekannten Gottes, geschaffen, um Schrecken über die Erde zu verbreiten. Er habe sich ja freiwillig in diese Hölle hineinbegeben, schrieb Herr Huebner, aber er halte es darin nicht aus und habe sich an seinen Freund, den Herzog von Mecklenburg, gewandt, damit der ihn wieder heraushole.

Jetzt kam Marcel.
Wir hatten Herrn Einfeld, einen Kaufmann, im Quartier gehabt, einen biederen Geschäftsmann, der in keinerlei Konkurrenz zu seinem Vorgänger treten konnte. Ihm war nun erlaubt worden, ins Zivilleben und in seinen Laden zurückzukehren. Ein freundlicher Mensch, er verfertigte in Lackschrift ein Werbeschild und hängte es ans Fenster: »Gemütliches möbliertes Zimmer zu vermieten«.
Bald danach klingelte es bei uns, und Marcel trat herein. In Wirklichkeit hieß er Karl, aber ich habe ihn Jahrzehnte später in einem meiner Fernsehstücke Marcel genannt, weil das so gut zu seinem französischen Nachnamen paßt. Marcel möchte ich auch hier beibehalten.
Als meine Mutter ihn hereinführte, stand ich am Waschtisch und hatte eben den Wasserkrug in die Schale gesetzt. Ich wandte mich um, und Marcel und ich sahen uns an.
»Ich ziehe ungern hier aus«, hörte ich Herrn Einfeld sagen. »Das Zimmer hat Morgensonne und eine schöne Aussicht auf die Bäume. Nette Quartierwirte, wirklich reizende Leute...«
Wenn er bloß aufhören wollte, dachte ich. Genau den gleichen Gedanken hatte Marcel, wie er mir später verraten hat. Jetzt stand er im grauen Gefreitenrock in etwas vorgeneigter Haltung am Fenster, und weil das Haus ein Eckhaus war, funkelte auch die Südsonne noch ein wenig zu uns herein. Die Brillengläser blitzten vor den großen braunen Augen, die mich unverwandt anblickten.

Was für ein gutgeschnittener Kopf! Einsachtundsiebzig groß, dachte ich, aber er müßte sich gerader halten. Die Sonne glitzerte bis zum zweiten Fenster, und die Rosen in der Tapete glühten auf.
»Schönes, breites Bett«, sagte Herr Einfeld mit einer empfehlenden Handbewegung. »Viel Platz drin, auch wenn die Braut mal mitkommt.«
Marcel drehte sich zu ihm um. Ich hörte ihn sprechen, eine melodische Stimme, in deren Wohlklang ein metallischer Ton schwang. »Leider«, sagte er, »steht kein Klavier im Zimmer. Das müßte ich haben, ich studiere Musik.« Noch einmal streifte mich sein Blick, und damit ging er hinaus. Meine Mutter sprach noch mit ihm, und ich hörte die Antwort: »Nein, es hat leider keinen Zweck.«
»Dummer Kerl«, schimpfte Herr Einfeld. »Bei dem nützt die beste Reklame nichts.« Er warf seinen Koffer auf den Stuhl und begann zu packen.
Er war schon lange fort, und draußen dunkelte es stark, da klingelte es wieder an der Flurtür. Ich öffnete, und vor mir stand Marcel.
»Ist das Zimmer noch frei?« fragte er.
»Ja«, sagte ich, »und ich habe mir auch schon etwas ausgedacht. Bei unseren Nachbarn steht ein Klavier, das keiner braucht. Wir könnten uns erkundigen, ob...« Ich stockte, das hatte geklungen, als wäre ich sicher gewesen, daß er zurückkäme.
»Es ist nicht so wichtig«, erklärte er. »Ich kann woanders spielen.« Fragend sah er zur halbgeöffneten Tür des Hinterzimmers hinüber. »Ist der Herr...?«
»Schon ein paar Stunden«, sagte ich lachend und empfand eine unbändige Freude darüber, daß Herr Einfeld weg war.
»Ein unangenehmer Mensch«, meinte Marcel, und ich antwortete: »Ach, nur ein bißchen taktlos.«
Später hat Marcel mir erzählt, daß er sich beim ersten Sehen in mich verliebt habe, doch zweierlei hätte ihn verscheucht: die brennendrote Schleife, die ich im Haar gehabt, und die Bemerkung über das Bett. Er habe nicht begreifen können, daß Herr Einfeld so etwas in meiner Gegenwart sagte, und er sei geradezu fortgestürzt. Danach sei er stundenlang durch die Felder und Wiesen gewandert, hin und

her gerissen, soll ich wieder hingehen oder flüchten, so weit meine Füße mich tragen? Aber zur Flucht sei es schon zu spät gewesen.
Er zog am nächsten Morgen ein, ich war gerade mit der Säuberung des Zimmers fertig, wir kamen ins Gespräch, und so stand ich noch dabei, als er den Koffer öffnete. Als erstes nahm er ein Bild heraus und stellte es mit einem nicht zu überhörenden Ruck auf den Nachttisch neben dem Bett. Die Bewegung hatte etwas von einer zornigen Demonstration.
»Sie sind verlobt?« fragte ich.
»Ja«, sagte er, und das klang wie: Nun weißt du es und richte dich danach.
Ich ging zum Nachttisch, nahm das Bild von der Marmorplatte und betrachtete es. Ein lieblicher Mädchenkopf, umgeben von einem Heiligenschein blonder Haare, helle, groß geöffnete Augen, ein hübscher Mund. »Sie gefällt mir«, sagte ich.
»Ich liebe meine Braut«, antwortete er. Es hörte sich hart und trotzig an, und überhaupt, ich hatte das ja gar nicht wissen wollen.
»Dann wünsche ich, daß Sie bald recht glücklich mit ihr werden«, sagte ich, stellte das Bild leise an seinen Platz zurück und ging ebenso leise davon.
In den nächsten Tagen herrschte Schweigen zwischen uns, wir gingen mit kurzem Gruß aneinander vorbei. Bei meiner Mutter blieb er öfters stehen und sprach über seine Heimatstadt Bremen, auch einmal von seinen Eltern, von seinem Vater, der als Arzt in der Westerstraße arbeitete und wohnte, daß seine Mutter klein und zierlich sei und daß er zwei Schwestern und zwei Brüder habe. Studiert habe er bis zur Einberufung in Leipzig, und nun sei er durch eine Augenerkrankung frontuntauglich. Auch an die siebenjährige Annemarie und den zehnjährigen William richtete er manchmal das Wort, nur bei der Begegnung mit mir schien ihm nichts einzufallen. Aber es war da etwas wie heimlich knisterndes Feuer, von dem noch kein Schein nach außen dringt.
Sehr umständlich machte ich mich eines Abends vor der Flurgarderobe zu einem abendlichen Spaziergang zurecht, ich trug das blaue Kostüm, mit Fehstreifen von der Großmutter besetzt, die rote

Kappe schräg gerückt, und sehr nachdrücklich wünschte ich ihm, der im Flur stand, einen angenehmen Abend.
Ich schlug den Weg über die Wiese ein, die hinter unserem Hause lag. Ein zauberhafter Weg. Schmal läuft er durchs Gras von einem Hecktor zum anderen, dann schlängelt er sich ins Nachbardorf hinein und bis zum Hünengrab.
Den Schritt, der mir folgte, hatte ich eigentlich erwartet. Es war etwas in Marcels Gesicht gewesen, Kummer, nein mehr, Schmerz oder dunkle Trauer, ehe ich die Flurtür hinter mir zuschlug. Weshalb wohl traurig? Weil er niemanden hatte, mit dem er über diese Liebe zu seiner Braut sprechen konnte?
»Ich kann Sie nicht so allein durch die Felder streifen lassen«, sagte er, indem er mich überholte und sich mir in den Weg stellte. Wir waren am zweiten Hecktor, das ein bequemes Brett zum Aufstieg hatte. Mit einem Satz war er hinüber und streckte die Hände aus, um mir hinaufzuhelfen.
»Das kann ich allein«, rief ich, schob seine Hände zurück und war mit einem Schwung ebenfalls drüben. Wir gingen weiter, hier blühte der Weißdorn auf der Wallhecke, und der Pfad war so eng, daß der Kostümjackenärmel und der Soldatenrock einander berührten.
»Sie können alles allein«, sagte er mit einer sonderbar belegten Stimme. »Aber das ist gar nicht wahr. Schreibmaschinenschreiben können Sie nicht. Aber ich kann es. Ihre Mutter hat mir Ihr erstes Buch gegeben und erzählt, unter welchen Umständen es eingereicht wurde. Kein seriöser Verlag, keine anständige Zeitschrift nimmt Ihnen heute noch ein handgeschriebenes Manuskript ab.«
»Na und?« fragte ich.
»Ich bin perfekt auf der Maschine«, sagte er. »Und wenn Sie nicht so kratzbürstig gegen mich wären, dann würde ich Ihnen den neuen Roman tippen. Der erste hat mir nämlich gut gefallen.«
»So«, murmelte ich. Mir kam ein drolliger Gedanke. Er war noch nicht ausgedacht, da sagte Marcel: »Wollen Sie mich als Sekretär? Soll es so werden wie – Goethe und Eckermann?«
Mein Lachen klang mit seinem zusammen. Und während wir

rascher dahinschritten und die Weißdornzweige streiften, ging es um die Frage: Wie kommt man zu einer Schreibmaschine? Die Honorare für »Frau Hannas Ehe« waren in Wäsche, Kleidern und Schuhen angelegt und der Rest so zusammengeschmolzen, daß ich schon ängstlich an Freimarken sparte. »Eine Maschine borgen«, riet Marcel.

Natürlich, das war die Lösung. Ich würde morgen zu Bankdirektor Bruhn gehen, der mich immer so freundlich ansah, wenn ich etwas bei der Westbank zu tun hatte, und ihm die Lage schildern, er hatte ja Maschinen genug.

Marcel und ich saßen auf der Kuppe des Hünengrabes im hohen Gras, und ich erzählte ihm von dem Goldreiter und seinem kopflosen Pferd, mit dem er um Mitternacht durch den Schnittweg reitet. Am Himmel stand der Mond, und über einem Strohdachhaus blinkerte der Abendstern.

Marcel glaubte nicht daran, daß Tote ihre Gräber verlassen. Doch einmal in seinem Leben war ihm etwas Merkwürdiges geschehen. Bei einem Marsch in Frankreich, den er mit einer kleineren Gruppe unternehmen mußte, hielt er plötzlich inne und sagte: »Die Gegend kenne ich, obwohl ich noch nie hier gewesen und keinem Bericht und keinem Foto davon begegnet bin.« Und er beschrieb den Kameraden, wie der Marsch weiter verlaufen werde, erst der Wald, dahinter liegt ein See, dann kommt die Anhöhe, und sie sieht *so* aus, und dann das Dorf und hinter dem Park das Schloß. Und alles war dann haargenau so gewesen. Aber keiner wollte ihm glauben, daß er den Weg zum erstenmal ging. Zu Hause habe er dann mit Hilfe seines Vaters Nachforschungen angestellt und herausgefunden, daß seine Familie vor dem Auszug der Hugenotten in der Gegend und unweit des Schlosses gelebt hatte.

Ich war Feuer und Flamme für die Geschichte, sie paßte so schön in meinen heimlichen Glauben an die Seelenwanderung. Marcel kam mir sehr interessant vor, und ich bedauerte nur, daß seine Leute nicht im Schloß selbst gelebt hatten.

Am nächsten Morgen war ich bei Bankdirektor Bruhn. So einfach, wie ich die Sache angesehen hatte, erwies sie sich nicht. Viele

Maschinen, jawohl, doch jede hatte ihre Arbeit zu machen. Der liebenswürdige mittelalterliche Herr fand trotzdem einen Ausweg. Er würde mir an jedem Abend nach Bankschluß durch einen Angestellten eine Maschine bringen und am Morgen wieder holen lassen. Und übers Wochenende durfte ich sie behalten bis Montag früh. Beinahe wäre ich ihm um den Hals gefallen, ich legte jedoch nur sanft »Frau Hannas Ehe« mit Widmung auf den prächtigen Schreibtisch.

Herr T., ein schäbig angezogener, äußerst kurzsichtiger Bankdiener, brachte die Maschine am nächsten Abend. Er trug sie, die sehr schwer war, auf beiden Armen, ging damit über den riesigen Markt, durch die lange Norderstraße nach Freudental und dann auch noch die Treppe hinauf. Uns jammerte das abgerissene Aussehen des armen Mannes, und meine Mutter kochte vor Ärger, als sie erfuhr, daß seine Ehefrau ihn so verwahrlosen ließ, weil sie nichts tat als überall klatschen und tratschen. Die ulkigen Einfälle meiner Mutter waren bekannt, sie hat uns oft amüsiert und wie im Falle T. damit auch Segen gestiftet. Marcel tippte einen anonymen Brief an Frau T., in dem stand, die Kleidung ihres Mannes sei himmelschreiend; falls sein Rock nicht gewaschen und geflickt werde, sei der Unterzeichnende bereit und willens, ihr eine derartige Tracht Prügel zu verabreichen, daß ihr fürs Tratschen keine Kraft mehr bleibe. Der Brief mußte Frau T. am Sonnabend erreichen. Montags erschien Herr T. in einem guten Rock und einer normalen Mütze zum Abholen der Maschine. »O Herr T., Sie sind aber fein heute!« Er lächelte glückselig: »Meine Frau meinte, der alte Rock wäre doch ein bißchen schlecht und auch die Mütze. Die Sachen durfte ich sonst nur sonntags anhaben.«

Marcel lachte herzlich über diese Wendung. Er selbst hatte sich völlig verändert, seit er auf meinen Spaziergängen mitkam und danach an der Maschine saß, um die »Sünde der Hilgenhofs« abzuschreiben. Sobald er vom Dienst kam, er war in der Kleiderkammer angesetzt, zog er sich in sein Zimmer zurück und erschien wieder in seiner blauen Extrauniform. Die machte sich vortrefflich, und es jubilierte in mir, weil er sich, obwohl die Braut unverrückbar auf seinem Nachttisch stand, für mich so fein machte. Da ratterte dann die Maschine oft bis nach Mitternacht, meine Mutter, die früh aufzustehen hatte, war schon ins Bett gegangen, ich diktierte und mußte manchmal innehalten, wenn er einen seiner Einwände machte. »Diesen Satz würde ich anders formulieren. Nein, nicht gleich wieder obstinat! Hören Sie sich erst mal an, wie ich es meine.« Ich war schon so sehr an Lob gewöhnt, daß ein Tadel mich auf die Palme brachte. Den Ausgleich boten die Kapitel, wo es um die männermordende Lena und ihren rettungslos verliebten Andreas ging. »Oh, diese Lena«, Marcel lachte, »diese egoistische kleine Tigerin. Der haben Sie Ihr eigenes Ich auf den Leib geschrieben. Der arme Andreas, an wen erinnert der mich nur?«

Ab und an fiel er ins alte Fahrwasser zurück und erzählte des langen und breiten von der Braut, die ihm schon als Junge imponiert habe. Ich sah sie am Rand eines Grasstücks, einen Stock als Gewehr über der Schulter, sie spielte mit dem Bruder und seinen Freunden Soldat und stand mit tiefernster Miene als Wachtposten im Dienst. Es war mir gegen den Strich gegangen, so ausführlich von der prächtigen Villa ihrer Eltern und den prunkvollen Kindergesellschaften dort zu hören, zu denen er als armer Doktorssohn damals eingeladen wurde; ich nahm ein paar Blumen, flocht sie zu einem halben Kranz, ging heimlich in sein Zimmer und legte die Blumen um das Bild.

Gespannt ging ich mit, als er sich etwas holen wollte, und war überrascht von der Wirkung. Er sah den Kranz, stürzte hin und riß die Blumen herunter. Dann nahm er das Bild, warf es in die Schublade, kam zur Tür und sah mich mit zornfunkelnden Augen an. »Carmen«, sagte er laut. Und fügte leise hinzu: »Aber ich bin nicht Don José. Noch nicht.«

Es war schon dunkel, als er ins Wohnzimmer zurückkam, und zu spät, um die Schreibarbeit noch fortzusetzen. Wir hatten die Gaslampe nicht angezündet, meine Mutter saß im Erker und blickte auf die Straße hinunter, sie kehrte dem Raum den Rücken zu.

»Meine sechs Seiten habe ich ja geschrieben«, meinte Marcel und setzte sich neben mich aufs Sofa.

Hm, dachte ich, er entschuldigt sich für sein unglaubliches Benehmen.
»Da geht der alte Holm«, sagte meine Mutter hinaussehend. »In seinem Flügelmantel. Daß der in seinem hohen Alter noch so hinter Frauen her ist.«
Während sie noch sprach, beugte Marcel sich vor, ich fühlte seine Hände, die mich an sich rissen, und spürte einen raschen, wilden Kuß auf meinem Mund. Nicht länger als eine Sekunde dauerte der Überfall. Marcel sprang auf und lief aus dem Zimmer.
»Was ist denn nun wieder los?« fragte meine Mutter sich umwendend. »Hast du ihn wieder beleidigt? Du solltest das nicht tun, er ist ein so guter und freundlicher Mensch. Und wieviel Nutzen bringt er dir!«
Mir war glühend heiß vom Kopf bis zu den Füßen. Trotzdem gab ich noch Antwort: »Ich weiß nicht, was er hat. Gesagt habe ich kein Wort.« Mein erster Kuß! Das hatte ich mir anders vorgestellt und es auch in meinen Geschichten und Romanen anders geschildert. So war es nun wirklich: unerwartet, niederzuckend wie ein Blitz. Ich mußte mir das merken für die nächste Arbeit.
Am folgenden Tag gingen Marcel und ich uns aus dem Weg, er kam auch nicht zum Schreiben und folgte mir nicht auf meinem Gang über die Wiese. Dann renkte sich alles wieder ein, wir machten unseren Weg zusammen, er tippte seine sechs Seiten, und über das Erlebnis fiel kein Wort. Aber das Bild der Braut stand nicht mehr neben seinem Bett, es lag auch nicht in der Schublade, wie ich neugierig feststellte, er mußte es tief im Koffer vergraben haben.
Bis zum zweiten Kuß dauerte es noch eine ganze Weile. Inzwischen hatten wir den Rosengarten erobert. Dieser Park war Privateigentum und lag an der Landstraße Richtung Lohe. Wir wußten nicht, wer der Eigentümer war, hatten zunächst das hohe, festverschlossene Tor und die dahinterstehenden Tannen angestaunt und später entdeckt, daß links vom Garten ein ganz schmaler, wild verwucherter Pfad zwischen zwei Hecken durchführte. Marcel machte die Vorhut, wir fanden in der rechts liegenden Hecke ein Loch und krochen durch. Tannendunkel empfing uns, Hand in Hand gingen

wir über den sich schlängelnden Waldweg auf einen Lichtbogen zu, und als wir den erreicht hatten, blieben wir atemlos stehen. Vor uns breitete sich ein verwunschenes Zauberland aus, über eine weite Strecke hin blühte es in allen Farben. Da kreuzten sich die Pfade zwischen rechteckigen, ovalen und runden Beeten, Fingerhut und Rittersporn, frühe Dahlien und Hortensien, Petunien in dicken leuchtenden Bündeln, und Sonnenblumen nickten am Rand mit flammenden Engelsköpfen, und dann waren Nelken da und vor allem Rosen, Rosen, Rosen. Ihr Duft erfüllte die Luft, sie schimmerten in allen Schattierungen, vom reinsten Weiß bis zum schwärzlichen Purpur. Und jeder war eine kleine Tafel umgehängt, auf der war zu lesen, wie sie hieß. Mitten in diesem Blühen stand der Pavillon, davor die weiße Bank.
»Hier ist jetzt unsere Heimat«, sagte ich. »Hiermit nehme ich diesen Garten in Besitz. Er gehört uns, und jeden Abend wollen wir hier sitzen!«
»Und der Eigentümer?« fragte Marcel. »Mir ist noch nicht recht wohl bei deiner Kühnheit.«
Dieser ehrbare Marcel. Wir saßen auf der weißen Bank, ich lehnte den Kopf an seine Schulter, er legte den Arm um mich. »Mir gehört, was ich liebe«, sagte ich. »Du zum Beispiel.«
»Es sind Grenzen gesetzt«, antwortete Marcel. Das Gesicht, das sich zu mir neigte, war wieder einmal von Gram verdunkelt. »Wir haben ein Gewissen, und das kennt sich gut aus!«
Wir saßen, bis der Mond aufgegangen war. An diesem Abend, wo die Luft wie Seide floß, hörte ich meine erste Nachtigall. Wo mochte sie wohnen, die da so herrlich sang, vielleicht in den Akazien am Ende des Rosengartens? Flüchtig dachte ich einmal an das im Silberrahmen steckende Gesicht der Braut. Ich hatte Marcel, und ich war entschlossen, ihn zu behalten.

Fast täglich waren wir nun im Rosengarten, ohne jemals etwas von einem Eigentümer zu entdecken. Daß er nicht da war und daß uns der Garten ganz offenbar vom lieben Gott geschenkt wurde, das paßte zu unserer wunderbaren Liebe. Sie war nicht das, was man heute meist darunter versteht. Marcel hätte nie etwas verlangt oder erbeten, was zum Schaden der von ihm Geliebten ausschlagen konnte. Und wäre ich ihm in dieser Hinsicht entgegengekommen, so hätte er mir's ausgeredet. Und dennoch brannte unser Feuer lichterloh, eine Liebe mit allen süßen Heimlichkeiten, mit zarter Zweisamkeit, mit leidenschaftlichem Zerwürfnis und schmerzlicher Versöhnung, mit Beredsamkeit und Schweigen und dem kindlichen Glauben an die Herrlichkeit der Erde und eine höhere Welt, in der die Liebe heiliggesprochen wird.

Über ein Jahr hinaus wurde Marcel zudem mein Lehrer. Es fing damit an, daß er den inzwischen bei Rabinowitz als Buch erschienenen Roman »Die Sünde der Hilgenhofs« scharf unter seine Kritik nahm und mir trotz meines Widerstandes klarmachte, daß mein zweites Buch, was Aufbau und Geschlossenheit anbetraf, das erste bei weitem nicht erreiche. »Aber es ist etwas Merkwürdiges darin«, erklärte er, »der Roman ist wie ein Bilderbuch. Man hat Szenen vor sich, als säße man im Theater, die Dialoge sind bühnenreif.«

Wie immer nach solchen Anlässen schwor ich mir, nie wieder eine Zeile zu schreiben. Der Vorsatz wurde gestützt durch den schlechten Verkauf der »Hilgenhofs«, der weit hinter dem zurückblieb, was »Frau Hannas Ehe« versprochen hatte. Statt zu schreiben, nahm ich also Neues in mich auf. Marcel brachte mir bei, wie man Musik hört. Dafür fuhr er mit mir nach Hamburg zu einer Aufführung von »Figaros Hochzeit«, er hatte die Partitur auf dem Schoß und zwang meinen Blick immer wieder von der Bühne zurück auf die Notenblätter. »Hier setzen die Geigen ein. Hör jetzt auf das Cembalo! Da ist das Motiv wieder, der Chor nimmt es auf.« Es war schwer, mich von den gewandten Sprüngen des Figaro, von den Listen und Künsten der charmanten Susanne zum Eigentlichen hinüberzulokken. Marcel hat sich große Mühe um mich gemacht, er spielte mit mir, sobald wir in den Bereich des Klaviers kamen. Er vermittelte mir auch die Bekanntschaft mit Gottfried Keller, den ich absolut nicht hatte lesen wollen. Zu solchem Zweck wanderte er mit mir in den Wald und suchte ein verborgenes Plätzchen; Neugierige, die uns einmal gefolgt waren, sind nach eigenem Bericht enttäuscht davongeschlichen, als Marcel »Das Fähnlein der sieben Aufrechten« aus der Tasche zog und »etwas scheußlich Langweiliges« vorzulesen begann. Schritt um Schritt hat er mich auf einen Weg gebracht, dem ich versucht hatte auszuweichen.

Wem in Bremen hat er sich wohl anvertraut, vielleicht der Braut selbst? Ich weiß es nicht. Aber eines Tages kamen seine Mutter und eine seiner Schwestern, um ihn zu besuchen, und die schauten uns sehr genau an. Einen Monat später erschien Marcels älterer Bruder, und von dem hatte ich den Eindruck, daß er mich ganz gern mochte. Auch er machte mit seinem Falkengesicht einen tiefen Eindruck auf mich, ich hätte ihn gern zum Beichtvater genommen. Aber er reiste stumm und verschlossen ab.

Bald darauf schlug der Blitz bei uns ein. Marcel wurde durch das Eingreifen seines Vaters, der als Oberstabsarzt bei der Armee war, mit sofortiger Wirkung nach Hamburg versetzt.

Selten in meinem Leben habe ich Männer weinen sehen; das ist immer eine Lage, wo man hilflos steht und nicht weiterweiß. Marcel weinte, als er Abschied von mir nahm. Ich ließ seine Hände los und floh aus dem Zimmer. Ich bin auch nicht auf den Balkon getreten, um ihm nachzuwinken wie sonst, wenn er zum Dienst ging.

Ich hatte in der Nacht einen sonderbaren Traum: Vor mir lag eine Allee blühender Kastanienbäume. Durch diese herrliche Baumreihe kam Kaiser Wilhelm II. in prächtiger Uniform langsam auf mich zu. Er verneigte sich, reichte mir seinen Arm, und so, feierlich eingehakt, gingen wir die Allee hinunter.

Am anderen Morgen war mir klar, daß der Himmel mir einen Fingerzeig gegeben hatte. Ja, ich würde dem folgen. Der Herr Oberstabsarzt sollte sich wundern, wie weit meine Macht reichte. Ich setzte mich also hin und schrieb einen vier Seiten langen Brief an den deutschen Kaiser. Wie macht man so etwas? Ach egal. Ich schrieb: »An Seine Majestät, meinen geliebten Kaiser«, und das war nicht einmal gelogen, denn als ich im Traum mit meinem Kaiser und König durch die Allee schritt, war ich erfüllt gewesen von grenzenloser Liebe zu ihm. Etwas von der Wahrheit wich der Anfang ab. Ich stellte mich vor als »Nichte des Generals von Stötzer,

Gouverneur von Metz, militärischer Erzieher Seiner Majestät«. In Wirklichkeit war ich ja nur die angeheiratete Großnichte des ungeadelten Onkels Hugo, der neben dem großen Bruder ein Schattendasein führte. Ich erzählte dem Kaiser von meiner schriftstellerischen Arbeit und deren Erfolgen und von meiner großen Liebe zu Marcel. Und daß er nicht mehr felddienstfähig sei, also dienen könne, wo er wolle, und daß es eine Schikane seiner Familie wäre, ihn von hier fortzuholen, wo er mir als Sekretär unschätzbare Dienste leistete. Denn ich könne eine Schreibmaschine nicht bedienen und einen Sekretär nicht bezahlen, andererseits aber ohne Maschinenschrift bei keinem Verlag mehr landen.

Dieser Brief ist, obwohl wir im dritten Kriegsjahr standen, in die Hände des Kaisers gelangt. Eines Morgens wurde Marcel in ein Zimmer beordert, wo mehrere Offiziere ihn neugierig erwarteten. »Sie sind«, hörte er, »mit sofortiger Wirkung nach Heide zurückversetzt. Menschenskind, was haben Sie angestellt? Wissen Sie, wer Sie versetzt hat? Seine Majestät, der Kaiser, persönlich.«

Mein Dankesbrief schäumte vor Jubel über. Dann fuhr ich auf Marcels Bitte hin nach Hamburg. Dort war für Jubel kein Anlaß mehr. Sein Vater hatte den Gegenschlag geführt. Er werde, so schrieb er, und auch dieses »mit sofortiger Wirkung«, seine Hand von Marcel abziehen. Seine Studien könne dann ja *ich* bezahlen, und dieses sei sein letztes Wort.

Wir berieten lange. »Ich werde Arbeiter«, sagte Marcel. »Was wir brauchen, werde ich beim Bau schon verdienen.« Nein, das würde er nie, man brauchte nur seine feinen Hände anzusehen. »Sonst kann ich nichts«, sagte er. »Mein Klavierspiel reicht nicht einmal fürs Kino aus.« Ich sah das alles vor mir, Marcel, eine Karre mit Steinen schiebend, Marcel tief unten in der Kellergrube, wie er mit der Kelle Zement auf die Mauer schlug. Was für ein Unglück war das mit uns beiden, beinahe noch schlimmer als die Tragödie um Romeo und Julia. Ich war es, die ihn überredete, von der Maurerarbeit abzusehen und das Studium wiederaufzunehmen. Wenn er damit fertig war, konnte er ja, allen Versprechungen zum Trotz, doch noch tun, was er wollte.

»Dann hast du mich längst vergessen«, sagte er.
Marcel hat sich also dem Familienrat gebeugt, er kehrte zu Braut und Eltern zurück, wurde von der Wehrmacht entlassen und studierte in Leipzig weiter. Ziemlich unstet, ein paar Semester Musik, dann wechselte er wieder zur Mathematik hinüber. Wir schrieben uns im Sie-Ton, darauf hatte ich bestanden, *du* dürfe er erst wieder sagen, wenn alle Hindernisse beiseite geräumt wären. Marcels Briefe verrieten, daß er viel an unser Beisammensein zurückdachte. »Es ist etwas Wunderbares um unseren Rosengarten«, schrieb er. »Obwohl unser Bund nicht der von Schwester und Bruder war, muß er sehr nahe damit verwandt gewesen sein. So viele Rosen blühten, und wir haben nicht eine davon abgepflückt. Alles war wie ein strahlender Dur-Akkord; man konnte aus dem Rosengarten hinausgehen ohne ein Gefühl der Scheu oder Reue.«
Ein anderes Mal schickte er ein kleines Buch, das ich zu meiner Weiterbildung unbedingt lesen müsse. Als Widmung stand darin: »Die Erinnerung an meinen Heider Sonnenschein ist mir wie ein Sonntag nach einer langweiligen grauen Woche.«
Und wenn er nun doch Maurer geworden wäre? fragte ich mich.
Als ich mich einigermaßen gefaßt hatte, ging ich einmal wieder in unseren Rosengarten. Es war Herbst, die roten Rosen waren verblüht, nur die Gloria Dei strahlte noch in aller Pracht. Und wie ich so auf der Bank vor dem Pavillon saß, kam ein Mann auf das Sommerhaus zu. Um Himmels willen: der Eigentümer.
Es war ein Mann in mittleren Jahren, bekleidet mit einer grünen Joppe und einem Jägerhut. Vor Schrecken blieb ich sitzen und stammelte nur meine Entschuldigung – das Loch im Zaun, durch das wir in den Garten gekommen waren, und das Entzücken, das mich immer wieder hierhergetrieben hatte. Der Mann setzte sich neben mich. »Wir?« fragte er. »Und wer war der Andere?«
Ich erzählte von Marcel, alles erzählte ich und ließ nur den Kaiser aus. Der Mann konnte zuhören. »Es soll Ihr Garten bleiben«, sagte er. »Aber das Loch wird zugemacht. Sie bekommen einen Schlüssel und gehen von nun an hübsch durchs Gartentor herein, wie sich das für eine junge Dame gehört.«

Ich bin sehr oft noch in den Rosengarten gegangen, immer vorn durchs Tor, aber ob ich morgens, nachmittags oder abends dort war, den Eigentümer habe ich nicht wieder getroffen. Ein paar Jahre später wurde der Rosengarten verkauft, das Tor und die anschließende Wallhecke verschwanden, die Tannen wurden geschlagen, der Rosenflor verwehte. Auf der kahlen Stelle entstand ein häßliches weißes Haus, und rundherum dehnte sich eine Obst- und Gemüseplantage.

DULEWEIH KEHRT ZURÜCK

Der Roman, den ich in Angriff nahm, nachdem Marcel aus dem Rosengarten verschwunden war, erwuchs aus einem Erlebnis, das ich als Sechzehnjährige hatte. Ich war in Köln, meine Großmutter hatte in der Umgebung des Güterbahnhofs zu tun gehabt, und wir verliefen uns bei starker Sonnenhitze und kamen in eine recht düstere Gegend. Als wir gerade vor einer Destille standen und Umschau hielten, wurde der Großmutter unwohl, wir gingen also in die kleine Wirtschaft hinein und setzten uns an einen Tisch im Winkel. Der breite Wirt mit rotblondem Schnurrbart, der den Cognac brachte, glich unserem Herbergsvater im unheiligen Haus am Markt, ich erinnerte mich an ihn und seine Gäste. Unser Wirt bediente die Doppelreihe von Männern, die an der Theke lebhaft diskutierten, an zwei weiteren Tischen saßen Skatspieler. Die Luft war erfüllt von Qualm und Alkoholdunst.
In der halben Stunde, die wir in dem Lokal verbrachten, hatte ich eine Art von Vision. Ich stellte mir vor, die Tür hinter der Theke müsse aufgehen und ein schönes Mädchen einlassen, ich sah ganz deutlich, wie sie ausschauen müßte, blühend, braunäugig, mit dichtem goldbraunem Haar, und alle diese Männer würden auf sie hinstarren, und plötzlich wäre es totenstill in der Kneipe.
Die Großmutter hatte sich inzwischen erholt und beim Wirt erfahren, wie wir auf den richtigen Weg gelangen konnten. Sie zahlte, und wir gingen. Aber die Destille ließ mich nicht los, und ich bin ein

paarmal dorthin zurückgekehrt, habe jedoch nicht gewagt, wieder hineinzugehen. Ich stand draußen und lauschte auf den Lärm im Inneren, der manchmal anschwoll zu Gekreisch. Ein Grammophon dudelte heiser dazwischen. Männer gingen ein und aus, oft lallende oder torkelnde. Einmal hat mich einer, der hineinwollte, angesprochen: »Na, Kleine, wie wär's? Kommst du mit auf einen Pfefferminz?« Ich war so erschrocken, daß ich kehrtmachte, und bin dann nicht wieder hingegangen.

Zu Hause berichtete ich meiner Mutter von dem Kneipenbesuch, und sie, die auf alles eine Geschichte wußte, erzählte von einer Kölner Destille in der Nachbarschaft ihres Elternhauses. Die Wirtsleute waren so ungefähr in Lumpen gegangen vor Geiz, und als sie starben, kam heraus, daß sie Besitzer eines großen Kölner Hotels und mehrerer Häuser waren. Aus diesen vielen bunten Fäden webte sich ein Teppich zurecht.

Als ich, auf meinem Platz hinter dem Schreibtisch und hinter der Wand von Blumen und Gewächsen, mit der Niederschrift der »Mausefalle« begann, stellte sich etwas Neues ein. Ich saß vor dem leeren, von oben nach unten in der Länge gefalteten Aktenbogen, auf dem ich immer erst die eine und dann die andere Spalte zu beschreiben pflegte, und setzte Herrn Huebners kleine goldene Feder aufs Papier. Jenseits der Wand zankten sich die beiden Familienjüngsten, und meine Mutter fuhr ärgerlich dazwischen. Plötzlich hörte ich davon nichts mehr, die Goldfeder begann zu schreiben. Sie schrieb so eilig, daß ich ihr mit den Gedanken kaum folgen konnte; das düstere Mietshaus wuchs auf, in dessen Dachgeschoß Dela lebte, das schöne Mädchen mit den braunen Augen und dem Goldglanz im braunen Haar. Sie und ihre Schwester Eve stritten miteinander, doch nicht wie meine beiden Geschwister um Marmel oder etwas Ähnliches, Dela vertrat ihren Traum von Geld und Macht, und Eve wollte Reichtum als Glück nicht gelten lassen. Die Szene wechselte, und ich blickte hinein in Jakob Veits Kneipe, die Feder malte die von Tumult und Qualm erfüllte Destille Veit, die betrunkenen Männer, den Reisenden Hoffnung, der mit aufgekrempelten Hosenbeinen die Tarantella tanzt, den Wirt mit dem rotblonden Schnurrbart hinter der Theke. Und die Tür hinterm Schanktisch öffnet sich, Dela, das neue Hausmädchen, tritt herein und hat die Männer mit einem einzigen Blick im Griff, die Kumpane und den Wirt, außer einem, außer Franz, dem rothaarigen Knecht.

Es war, als stünde jemand neben mir und diktiere in die rasche Feder hinein, und so ist es seitdem geblieben. Ich behielt das sonderbare Gefühl, als schriebe ich, ohne zu denken.

In dem Jahr, es war das letzte des Ersten Weltkriegs, das ich für die Niederschrift der »Mausefalle« brauchte, bekam ich einen neuen Lehrer. Dr. Gutweg, etwas über Mittelgröße, brünett und zwischen dreißig und vierzig stehend, war verheiratet und hatte eine dreijährige Tochter. Kurz nachdem Papa ihn bei uns eingeführt hatte, stand er schon mitten im Geschehen der »Mausefalle«. Ich mußte ihm täglich vorlesen, was ich geschrieben hatte, er sparte nicht mit Lob, setzte aber auch hart mit Kritik ein. Dabei machte er mich auf Dinge aufmerksam, über die ich sonst fröhlich hinweggesprungen war; es bewirkte Wunder, wenn er sagte: »Dieser Roman ist ein vollkommenes Drama. Man könnte ihn, wie er ist, auf die Bühne stellen.«

Theater war meine große Liebe geblieben. Nach meiner Schulentlassung hatte ich in reichem Maße Bekanntschaft mit ihm gemacht, weil meine Mutter ein Abonnement hatte und nur ungern ohne Begleitung öffentliche Veranstaltungen besuchte. Papa war damals mit einem der ersten Geschäftsautos und Chauffeur weit in Ostpreußen. Die Bühne, die in Heide ihren Sitz hatte und von hier aus Dithmarschen bespielte, wurde von einem Direktor Krebs geleitet, die Seele des Unternehmens jedoch war seine kleine häßliche Frau. Sie soll in ihrer Jugend eine der entzückendsten Operetten-Soubretten gewesen sein, später bekam sie eine Krankheit, bei der Gesicht und Gliedmaßen auswachsen und das Bild eines Menschen zerstören. Frau Krebs suchte mit sicherem Auge junge Schauspieler für ihr Theater aus, die sich unter ihrer Leitung hier die Sporen verdienten, mit denen sie später das große Rennen anderswo gewannen. Namhafte Künstler und Künstlerinnen sind aus dem Krebs-Theater hervorgegangen.

Ibsen, Björnson, Hauptmann, Sudermann, Halbe, Strindberg, Wedekind, um nur einige zu nennen, wurden mir nahegebracht. Ich stand mit an der Rampe und klatschte Beifall, bis der Eiserne herunterrasselte. Ich lernte auch die heitere Muse in zahlreichen Operetten, Lustspielen und Schwänken kennen. Unvergeßlich, wenn Aenne Krebs einmal mitspielte, eine große Leistung, ob sie nun als Mutter Ase von ihrem Peer in den Tod kutschiert wurde oder als Hexe in den »Schwarzwaldmädeln« dem Kantor klarmachte, daß die »besten Jahre« längst nicht mehr die guten sind.

Das Theater hatte mich in diesem Jahr vor dem Krieg so in Bann geschlagen, daß ich jetzt selig war, wenn Dr. Gutweg sagte, ich hätte eine »dramatische Ader«, was bei Frauen selten vorkomme. In diesem Zusammenhang kam er mir dann auch mit einem Vorschlag. Er war beim »Gutwettermachen« eingesetzt worden, das hieß, er mußte Veranstaltungen in der Stadt und in der Umgegend zusammenstellen, die im Volke den Willen zum Durchhalten stärken sollten. Dr. Gutweg selbst sollte aufklärende Vorträge halten und daneben ein aufmunterndes Programm gestalten. Für diese zweite Aufgabe wurde ich als Regisseur angestellt.

Wir wurden trotz Krieg und Kriegsnöten ein lustiges Wandertheater. Dr. Gutweg hielt seine wachrüttelnden Vorträge, sie waren glänzend ausgearbeitet, aber niemand hörte richtig zu. Auch ich war weit entfernt von meiner anfänglichen Begeisterung damals, als ich die ersten Kanonen meines Lebens sah. Um so mehr Freude machte es mir, mit meiner zusammengetrommelten Laienschar kleine Lustspiele einzuüben. Der Erfolg war in jedem Dorfe triumphal. Einen Sänger und eine Sängerin hatten wir auch und sogar einen Zauberkünstler, einen Herrn Lambert; er sprach sich französisch aus, weil sein Vater eine Fabrik für künstliche Blumen in Paris gehabt hatte. Ich selbst trat als Rezitatorin eigener Werke in Aktion und hatte mir dafür ein ganzes Bündel Lyrik und Balladen zusammengedichtet.

Aber die Geschichte um die schöne Nixe Sesa, deren Haar Gold wird, wenn man es abschneidet, und die durch diese Eigenheit ihren geliebten habgierigen Fischer verliert, das Märchen vom Mädchen ohne Seele, der Mörder, der von seinem Gewissen gehetzt wird, die zarte Prinzessin im Bogenfenster des Schlosses, alles fand stürmischen Beifall. »Mann, komm, die Schauspielerin ist wieder im Gange«, sagten die Bauern, die vor dem Vortrag von Dr. Gutweg an die Theke geflüchtet waren. Mit langen Schritten kamen sie zurück, um mich anzuhören.

»Es ist ein Rätsel«, sagte Dr. Gutweg. »Da hat man nun ein Studium hinter sich gebracht, und ein kleines Mädchen braucht sich nur hinzustellen und nimmt einem die Hörer vor der Nase weg.«

Einmal gab es auch Ungelegenheiten mit dem Doktor. Wir hatten nach der Vorstellung noch eine Art von Premierenfeier in den Gaststuben gehalten, da legte einer der jungen Burschen den Arm um mich. So etwas passierte manchmal, und ich pflegte es immer mit Liebenswürdigkeit abzuwehren. Der Doktor aber sprang auf und schleuderte den jungen Mann durch die drei kleinen ineinandergehenden Stuben. Er flog gegen die letzte Wand, und sogleich erhob sich ein Tumult. Wir hatten Mühe und Not, durch eine Seitentür zu verschwinden, und da erboste Männer schon ins Freie liefen, machten wir uns davon, ohne die Kalesche zu suchen, die uns mit den Schauspielern hergebracht hatte. Der Weg war nicht weiter als eine Stunde zu Fuß.

Auf diesem Marsch durch eine stimmungsvolle Mondnacht erzählte der Doktor mir seine Lebensgeschichte. Er war Volksschullehrer gewesen, mit dem brennenden Wunsch im Herzen, es weiterzubringen. Da begegnete ihm Jeannette, eine kluge, hart vom Schicksal getroffene Frau. Ein schweres, bei der Geburt erworbenes Hüftleiden gestattete ihr nur, schwerfällig und breitbeinig zu gehen, aber sie hatte Vermögen und konnte sich finanziell freizügig bewegen. So ermöglichte sie dem armen Lehrer das Studium, und zum Dank heiratete er sie. »Sie hat eine große Seele«, sagte der Doktor, »und unsere Anna, unser Kind, ist makellos. Ein flinkes, bewegliches Mädchen, in einigen Monaten wird sie vier.«

»Und?« fragte ich, als er lange schwieg.

»Bei unserer Eheschließung hat Jeannette mir zugesagt«, fuhr er fort, »sogleich und ohne jeden Einwand zurückzutreten, wenn eine

andere Frau mir mehr bedeuten würde als sie. Und dieser Fall ist jetzt eingetreten.«
Ich überlegte und meinte, daß eine solche Lösung eigentlich unmöglich sei. Da ist die Frau, die so viel geopfert hat, da ist ein kleines Kind, das seinen Vater braucht.
»Das weiß ich ja alles«, murmelte der Doktor. »Das habe ich mir in schlaflosen Nächten hundertmal vorgehalten. Und am Ende weiß ich immer nur eines: Ich muß ehrlich sein und es ihr sagen!«
»Was ist das für eine Frau, die Sie in diese Lage gebracht hat?« fragte ich, und er antwortete: »Wissen Sie das wirklich nicht?«
Mich durchfuhr ein kalter Schrecken. Der Doktor war mir ein Freund, dem ich blindlings vertraute und den ich ungern missen mochte, auch wenn es nur für einen Tag war. Ich schätzte seinen klaren Verstand und lernte mit Freude von ihm. Als er im Urlaub war, hatte seine Frau seine Karte an mich unterschrieben mit den Worten: »Wir müssen uns kennenlernen. Mein Mann ist ja ganz begeistert von Ihnen.« Daraufhin bat ich ihn, ohne ihr Unglück zu kennen, sie doch einmal mit der kleinen Anna von Emden herüberkommen zu lassen. Merkwürdig kurz hatte er das abgelehnt.
Die Unterhaltung brach ab, hilflos ging ich neben ihm her, bis die Häuser der Stadt auftauchten. Da blieb er stehen und griff nach meiner Hand: »Wenn ich alles in Ordnung gebracht habe, darf ich dann zu Ihnen kommen?«
»Tun Sie es bitte nicht«, sagte ich. »So etwas bringt kein Glück.«
Ein paar Tage später war die Revolution ausgebrochen. Den Männern wurden die Achselklappen und Ehrenzeichen von den Uniformen gerissen. Der Doktor und Papa sträubten sich sehr, doch ich heftete ihnen das rote Abzeichen an den Rock. Die Bedeutung dieser Revolution sah ich darin, daß endlich der Krieg aus war. Was sollte sich da jemand in Gefahr begeben, wenn man es mit einer kleinen roten Kokarde vermeiden konnte. Meinem lieben Kaiser, der mir Marcel hatte zurückgeben wollen, war damit doch nicht mehr zu helfen.
Der Doktor reiste ab. Vorher hatte er, was ich erst später erfahren habe, bei meiner Mutter förmlich um meine Hand angehalten und

sie gebeten, mich auf seine Rückkehr vorzubereiten. Auch meiner Mutter war dabei nicht wohl gewesen, auch sie hatte ihm gesagt, das könne kein Glück bringen.

Er ist nicht zurückgekommen. Er hat meiner Mutter geschrieben, daß seine Frau sich völlig anders verhalten habe, als am Anfang ausgemacht war. Es sei zu Schreikrämpfen gekommen, sie habe sich wie eine Irre am Boden gewälzt und gedroht, mit ihrem Kinde in den Tod zu gehen. Es sei ihm also unmöglich gemacht worden, auf eine faire Art diese Ehe zu lösen.

Der Doktor wurde später die Hauptperson in dem Roman »Der Schrei nach Leben«, er und seine Frau tragen dort den Kampf miteinander aus. Doch zunächst geht es ja um die »Mausefalle«, aus der, Jahrzehnte später, mein Schauspiel »Destille Veit« werden sollte. Ich änderte, weil ich den Namen so interessant fand, die Frau Paula Veit in Jeannette Veit um, und als solche wird sie am Ende von dem Mammon, den sie sich zusammengerafft hat, erdrückt. Mit der Person der Frau Gutweg hat das natürlich nichts zu tun.

Ich konnte jetzt maschinenschreiben und tippte meine »Mausefalle« ab, über dreihundert Seiten. Als ich damit fertig war, legte ich den Kopf auf die Maschine und begann zu weinen und hörte mit dem Weinen nicht auf, bis der alte Homöopath Dr. Harbeck mit zwei Fläschchen dem Geschluchze ein Ende machte. Dr. Rabinowitz, dem ich von dem Roman berichtete, riet mir, ihn einem großen Verlag zu schicken, bei ihm könne ich nicht mehr viel gewinnen. Er war durch den schlechten Verkauf der »Hilgenhofs« entmutigt.

Ich packte mein Manuskript zusammen und schickte es todesmutig nach Berlin. Im Buchhändler-Börsenblatt war mir ein Verlag aufgefallen, der sich »Es werde Licht« nannte. Eine hoffnungsvolle Firmenbezeichnung, das konnte ja gar nicht schlecht ausgehen. Was ich zunächst nicht wußte: Der Verlag »Es werde Licht« war aus dem gutbeleumundeten Fontane-Verlag hervorgegangen.

Acht Tage nach der Einsendung hatte ich, von Herrn Friedrich Fontane, dem Sohn des großen Theodor, eigenhändig unterschrieben, die Antwort. Man teilte mir mit, daß ich meinen Roman unverlangt eingeschickt und auch noch unzureichend frankiert habe,

und forderte mich auf, das verauslagte Portogeld unverzüglich einzusenden. Danach werde ich mein Buch zurückbekommen.
Die Schreibmaschine, die ich jetzt besaß – es war ein ausrangiertes Modell aus der Firma, in der Papa wirkte –, bekam wieder ein paar Tränen ab, als ich das Geld in einen Umschlag packte und den Begleitbrief schrieb. Ich bat Herrn Fontane, doch bitte nur ein paar Seiten des Romans zu lesen, und schilderte in bewegenden Worten die Schwierigkeiten, die auf einem Weg Heide–Berlin lägen, ich beschwor ihn, mir zu helfen.
Drei Wochen darauf kam die Zusage. Herr Fontane schrieb mir, er habe ihn mit zu seinem Wohnort Neuruppin genommen und ihn, nachdem er angefangen, nicht wieder aus der Hand legen können. Es erscheine ihm fast unmöglich, daß ein so junges Mädchen diesen tiefen Einblick in die Abgründe der menschlichen Seele haben könne. Nach der Unterzeichnung des Vertrages wurde ich nach Neuruppin eingeladen. Das war eine aufregende Sache. Mein Geld war bis auf einen kleinen Rest zusammengeschmolzen, aber dies und jenes mußte für die Fahrt angeschafft werden. Als ich reisefertig an unserer Wohnungstür stand, hängte mir meine Mutter noch ihre goldene, mit Emaillearbeit verzierte Uhr um den Hals. Und also geschmückt bestieg ich dann ein Abteil vierter Klasse und ausgerechnet eines, das für Reisende mit Traglasten bestimmt war.
In dem breiten, zimmerartigen Raum, um dessen Wände Bänke liefen, hatte sich eine Jahrmarktsgesellschaft plaziert; wer auf den Bänken nicht untergekommen war, saß in der Mitte auf Säcken oder Kisten, auch eine alte Frau, die mir, nachdem ein lautes »Ah« verklungen war, die zweite Kistenhälfte anbot. Sie stellte sich mir als Mutter Weber vor und erzählte, daß sie eine Schießbude besitze. Als erstes steckte sie mir die goldene Uhr unter die Jacke. »So etwas trägt man nicht offen, wenn man in solcher Gesellschaft fährt«, sagte Mutter Weber. Sie war sehr dick und hatte ein rundes, vom Wetter gegerbtes Gesicht, in dem glashelle Augen wachten. »Zurück!« schrie sie, als sich ein junger Kerl, Angestellter bei der Berg- und Talbahn, an mich heranschlich. »Laß deine Dreckspfoten von dem Mädchen, das steht hier unter meinem Schutz.«

Bis zur Ankunft in Hamburg erfuhr ich vieles über den Schaumarkt und seine Leute und notierte mir's im Gedächtnis. Ich erinnerte mich, daß ich selbst eine Vorstellung dieser Leute erlebt hatte. Mutter Weber zeigte mir den Mann, dem ich damals mit Entsetzen zuschaute, als er, zur steifen Gliederpuppe hypnotisiert, auf zwei Stuhllehnen gelegt und mit zwei Männern belastet wurde, ohne zu zerbrechen. Ich war auch drinnen in der Bude gewesen, wo man ihn hin und her warf; er stapfte nachher durch die Reihen, verglast und weiter entrückt, um Geld zu sammeln.

Das Mädchen, das auf dem Jahrmarkt in Schleier gehüllt im kühlen Nachtwind auf dem Podium stand und sich nach den Worten des Ausrufers im Inneren des Zeltes völlig nackt zeigen wollte, war jetzt durchaus bürgerlich bekleidet, in Rock und Bluse und einer weißen Strickjacke. Zwei mächtige Ringer spielten mit dem Mann, der ein hundertjähriges Krokodil besaß, unter kräftigem Aufschlag der Karten auf einem Kistendeckel einen zünftigen Skat.

Meine Reisegesellschaft und ich trennten uns in Hamburg. »Und Vorsicht unterwegs«, tuschelte Mutter Weber, indem sie mir die Backen klopfte. »Nehmen Sie sich in acht vor den Kerls, da ist selten einer, dem man nicht das Schlimmste zutrauen könnte.«

Als der Zug in Neuruppin einlief, stand einzig ein älterer Herr auf dem Bahnsteig, und aus dem Züglein stiegen nur zwei weibliche Wesen, eine Dame in grauem Kostüm aus den Regionen, wo die erste und zweite Klasse lagen, und ich – ich in meinem fehbesetzten blauen Jackenkleid, darunter leuchtete die rote Bluse, und auf dem Kopf saß der große rote Lederhut. Meine Geldbörse, gefüllt mit zwanzig Mark, steckte in einem Perlenpompadour, wie sie gerade aufkamen, ohne eigentlich praktisch zu sein.

Der alte Herr eilte auf die Dame zu, sie trug eine Brille, und sprach sie an. Die Dame schüttelte den Kopf und ging zum Ausgang. Und nun kam der Herr auf mich zu. »Friedrich Fontane«, sagte er, »sind Sie...?«

Ich war es. Unterwegs, er hatte mir den kleinen Koffer abgenommen, erwähnte er, wie sehr er sich wundere, daß ich, eine so kleine und kindliche Person, die »Mausefalle« geschrieben habe. Wir gingen in das Haus Fontanestraße 1. Dort erwarteten uns Frau Fontane, eine Amerikanerin, und Sohn Peter, der stand ungefähr im gleichen Alter mit mir. Ich fühlte mich schrecklich allein und verlassen am Familienmittagstisch und machte einen Fehler nach dem anderen. Besonders heftig wehrte ich mich gegen den Vorschlag, mich zur Mittagsruhe in mein Zimmer zurückzuziehen, nein, ich schlafe nie mittags, nein, ich sei kein bißchen müde nach der Reise. Erst als Frau Fontane mich sanft in das mir zugewiesene Zimmer hineingeschoben hatte, wurde mir klar, daß meine Gastgeber das Schläfchen brauchten und es sich von mir nicht streitig machen lassen wollten.

Am Abend bat mich Herr Fontane, etwas aus meiner Arbeit vorzulesen oder vorzutragen. Ich wählte einige Gedichte und Balladen, drückte mich in die dunkelste Zimmerecke und stellte mir vor, ich stünde an der Rampe einer der kleinen Bühnen unseres Laientheaters von Dr. Gutweg und unten säße unser beifallsfreudiges Publikum.

Als ich fertig war, stand Herr Fontane auf, kam auf meine finstere Ecke zu und nahm meine beiden Hände. »Jetzt glaube ich Ihnen, daß Sie die ›Mausefalle‹ geschrieben haben!« sagte er. »Bereiten Sie sich auf Ihrem Zimmer vor, ich lade für morgen Gäste ein.«

Und so kam es. Am nächsten Abend füllten sich die beiden gemütlichen Plüschzimmer mit Leuten, denen ich vorgestellt wurde. Besonders imponierte mir, daß auch ein Staatsanwalt dabei war.

Am Tag darauf vermißte ich meinen Perlenpompadour. Ich hatte ihn mittags in die Flurgarderobe gehängt, und in der Küche arbeitete ein Elektriker. Als wir uns am Nachmittag rüsteten, um einen Ausflug durch die Wälder zu machen, waren Elektriker und Beutel weg, und das einzige, das ich noch hatte, war die Rückfahrkarte, die im Koffer lag.

Es gab ein großes Remmidemmi um den offenbaren Diebstahl, und Herr Fontane entschied, daß wir am nächsten Morgen zur Polizei gehen würden, um den jungen Mann seiner gerechten Strafe zuzuführen. Zunächst aber wartete draußen das Auto, das uns in die Umgebung entführen sollte. Ich steckte mein Taschentuch mit einer

Sicherheitsnadel an den Unterrock, und fort ging es durch die prächtigen Kiefernwälder der Mark Brandenburg. Schöner als von Theodor Fontane sind sie nirgends geschildert worden. Auf der Hälfte des Weges hielt der Wagen, Peter und ich stiegen um in ein Boot, das uns auf schmalen, tannendunklen Wasserpfaden zum Ausflugsziel brachte. Während der ganzen Fahrt dachte ich unaufhörlich daran, daß ich am anderen Morgen mit Herrn Fontane zur Polizei gehen sollte. Mir ist heute unverständlich, weshalb ich eine so entsetzliche Angst vor diesem Gang hatte. Ich würde dem jungen Mann, mit dem ich sogar einige Worte gesprochen hatte, gegenübergestellt werden und behaupten: Du hast meinen Beutel genommen. Mich quälte sogar der Gedanke, zur Klärung des Sachverhaltes werde die Polizei meinen Koffer öffnen und die gestopfte Wäsche finden, die auf seinem Grunde ruhte.
Mit dem neuen Tag entschied sich die Geschichte. Ich wehrte mich unter Tränen gegen die Gegenüberstellung, und Herr Fontane fügte sich kopfschüttelnd. Eigentlich hätte ich mich durch mein Benehmen in den Verdacht eines fingierten Verbrechens bringen können. Am Abreisetag, ich war eine Woche in Neuruppin geblieben, übergab mir Herr Fontane eine lederne Geldbörse mit zwanzig Mark darin. Den Perlenbeutel hat man später in einem Graben, unweit des Fontaneschen Hauses gefunden.

»Die Mausefalle«, Geschichte des Mädchens Dela, das um des Reichtums willen den Pakt mit dem Teufel schließt und alles wieder hergeben muß, hatte einen guten Start. Die erste Auflage war im Handumdrehen verkauft, die zweite vorbereitet und der nächste Roman, »Der Schrei nach Leben«, angenommen. Die Ufa drehte den Film »Am Rande der Großstadt«.
In Heide war mein Erfolg geteilt. Auf einem Maskenball, den ich als Zigeunerin mitmachte, rissen die Tänzer nicht ab, die mein Buch gelesen hatten; Max Matheus, der Chefredakteur der Heider Zeitung, lag etwas angetrunken in einem Sessel, breitete die Arme aus und rief voll Inbrunst: »Dela Röper!« Aber dieser gleiche Max hatte einen langen Artikel über den Roman geschrieben und an den

Anfang eine Bemerkung Lichtenbergs gesetzt, in der es hieß, daß die seelische Entjungferung mancher Mädchen zu einem sehr frühen Zeitpunkt stattfinde. Er hätte das nicht tun sollen, denn nun verbreitete es sich wie ein Lauffeuer in der kleinen Stadt, daß ich schon als halbes Kind das Unglück gehabt hätte, entjungfert zu werden. Beim Damenkaffee schüttelte man den Kopf über den Roman – ich müsse ja ein tolles Leben geführt haben, um ein solches Buch schreiben zu können. Nur konnte man mir, wie scharf man auch herumhorchte, nichts Greifbares nachweisen.

Zu Hause hatte ich oft Besuch von Freunden, meine Mutter sah das gern, und weil sie mit so viel Freude an einem lebendigen Gespräch teilnahm, saß sie vom Anfang bis zum Ende mit in der Runde. Daß sie nicht mitgegangen ist, wenn ich mit Marcel spazierenging, ist mir noch jetzt ein Rätsel.

Den ersten Platz im Freundeskreis nahm bei mir Michael H. ein, ein großer, blonder Junge, der Medizin studierte. Wir liebten uns über eine ganze Zeit hinweg abgrundtief und – platonisch. Nie ist ein Wort darüber über unsere Lippen gekommen; was zu sagen war, teilten wir uns mit durch Bücher. Er lieh mir beispielsweise mehrere Kierkegaard-Bände und strich darin zahlreiche Stellen blau oder rot an. Da stand dann vielleicht, durch den Strich oder die Klammer aus dem Zusammenhang gerissen: »...daß du das Höchste bist, das mir auf dieser Erde begegnet ist.« Ich suchte mir als Antwort ein anderes Zitat, etwa: »Wie tröstlich ist der Gedanke, daß es dich gibt.« Und so flogen mit Kierkegaards Philosophie, die ich nur flüchtig aufnahm, die Liebesgeständnisse hin und her, und dieses Suchen danach, die unsagbare Freude des Findens, dieses heimliche An- und Wegschauen bei der Rückgabe der Bücher war eine tiefe Verzauberung.

Mit Kummer erfüllte mich dabei der Umstand, daß Michael uns nur noch heimlich besuchte, nachdem sein Vater, der einer Sekte angehörte und Bibelstunden gab, ihm den Umgang mit mir verboten hatte. Aus seiner Gemeinde war ihm zugetragen worden, daß ich ein unsittliches Buch geschrieben hätte und somit auf ein Vorleben zurückschaue, das für seinen Sohn gefährlich werden mußte.

Irgendwie mußte ich mich rehabilitieren. Ich ging mit der »Mausefalle« zum katholischen Pfarrer, den ich einmal kennengelernt hatte, und bat ihn, das Buch zu lesen und mir seine Meinung darüber zu sagen.
Die Antwort kam bald. Pfarrer Paul schrieb, er habe den Roman mit großer Anteilnahme gelesen und nur eine Stelle gefunden, die er nach seinem Glauben als unsittlich bezeichnen müsse: den Freitod der Dela. Michael nahm das Urteil zur Kenntnis, er hat aber bei seinem gestrengen Vater nichts damit ausgerichtet und besuchte uns also weiter im Dunkel des Abends.
Im Buchwechsel trat eine Pause ein. Ich wurde eingeladen, nach Berlin zu kommen, um mir die verfilmte »Mausefalle« in geschlossenem Kreis anzusehen. Und weil man eine so weite Reise nicht gern nur für zwei Tage macht, so würde ich zwei Einladungen folgen. In Cottbus waltete der Mann meiner Tante Frieda als Landrat, und in Neustrelitz wohnte die Buchhändlerin Henriette Schönlanker, die »die liebenswürdige Freundin« ihres einzigen Sohnes Ernst kennenlernen wollte.
Berlin flößte mir, noch ehe ich es kennenlernte, Angst und knieerweichenden Respekt ein. Ich schrieb an Marcel, der jetzt dort studierte, und fühlte mich nach dem Lesen seiner Erwiderungskarte getröstet. Er werde an der Bahn sein und mich abholen, schrieb er. Quartier sei besorgt, ich bekäme sein Zimmer am Savignyplatz, und er werde so lange unterm Dachboden in der Dienstbotenkammer eines Musiklehrers schlafen.
Auf der Fahrt überlegte ich mir, wie sich das Wiedersehen mit Marcel gestalten würde. Natürlich blieb es beim Sie, wie ich es nach der Trennung ausgemacht hatte, und weiter war ja keine Gefahr dabei, er hatte die Braut, und ich liebte Michael.
In Berlin angekommen, nahm ich mein Köfferchen, zwängte mich durch den Gang und stieg aus. Und da stand Marcel. Er packte meine Hand und schüttelte sie. »Ich hab Sie schon im Gang gesehen«, rief er. »Den roten Samthut, so einen finden Sie in ganz Berlin nicht zum zweitenmal.« Sein glückliches Lachen hallte über den Bahnhof.

Am Hause Savignyplatz führte Marcel mich durch einen dunklen Torweg auf einen Hinterhof und bis zum Hinterhaus, in dem er wohnte. Im Erdgeschoß bei Fräulein Juanon. Und die war ausgerechnet jetzt verreist. Wie sieht das bloß aus, und was werden die Leute denken, ging es mir durch den Kopf, während ich auf das Schild mit dem Namen starrte: Juanon. Im gleichen Moment war die Romanidee, die ich seit längerem mit mir herumtrug, wieder lebendig. Ich wollte einen Roman schreiben, der die Menschen über die Grenze Tod hinweg auf einen anderen Stern führt, auf dem sie weiterwandern müssen, ein jeder mit den Kräften, die er sich durch sein Dasein auf der Erde erworben hatte. »Der Stern Kretuklar« sollte das Buch heißen und – Juanon, das würde der Mann sein, der gleichsam den Vorhang hochzog.
»Bitte, kommen Sie doch herein«, sagte Marcel.
Es waren vier sonderbare Tage, die ich in der Wohnung des Fräulein Juanon verlebte. Frühmorgens kam Marcel aus seiner Dachstube herunter, um sich in der Küche des Fräuleins zu waschen. Dann besorgte er Brötchen, und wir tranken Kaffee. Nachher mußte er in eine Vorlesung, und ich ging zum Verlag. Peter Fontane wurde abkommandiert, um mir Berlin zu zeigen, und abends brachte er mich bis vor das Haus am Savignyplatz. Natürlich kam die Frage: »Bei wem wohnen Sie da?« Ich antwortete: »Bei Verwandten.«
Wenn ich kam, hatte Marcel schon den Tee gerichtet. Wir saßen uns gegenüber und sprachen von Gott und der Welt. Nur der Rosengarten wurde nie erwähnt. Marcel setzte sich ans Klavier und spielte alte Kirchenmusik, ich verstand nicht viel davon, aber ich hörte gern zu.
Einmal schickte Marcel mich in den ersten Stock zu einer Frau, die mir einen abgerissenen Knopf annähen würde. Sie war sehr freundlich, und ich hielt es für notwendig, sie über mein völlig neutrales Verhältnis zu Marcel aufzuklären. Eine alte Freundschaft, doch nichts darüber.
Die Frau winkte ab. »Das brauchen Sie mir nicht zu erzählen. Er hat mal meine Nichte zu sich hereingebeten und hat sich hingesetzt

und ihr zwei Stunden lang Kirchenlieder vorgespielt. Seitdem wissen wir, daß der nicht normal ist.«
O je, wenn Großmutter mich sähe, auf dem altmodischen Kanapee, als Gegenüber am runden Tisch einen jungen Mann und in der Ecke ein Bett. Großmutters Devise war: Nie darf ein junges Mädchen das Zimmer eines Mannes betreten, wenn ein Bett darinsteht. Wer von uns beiden warf einen Blick auf das Bett? Marcel schilderte mir die Vorzüge seiner Braut, ohne daß ich den geringsten Ärger verspürte, ich erzählte ihm von meiner romantischen Liebe zu Michael. Und Marcel blickte mich ernst aus seinen dunklen Augen an.
Am dritten Tag erfuhr ich, daß die geplante Vorführung des Films »Am Rande der Großstadt« um einige Wochen verschoben werden mußte. Ich würde also erst nach Cottbus fahren und die verfilmte »Mausefalle« auf der Rückreise sehen.
Ich saß im Zimmer und wartete auf Marcel, um ihm die Veränderung des Programms mitzuteilen. Auf dem Tisch lag ein leerer Aktenbogen, ich nahm Herrn Huebners Füllhalter aus der Tasche und setzte spielerisch die Goldfeder oben an den Rand. Die Feder begann zu schreiben und schrieb: Prolog. Ich sah mir das Wort eine Weile an und setzte die Feder auf die Reihe darunter. Sie schrieb weiter, schrieb Verse. Die hörten sich so an:

> »Ich bin bereit. Eilt, gebt das Klingelzeichen!
> Nein, wartet, Juanon, noch auf ein Wort.
> Seid mir bedankt, laßt mich die Hand euch reichen,
> ihr standet schweigsam am erwählten Ort...«

Marcel kam nach Hause und las den Prolog und sagte: »Von der ›Sünde der Hilgenhofs‹ bis hierher – Sie haben eine gute Strecke zurückgelegt.« Und dann sagte er etwas, was überhaupt nicht hierher paßte. »Die Sache mit dem Kaiser war mir sehr unangenehm.«

Am anderen Tag fuhr ich nach Cottbus und zog in die große, herrschaftliche Landratswohnung ein. Der Landrat, acht Jahre jünger als seine Frau, war sehr freundlich zu mir, Tante Frieda weniger. »Liebst du solche Straßenerfolge?« fragte sie mich nach

unserem ersten Ausgang. »Gib mir den Hut mal her«, sagte sie, nahm den roten Samthut und eine Schere und trennte den langen schwarzen Stiel ab, der wie ein Brieföffner kokett an der Seite saß. Als zweites bemächtigte sie sich meines dunkelblauen Kleides, das durch einen gestickten hellgrauen Panzer recht dekorativ wirkte. Der Saum des Kleides wurde um eine Handbreit verlängert. Als sie mir Nadeln gab, mit denen ich meine Locken zurückstecken sollte, kam der Landrat hinzu. Er sah die Tränen in meinen Augen und die schwachen Versuche, das widerspenstige Haar zu bändigen.
»Was geht hier vor?« fragte er verärgert.
»Die Frisur ist zu auffallend«, erklärte meine Tante.
»Mit dem Hut und dem Kleid ist es genug«, sagte der Landrat. Er nahm mir die Nadeln aus der Hand und warf sie auf den Tisch. »Lassen Sie Ihr Haar, wie es fällt, ich finde es so sehr hübsch.«
Am Rande vermerkt: Tante Frieda war als Frau des Oberbürgermeisters von Eilenburg, Belian, die große Liebe des Landrats gewesen, der damals in der Oberprima saß, und als die Belians sich nach fünfzehnjähriger Ehe scheiden ließen, hatte er sogleich feierlich um ihre Hand angehalten. Und jetzt... »Meine Frau schnarcht«, verriet er mir, »ich liege die halbe Nacht wach und kann morgens nicht arbeiten. Heiraten Sie nie einen Mann, der schnarcht!« So können sie enden, die großen Lieben.
Ich erlebte noch den Morgen, als Tante Frieda und die Wirtschafterin Bettzeug aus dem landrätlichen Schlafzimmer in das Nähstübchen der Tante trugen. Es habe in der Nacht Krach gegeben, tuschelte mir die Wirtschafterin zu, wegen des Schnarchens, und Tante Frieda habe gelobt, diesmal nicht eher zurückzukehren, bis er sie hole.
Vor meiner Abreise gestattete mir Tante Frieda, an der spiritistischen Sitzung teilzunehmen, die allwöchentlich bei ihr abgehalten wurde. Teilnehmer waren der im selben Hause wohnende Kreisarzt und seine Frau, meine Tante und der Landratsonkel. Ich saß also als fünfte in einem abseits liegenden, abgedunkelten kleinen Zimmer am Tisch, über den ein Brett mit gemalten Buchstaben und Zahlen gebreitet war. In der Mitte stand ein glattes Holzding mit Griff,

einem Tintenlöscher ähnlich, das meine Tante als Schlitten bezeichnete. Auf diesen Schlitten legte sie als erste die Hand, und er wurde plötzlich lebendig, fuhr hin und her, von einem Buchstaben zum anderen.
»Leutnant«, buchstabierte der Kreisarzt. »Leutnant Zwez!«
»Mein unglücklicher Bruder!« rief Tante Frieda. »Er meldet sich zum erstenmal!«
»Nicht mit seinem Vornamen?« fragte die Frau des Kreisarztes leise.
»Während seiner Geisteskrankheit hat er sich uns nie anders vorgestellt«, erklärte Tante Frieda. »Immer nur mit seinem militärischen Rang.«
Es wurden Fragen gestellt, halblaute, atemlose Fragen, und der behende Schlitten setzte die Buchstaben zu kurzen Sätzen zusammen. Man erfuhr, daß es dem Leutnant gutgehe, daß er sich oft zur Erde zurückwünsche, nur nicht in diese letzten traurigen Jahre. Er verlangte auch den Landrat zu sprechen, den er gekannt hatte und der nun seinerseits den Schlitten gleiten ließ. Dann war der Geist, den ich in schmucker Uniform in der dunkelsten Ecke des Raumes zu sehen glaubte, verschwunden.
Der Landrat schob mir den Schlitten zu.
»Du mußt an einen Verstorbenen denken, den du gern wiedersehen würdest«, sagte Tante Frieda.
Ich hatte keinen da drüben, alle, die ich liebte, waren noch diesseits. Vielleicht – Walter, den ich so enttäuscht hatte? Walter, in Frankreichs Erde begraben. Komm, dachte ich. Wenig nett bin ich zu dir gewesen, ich möchte mich entschuldigen.
Der Schlitten begann seine Fahrt und jagte hin und hinüber, hielt an, schlitterte weiter. Die Runde bemühte sich, die Buchstaben zu Worten zu formen, aber es kam kein einziges Wort heraus, nicht einmal ein Ja oder Nein. Alles war ein wirres Durcheinander.
»Du bist nicht medial veranlagt«, sagte Tante Frieda streng.
Auf der Rückreise kam ich vormittags in Berlin an, und Marcel holte mich ab. Ich überschlug zwei Züge, und wir gingen nach Potsdam in den wunderbaren Garten des Alten Fritz. Ich lief die

vielen Stufen zum Schloß Sanssouci hinauf, und Marcel rannte hinterher. Oben faßten wir uns an den Händen und spazierten gravitätisch wieder hinunter. »Ich bin der Alte Fritz«, sagte Marcel. »Ich bin die Tänzerin Barberina!« rief ich. Wir eroberten den Garten und ruhten auf einer der samtenen Rasenflächen aus.
»Wie schön hat er das alles mit seinem Gartenbaumeister entworfen«, sagte ich, und Marcel antwortete: »Aber er hat es nie fertig gesehen!«
Merkwürdig, daß Menschen das tun, etwas entwerfen, etwas beginnen, an dem nicht sie, sondern die späteren Generationen ihre Freude haben.
Ein bißchen war es nun doch wie früher, wir aßen irgendwo zu Mittag und erkannten mit Schrecken, daß in dem Lokal Weinzwang herrschte. Auf der Karte wurde nach dem billigsten gesucht, Apfelwein, der Kellner schürzte die Lippen. Geld hatten wir beide nicht viel; meine kleine Barschaft lag im Koffer, den wir bei Fräulein Juanon abgestellt hatten. Sie war übrigens immer noch verreist. Die Rechnung kam, wir zählten zusammen, was wir in der Börse hatten, und es fehlten fünf Pfennig. Ich wurde vor Scham rot wie ein Krebs, und auch Marcel blickte hilflos auf den zählenden Kellner. »Na gut«, sagte der von oben herab. »Geschenkt!« Sein Trinkgeld fehlte auch noch an der Summe. Bedrückt schlichen wir davon.
Als wir den langen Gang vor Fräulein Juanons Wohnzimmer hinuntergingen, stellte Marcel plötzlich meinen Koffer hin. »Würden Sie das tun«, fragte er mit leicht zitternder Stimme, »mir zum Abschied – einen Kuß geben? Vielleicht sehen wir uns nie mehr wieder!«
Ich zögerte noch, es kam mir komisch vor, aber dann legte ich die Arme um seine Schultern und litt es, daß er mich heftig an sich zog und mich küßte wie einst im Rosengarten.

In Neustrelitz erwartete mich ein wärmeres Klima als in Cottbus. Schönlankers waren angeheiratete Verwandte. Mit Ernst, der sich als Buchhändler für meine Arbeit interessierte, war ich durch eine gemeinsame Kusine in Briefwechsel gekommen.

Die Schönlankers hatten eine große Buchhandlung in Berlin gehabt, die gaben sie auf, nachdem sie immer wieder am Morgen ihre vier Ladenscheiben zertrümmert fanden und am Haus die Beschriftung »Juden raus«. Tante Henriette, sie bestand darauf, daß ich die Anrede gebrauchte, kaufte ein Haus in der Hauptstraße von Neustrelitz, richtete im ersten Stock ihre Wohnung und im Erdgeschoß den Buchladen ein.

Tante Henriette bestimmte alles, was zu geschehen hatte, sie setzte auch sofort fest, daß ich ihr Gast bleiben würde, bis die Filmvorführung in Berlin stattfand, und wenn das Monate dauerte. Ernst würde mich begleiten, und im übrigen sollte er mich in Theater und Konzert und zu den schönsten Ausflugszielen führen.

Ich bot mich zur Hilfe im Laden an, und mir wurde gestattet, zum einen meine eigenen Bücher, »Frau Hannas Ehe«, »Die Sünde der Hilgenhofs« und »Die Mausefalle«, zum anderen die Püppchen zu verkaufen, die vor allem am Technikum in Neustrelitz studierende Schweden anzogen. Diese kleinen porzellanweißen Damen trugen ein farbiges Netztrikot und lagen auf einer Marmorplatte, verführerisch hingestreckt, sie kosteten eine Menge Geld und waren wohl als Briefbeschwerer gedacht.

»Kind«, sagte Tante Henriette eines Tages, »dich kennen sie hier nicht. Geh doch mal rasch zur Buch- und Papierhandlung am Markt und kaufe Füllhalter. Nimm gleich fünf, denn ich komme erst übermorgen nach Berlin, um Nachschub zu holen!«

Ich ging zur Buchhandlung am Markt und fragte einen mißmutig aussehenden Mann nach dieser Ware. »Am liebsten möchte ich gleich fünf haben«, sagte ich.

»Für Sie habe ich nicht einmal einen«, antwortete der Mann. Und als ich bestürzt schwieg: »Ich weiß ja, wer Sie schickt.«

»Entschuldigen Sie«, murmelte ich und wollte gehen. Er hielt mich zurück. »Wie kommen Sie in diese befremdliche Gesellschaft?«

»Es sind Verwandte«, antwortete ich.

»Das sind doch im Leben nicht Ihre Verwandten«, grollte er.

»Angeheiratete«, sagte ich schüchtern. »Aber was haben sie Ihnen getan? Sie führen ein Geschäft wie Sie und ...«

»Was die Schönlankers uns getan haben?« schrie der Mann. »Gehen Sie in der Stadt herum und fragen Sie in jedem Buch- und Papierladen nach. Kaputtgemacht haben sie uns. Alles haben sie uns weggenommen, das Technikum, das schlechte und das gute Publikum. Wir liegen hier als lecker Kahn vor Anker, mein Fräulein. Und nun gehen Sie los und erzählen Sie Ihren angeheirateten Verwandten von mir!«
Bei Schönlankers sagte ich, die Füllhalter wären am Markt ausverkauft gewesen. Am allerwenigsten hätte ich Ernst damit belasten mögen, nachdem er mir erzählt hatte, daß er in Berlin in einem heiteren Kreis eine Karte an mich schrieb und die zum Unterschreiben herumgehen ließ. Als sie in seine Hand zurückkam, habe am Rand gestanden: »Dreckiger Jude«. Er hatte, sagte er, die Karte zerrissen, sei fortgegangen und habe draußen geweint.
Ernst, lang, schlaksig, aus dunklen, traurigen Augen blickend, versehen mit einem überlangen Hals und vollen, sehr roten Lippen, war das, was man als einen Freund durch dick und dünn bezeichnen könnte. Dazu ein amüsanter, witziger Unterhalter und ein anständiger Mensch. Er hatte keine Mädchengeschichten gehabt nach Art seiner Bekannten. »Ich würde«, sagte er, »mit keiner etwas anfangen, die mir nicht gut genug wäre, um meine Frau zu werden.« Mit seiner Mutter stand er sich nicht besonders, er hatte die Ruhe weg, und sie explodierte bei kleinsten Anlässen. »Einmal«, vertraute er mir an, »hat sie eine Schere nach mir geworfen. Ich bückte mich geschickt, und die Schere flog durch die Ladenscheibe.« Er sah mich an und lachte ein bißchen. »Aber wenn sie dir etwas tun sollte, dann – schlage ich sie nieder!«
Was sollte Tante Henriette mir tun? Sie hatte mir den schwarzen Jetbrieföffner wieder an die rote Kappe genäht und das blaue Kleid um eine Handbreit zurückgekürzt und dabei weidlich über Tante Frieda geschimpft. Sie öffnete Schränke und Laden und zeigte mir ihre Kostbarkeiten, Dinge von großer Schönheit und unschätzbarem Wert. Die Zuckerdose zum Beispiel, die am Tag hinter Glas und abends auf unserem Eßtisch stand, war ein Viereck aus grünem Kristall, durchzogen und durchflochten von Seerosen aus Platin.

»Werft sie mir nicht hin«, rief Tante Henriette, wenn wir die Dose zum Tisch trugen, »sie ist ein kleines Vermögen.« Einmal schob sie mir eine kunstvoll eingelegte Truhe hin. »Kram mal ein bißchen und guck, was du findest.«
Ich fand weiße Seide und eine Menge kleiner Schmuckbehälter. »Auspacken«, befahl Tante Henriette. Ich breitete die Herrlichkeiten über den Tisch, Ernst saß im Schaukelstuhl daneben und wiegte sich gleichmütig hin und her. Wie das glitzerte und funkelte, Gold und Steine von Farben und Glanz, wie ich sie nie vordem gesehen hatte. Mich packte eine Art von Rausch, ich schlang mir die weiße Seide als Sari um Körper und Kopf, legte das Band mit Rubinen und Smaragden um meine Stirn, das Diamantenhalsband um den Hals, ich besteckte mir die Finger mit den faszinierend schönen Ringen, streifte die Armreifen über die Arme und kam mir vor wie eine indische Märchenprinzessin. Tante Henriette saß auf dem Sofa und sah mich unbeweglich an. Schließlich sagte sie etwas. »Heirate den Ernst«, sagte sie, »und es ist alles dein.«
Ich sah zu Ernst hinüber, aber der guckte in eine Fensterecke und schien nichts gehört zu haben. Langsam fing ich an, die Ringe wieder in ihre Kästchen zu stecken, Halsband und Diadem kamen an ihren Platz zurück, die Reifen klirrten leise in ihre Behälter. Ich wickelte mich aus der weißen Seide und deckte die Pracht mit ihr zu. Tante Henriette nahm die Truhe und stellte sie mit einem heftigen Ruck wieder in den Schrank.
Als ich am anderen Tag mit Ernst allein war, meinte er, das gestern sei wieder einer der blödsinnigen Einfälle seiner Mutter gewesen. »Deine Antwort wußte ich im voraus«, sagte er. »Komm, und auf den Schrecken schenk ich dir was.« Er überreichte mir einen Kasten mit einem Schreibzeug aus Alabaster.
Den zeigte ich Tante Henriette. Sie nahm kaum Notiz davon, aber ich hörte später, wie sie im Nebenraum ihrem Sohn zuzischte: »Ein ausgemachter Esel bist du!«
Sie wurde sichtlich unfreundlich gegen mich, und es war gut, daß die Filmvorführung in Berlin nun endlich steigen sollte. Ernst begleitete mich. Im Vorführraum war eine kleine Gesellschaft ver-

sammelt. Herr Fontane mit Sohn Peter, zwei weitere Herren vom Verlag, eine Anzahl Pressevertreter, Leute aus Babelsberg und als eine Art von Glanzpunkt die durch ihre Romane in namhaften Illustrierten bekannte Schriftstellerin Elisabeth Weihrauch. Zu ihr sah ich oft hinüber, ehe der Raum verdunkelt wurde. Sie trug einen kostbaren Pelzmantel und eine dazugehörige Kappe und glitt elegant von einem Gespräch in das andere. Schon allein die leichte Handbewegung, mit der sie einen Neuhinzukommenden begrüßte, das lässige Hallo imponierten mir mächtig. Wie weit war ich von dieser Frau entfernt, ach, wie der Mond von der Erde; ich kauerte neben Friedrich Fontane und starrte ängstlich auf die Pressevertreter, die den Film möglicherweise in Grund und Boden stampften. Ich befragte Herrn Fontane über Elisabeth Weihrauch, und er antwortete: »Zwei Wege stehen Ihnen offen. Sie haben das Zeug, jeden von beiden zu gehen. Der eine«, er zeigte zu der Schriftstellerin hinüber, »würde Ihnen sehr bald auch so einen schönen Mantel einbringen, ein Haus am Starnberger See und was der schönen Dinge mehr sind. Der andere ist beschwerlich und weniger ertragreich. Sie können wählen.«
In dem Augenblick wurde es dunkel, und das enthob mich der Antwort. Ich fand sie, während der Streifen ablief. Allzuviel von meinem Buch war im Film nicht wiederzufinden, es spielte sich darin sehr vieles ab, was ich im Roman nicht geschrieben hatte. Durch solche Wirrnis hindurch aber leuchtete das Dreigestirn Jakob Veit, Dela und Franz Liepach, der Knecht, Fritz Kortner, Grete Diercks und ... Wie der Darsteller des Dämons Franz hieß, habe ich wieder vergessen. Die Leistungen der drei waren atemberaubend für mich, an ihnen zersprühte mein Hang zu Äußerlichkeiten, und tief im Herzen nahm ich mir vor, den schwereren Weg zu gehen.
Viele schüttelten mir die Hand, ehe wir gingen. Herr Fontane begleitete mich zum Bahnhof, Ernst ging mit Peter hinterher. Wir, Herr Fontane und ich, kamen in einen Disput, und ich wirbelte meine Hand hoch und rief: »Ich weiß, ich weiß!«
Friedrich Fontane blieb stehen und hielt die Hand fest. »Sie wissen wenig«, sagte er, »aber Sie können viel.«

Auf dem Bahnsteig winkte er dem Zuge nach. Es ist das letztemal gewesen, daß ich ihn sah.
Der Film wurde ein Kassenschlager, was mir allerdings nichts nützte, denn ich hatte meine Abfindung bekommen. In einigen Städten, zum Beispiel in Bremen, wurde er nach vierzehntägiger Laufzeit abgezogen und mußte zurückgeholt werden, weil das Publikum es so lebhaft gewünscht hatte. Als er in Heide ankam, erhoben sich, als mein Name auf der Leinwand erschien, die Zuschauer von ihren Plätzen und klatschten Beifall. Da aber war schon wieder allerlei geschehen, und ich saß in der ersten Reihe neben meinem zukünftigen Mann, dem neuen Hauptschriftleiter unserer Zeitung. An jenem Abend sagten wir uns allerdings noch Sie.

DER ANDERE STERN

Nach meiner Rückkehr aus Berlin setzte ich mich an die Niederschrift des »Stern Kretuklar«. Da es in den Winter ging und mein Zimmer nicht geheizt werden konnte, mußte ich wieder unterm Schreibtisch durchkriechen, um meinen Arbeitsplatz im Erker zu erreichen. Von der Familie getrennt durch die Wand grüner Pflanzen, begann ich, auf meinem Aktenbogen kleine Sterne zu malen, und plötzlich hörte die Feder damit auf und suchte eilig ihren Weg. Ich brauchte kaum nachzudenken, alles war fertig, ich mußte nur wachsam sein, um die einzelnen Bilder rechtzeitig festzuhalten. Duleweih, der kleine Erzählgeist aus der Kindheit, saß neben mir und diktierte.
Ab und zu mußte ich eine kleine Pause einlegen, da kam zum Beispiel der Brief von Herrn Huebner aus Hamburg. Robert Friedrich Paul hatte im Tropenkrankenhaus gelegen und wollte mich nach seiner Genesung unbedingt sehen. Er lud mich auf einen ganzen Sonntag ein, und weil ich der Augen wegen auf Reisen immer ein wenig unbeholfen war, nahm ich meinen Bruder William, inzwischen sechzehn Jahre alt, mit auf die Fahrt.

Herr Huebner holte uns ab und nahm an William keinen Anstoß. Ein umfangreiches Programm war vorgesehen. Zunächst wollten wir am Dammtorbahnhof Kaffee trinken und dann zu einer Bekannten von Herrn Huebner, einer Filmschauspielerin, hinausfahren. Wir würden sie bitten, ein gutes Wort für mich einzulegen, vielleicht kam ich durch sie in die Filmarbeit hinein.
Als wir auf die Villa der Schauspielerin zugingen, entdeckte ich, daß meine Reisetasche im Restaurant des Dammtorbahnhofs stehengeblieben war. Ich war der Meinung gewesen, mein Bruder hätte sie an sich genommen. Was tun? Herr Huebner entschied, William solle rasch mit der Elektrischen, die gerade ankam, zurückfahren, das Täschchen holen und wieder hierher kommen. Er rief ihm, der sich schon in Trab gesetzt hatte, die Anschrift der Schauspielerin nach, und anschließend, das kam noch hinterher, würden wir in den Zoologischen gehen.
Was für einen Packen Angst habe ich an diesem Tag mit mir herumgeschleppt! Ein Pech holte das andere ein. Als wir an der Villa geläutet hatten, erfuhren wir vom Hausmädchen, daß die Schauspielerin zu einer Aufnahme abberufen worden war, die sich vermutlich bis zum späten Nachmittag hinzog. Sie bedaure das sehr und hoffe, daß der Besuch nachgeholt werden könne.
Da standen wir also an der Haltestelle und warteten auf die Straßenbahn, die William zurückbringen sollte. Wir warteten fünf Bahnen ab, doch mein hübscher, schlanker Bruder stieg aus keiner heraus. »Da muß etwas passiert sein«, unkte ich.
Herr Huebner meinte, der Junge sei doch schließlich schon Banklehrling und kein Kind mehr, er habe die Anschrift der Schauspielerin, werde dort erfahren, was los sei, und im Zoologischen auf uns warten. Leider müßten wir, da die Zeit vorgeschritten sei, zuvor zum Essen gehen.
Auch dieses Essen ist mir unvergeßlich geblieben. Es gab allerlei kleine Dinge, die ich nicht kannte, darunter Austern. Mir wurde heiß und kalt bei der Prozedur, ich versuchte, Herrn Huebner abzugucken, wie man so ein Ding anfaßt; es gelang trotzdem daneben, immer wieder platschten sie in den Teller zurück. Das Feine sollte

sein, daß man sie schluckte, ich kaute sie, und sie schmeckten abscheulich. Auch der völlig ungewohnte Sekt bekam mir nicht, mir wurde schwindelig. Herr Huebner sah über meine Ungeschicklichkeit hinweg, mir tat es leid, daß ich ihn vor dem hin und her schwebenden Kellner so schrecklich blamierte. Doch alles hat ja einmal ein Ende, auch dieses Essen mit einer sich hinquälenden Unterhaltung, denn mich bewegte immer nur das eine: Was ist William zugestoßen?

Auch im Zoologischen fanden wir ihn nicht. Abwesend trottete ich neben Herrn Huebner an den Käfigen vorbei, hörte zu, wenn mein Begleiter sich besonders für die Tiere begeisterte, die er in Afrika hatte beobachten können, und verstand nur die Hälfte. Ich sah meinen Bruder im Krankenhaus liegen, überfahren, nahe am Tode. Ich sah ihn ertrunken am Grunde der Elbe oder der Alster. Und Herr Huebner führte mich mit seiner ostpreußischen Ruhe in ein Konzert-Café und ließ Berge von Kuchen auffahren. Auch noch Musik in meine Panikstimmung. Er gab soviel Geld aus für meine miserable Gesellschaft. Wie er es wohl bereute, mich eingeladen zu haben!

An allen Gliedern zitternd, ließ ich mich zum Abendzug bringen. Und wer stand, meine Reisetasche in der Hand, auf dem Bahnsteig? Mein etwas verlegener Bruder.

Er hatte weder im Krankenhaus noch auf dem Grund eines Gewässers gelegen, die Sache war ganz einfach. Als Herr Huebner ihm die Anschrift der Filmdiva nachgerufen hatte, war ihm die Straße, wie er meinte, im Ohr geblieben, zum Aufschreiben hatte er nichts bei sich gehabt. Am Dammtorbahnhof fand er die Tasche noch am Tisch, von dem wir aufgestanden waren. Während er sich die ihm nachgerufene Straße und Hausnummer nochmals durch den Kopf gehen ließ, merkte er nicht, daß er mit einer verkehrten Anschrift jonglierte. Zwar war es ihm komisch vorgekommen, daß er eine andere Bahn benutzen mußte, und auch die Gegend paßte nicht in seine Erinnerung. Das Haus, das zu der Nummer gehörte, war ein vierstöckiges graues Mietshaus. Dort öffnete sich die Tür, und heraus trat Onkel Schwarz, der Schwager von Papa. Großes

Verwundern, bis William merkte, daß ein Kobold ihm die falsche Adresse untergeschoben hatte.

Was war zu tun? Er blieb bei der Schwester seines Vaters und nutzte den Tag, so gut es ging.

»Und die Moral von der Geschichte«, sagte Herr Huebner, »Sie, mein Kind, sollten lernen, die Phantasie im Zaum zu halten und mit Ruhe und Vernunft an die Dinge heranzugehen. Warum ewig mit aufgeblähten Nüstern das Schlimme wittern? Es anzupacken, dazu ist Zeit, wenn es da ist.«

Er hat sich zum Schluß auch noch für den »reizenden Tag« bedankt, den ich ihm geschenkt habe. Und er gab mich nicht auf, wie ich gefürchtet hatte, er schrieb mir sogar einen langen Brief und setzte mir darin auseinander, daß ich aus der Enge herausmüßte. »Sie dürfen auf gar keinen Fall eine Heirat auf bürgerlicher Ebene eingehen. Alles muß weit um Sie herum sein, eine Wohnung mit einer Flucht von Zimmern, Bedienung, keine Geldsorgen.« Wenn er meinen Platz hinter dem Schreibtisch gesehen hätte, wo der »Stern Kretuklar« täglich ein Stück wuchs! Während Annemarie ihre französischen Vokabeln lernte, meine Mutter bügelte und dabei den Küchenzettel für den nächsten Tag entwarf, bereiteten sich meine im Irdischen wandelnden Wesen für den anderen Stern vor. Wer auf der Erde Kräfte für einen solchen Aufstieg gewann, der würde ihn meistern. Was aber wurde aus denen, die ihre Kraft hier unten sinn- und planlos vertan hatten?

Wenn ich in der Zeit um die Entstehung des »Stern Kretuklar« herumstöbere, so möchte ich eine Erinnerung vom Wege aufheben – ein Blatt aus sommerlichen Tagen. Breiholz heißt es und liegt als eine lange, sich windende Dorfstraße zwischen Eider und Nordostseekanal. Der einzige seitlich abzweigende Pfad führte am Garten des Dorfkrugs entlang zu einer Art von Insel, auf der das Schulhaus lag. Eine Kirche hatten die Breiholzer nicht, sie mußten zum Gottesdienst nach Hamdorf gehen, doch nur wenige taten das.

Papa hatte auf seinen Geschäftsreisen meine ersten Bücher nach Breiholz gebracht, sie waren dort von den Frauen begeistert gelesen

worden, und fortan wurde ich jedes Jahr von den Leuten des Dorfes zum Sommerurlaub eingeladen.
Struwes betrieben am einen Dorfende ihre Bäckerei und am anderen Ende – man hatte bis dorthin eine gute halbe Stunde zu gehen – eine Möbel- und Sargtischlerei. Außerdem besaßen sie Kühe, Pferde, Hühner und Schweine, ein Stück Moor, ein Stück Wald und herrliche Wiesen. In der Möbeltischlerei waltete Jürgen, der älteste Sohn, in der Bäckerei Emil, eben zwanzig und schon Meister.
Ich hatte mein Zimmer im ersten Stock der Bäckerei, vor meinem Fenster breiteten zwei mächtige Linden ihre Wipfel aus. Die Eltern Struwe wohnten im Erdgeschoß in zwei riesigen, mit allem Möbelpomp ausgestatteten Zimmern. Man sah sie, abgesehen von besonderen Anlässen, wie dem Besuch eines Logenbruders und Generals, nie anders als in Arbeitskleidung, ihn in Hose und Normalhemd, sie in einem langen, grauen Kleid, mit darübergebundener Küchenschürze, die nackten Füße in Holzpantoffeln.
Breiholz besitzt keinen Bahnhof. Wenn ich ankam, wurde ich von Emil oder August, dem Sohn des Gastwirts, mit der Kutsche von Rendsburg abgeholt. In flotter Fahrt ging es, von rassigen Pferden gezogen, durch die Feldeinsamkeit, an Gehölzen, Bauernhöfen vorbei, und wenn wir in Breiholz einrollten, dann standen die Bauern und der Kaufmann und der Gastwirt vor der Tür und winkten. »Schön, daß du wieder da bist, mein Deern, nun kriegen wir wieder was zum Lachen.«
Es gab wirklich allerlei zum Grienen und zum Kopfschütteln. Ich wollte mich in der Landwirtschaft nützlich machen und lernte Melken. Struwes Kühe hinter der Möbeltischlerei grasten zu weit ab; ich ging mit den Gastwirtstöchtern, in einem weißen Kleid, auf weißen, hochhackigen Schuhen, einen roten Chiffonschal um den Kopf geschlungen, dessen Enden bis zu den Hüften tändelten. Dazu trug ich, solange die Kübel leer waren, die Melktracht auf den Schultern. In der Wiese band mir die resolute, goldhaarige Therese eine Sackschürze über das weiße Kleid, und so setzte ich mich unter meine Kuh, unter die frommste, die nicht mit dem Schwanz schlug, selbst wenn man sich einmal vergriff.

Ich bin auch mit Jürgen Struwe ins Holz gefahren auf dem Wagen, der eigentlich nur aus vier Rädern bestand. Zwischen ihnen lagen nachher die Bäume, auf diesen saß man bei der Rückfahrt und mußte achtgeben, daß man nicht herunterrutschte. Auch das Torfstechen war interessant, zum Ausheben des Moores reichten allerdings meine Kräfte nicht, aber ich lernte es, aus dem quabbeligen Moor die Soden zu formen und sie zu kleinen Quadraten aufzustapeln. Da mußten sie nun in der Sonne braten, bis die festen, brikettähnlichen Stücke daraus wurden, mit denen auf dem Lande damals hauptsächlich geheizt wurde.

Mein Gott, was waren das für Ferien! Die drei Lehrerssöhne, die in Rendsburg das Seminar besuchten, waren zu Hause, sie, Jürgen und der Gastwirtssohn mit seinen drei Schwestern und dazu Emil, der Clown. Wir bildeten ein festes Team, außer mir hatten sie zwar alle ihre Arbeit, doch es blieb am Abend Zeit genug, etwas anzustellen. Wir ruderten auf dem Nordostseekanal, was streng verboten, aber vor allem bei Mondschein recht romantisch war. Oben bei Jürgen verstand sich ein Tischler aufs Harmonikaspielen, wir tanzten in der großen Küche, und die Beiderwandröcke der Mädchen flogen bis über die Herdstange. Friedsam ließ sich der Abend an, wenn ich einmal allein bei Jürgen und seiner Haushälterin zu Gast war. Wir saßen in der Stube, deren Fenster, halb vom Efeu überhangen, den Blick freigaben über Wiesen und Wiesen und Sterne darüber und ein Viertel Mond. Ich erzählte ihnen Märchen, dem großen, breiten Mann, dessen starke Hände auf den Knien lagen, der schmalen Ida, die aus Ostpreußen kam und viel Heimweh hatte. Von Märchen wußten sie nicht viel, für so etwas war nie Zeit gewesen. Den Heimweg machte ich gern allein, die Stille lag über den Feldern, in keinem Haus brannte ein Licht, und in jedes hätte man hineingehen können, denn niemand verschloß hier die Haustür. Es war noch nie etwas vorgekommen, und darauf verließ man sich, obwohl man von draußen her hörte, daß Zeiten und Menschen schlechter geworden seien.

Von Hygiene wurde nicht viel gehalten. Ich hörte einem Gespräch zu zwischen Emil, dem Bäcker, und einem der Lehrerssöhne. Emil:

»Sag mal, mein bester Hermann, was vertüdelst du eigentlich für Zeit, wenn du morgens aufgestanden bist? Eine Stunde, sagt deine Schwester.« Hermann: »Die braucht man doch.« Emil: »Wozu denn bloß?« Hermann: »Aufstehen, duschen, Füße waschen, Zähne putzen, Nägel reinigen, Rasieren, Haare bürsten...« Emil, der ihn mit grenzenlosem Erstaunen ansah: »Bei mir – rut ut'n Bett, rin in die Büx und rin in de Backstuw.« Einmal ruhte mein Blick auf seinen kohlschwarzen Fingernägeln. »Soll ich Ihnen mal einen Nagelreiniger schenken?« fragte ich. Emil hielt die Hände nachdenklich gegen das Licht: »Nach'm Backen sind se immer ganz sauber.«
Einen Teil meiner Ferien, die immer vier Wochen dauerten, benutzte ich dazu, einen kleinen Einakter zu schreiben und ihn mit den Gastwirtstöchtern und anderen mir wendig erscheinenden Dörflern einzuspielen. So kam ein zwei Stunden füllendes Programm zusammen. Die drei Lehrerssöhne machten die Musik, Klavier, erste und zweite Geige, eine Musik, die in die Füße fuhr.
Und dann stieg der große Abschiedsabend, bei dem es äußerst nahrhaft zuging.
Am nächsten Tag hieß es Abschied nehmen von Moor und Wald, von Wiesen und dem dort trocknenden Heu, von gelben Weizenfeldern und weidenden Kühen und Pferden. Besonders schwer wurde mir das Lebewohl bei dem alten Schulleiter, der in einer freudlosen Ehe lebte und doch ein glücklicher Mensch war. Er hatte, wie er sagte, seine Schulkinder, seine drei Söhne, seine Bienen und seine Rosen, und das wäre mehr, als der Herrgott verpflichtet sei, zuzuteilen. Der Wagen rollte, die Strohdachhäuser blieben zurück, eine Welt von einem anderen Stern.

Der »Stern Kretuklar« war inzwischen fertig geworden, und da Herr Fontane nach meiner Inhaltsangabe und wohl auch durch den schlechten Verkauf des Romans »Der Schrei nach Leben« wenig bereit schien, das Manuskript zu lesen, sandte ich es an die Deutsche Buchgemeinschaft in Berlin. Es dauerte weniger als vier Wochen, und die Antwort war da. Julius Bab, neben Alfred Kerr der be-

deutendste Theaterkritiker in der Hauptstadt, schrieb mir, als literarischer Berater des Verlags habe er den Roman gelesen und ihn der Buchgemeinschaft zur Annahme empfohlen. Man sei dort entschlossen, seinem Rat zu folgen, alles Nähere werde ich in Kürze erfahren.
In einem Taumel von Glück ging ich am Abend ins Theater. Die Schleswiger Bühne spielte ein Ibsenstück, und ich, diesmal allein, hatte einen Platz in der vordersten Reihe. Daß ich von der Bühne und durch den in der Pause geschlossenen Vorhang von zwei grauen Augen beobachtet wurde, habe ich nicht geahnt.
Kurz darauf bekam ich einen Brief aus Schleswig. Ein Schauspieler schrieb mir, er befände sich in großer Not. Er sei Wiener, habe am Volkstheater dort mit großem Erfolg den Mephisto gespielt und habe wegen einer harmlosen Sache für ein Jahr Spielverbot in Österreich. Beim Passieren der Grenze sei ihm sein Koffer mit sämtlicher Garderobe gestohlen worden, und nun sitze er völlig verzweifelt da hinten an der Schlei. Seine Bitte: Er habe mich im Theater gesehen und gehört, daß ich erfolgreiche Vortragsabende gegeben hätte. Ob ich mich entschließen könne, mit ihm zusammen einen Abend in Schleswig zu gestalten. Er werde dann aus dem »Faust« lesen. Zu einer Besprechung bäte er mich, am anderen Tag nach Husum zu kommen, wo er mich erwarten werde.
Meine Mutter las den Brief und runzelte die Stirn. »Laß die Finger davon, hinter diesem Geschreibsel steckt nichts Gutes.«
Was bewog mich, doch zu fahren? Michael hatte mir gesagt, daß er in absehbarer Zeit nach Amerika reise, um seine Studien dort fortzusetzen. Das lag schwer auf meinem Herzen, ich nahm mir vor, von jetzt an nicht mehr auf ein eigenes Glück zu warten, sondern alles zu tun, was anderen helfen konnte.
Und nun erreichte mich dieser Hilferuf. Durfte ich mich ihm verschließen?
Ich fuhr nach Husum. Auf dem Bahnsteig, gerade da, wo ich ausstieg, erhob sich eine weiße Kalkwand, und daran lehnte, eingehüllt in einen überlangen schwarzen Mantel, ein Vagabund. Ich war entsetzt, als sich der Vagabund auf mich zu bewegte, meine Hand

ergriff, sie inbrünstig küßte und mit rauher Stimme murmelte: »Dank, Dank, in Gottes Namen.«
Lebhaft redend ging er neben mir her. Er hatte schon ein Lokal ausgemacht, wo wir ungestört reden konnten. Was für einen schauderhaften Hut trug dieser Mann, schwarz, mit speckigem Rand; was für rissige, ungeputzte Schuhe hatte er an den Füßen. Flecke auf dem Mantel, die Taschen waren eingerissen. Ich merkte, daß die Leute sich nach uns umsahen, und bereute bitter, der Warnung meiner Mutter nicht gefolgt zu sein.
In der warmen Gaststube verlor sein breites, von dichten schwarzen Brauen und sonderbar flimmernden graugrünen Augen belebtes Gesicht die kalkige Blässe. Während unserer Unterhaltung, die sich um den für Schleswig geplanten Vortragsabend drehte, vergaß ich den schwarzen Mantel, ich fühlte mich überredet und eingefangen von der Art, wie die heisere Stimme mit einer liebenswürdigen Selbstverständlichkeit über mich verfügte.
Der Vortragsabend entwickelte sich zum größten Mißerfolg meines bisherigen Lebens. Mit ihm begann eine schreckensvolle Zeit. Es stellte sich heraus, daß Hans Steiner von seinem Schauspieldirektor entlassen, also stellungslos war, und daß er sich mit seinem Vater heillos zerstritten hatte. Ich schrieb an seine Eltern nach Klagenfurt und erfuhr nun, daß er Priester gewesen war, sein Gelübde gebrochen hatte und ans Wiener Volkstheater gegangen war. Die Eltern erklärten sich bereit, sich mit ihm zu versöhnen, und kleideten ihn neu ein. Mir gelang es, ihn in unserer Volksbank unterzubringen. Dank seiner hohen Intelligenz bewährte er sich dort, auch fand er rasch einen Freundeskreis in der Stadt.
Alles wäre schön und gut gewesen, wenn er sich nicht den Revolver gekauft und mir nicht dauernd gedroht hätte, er werde aus dem Leben scheiden, falls ich mich nicht mit ihm verloben wolle. Ich fürchtete mich entsetzlich vor diesem Revolver, den er mit vielsagendem Blick auf seine Knie legte, um mein Ja zu erzwingen.
Allmählich erkannte ich, daß ich diesen Menschen, dem ich in seiner Not hatte helfen wollen, nicht zu retten vermochte. Zwar tat er seine Arbeit nach wie vor, aber an den Abenden betrank er sich.

Meine Tätigkeit als Samariter nahm eines Tages ein unerwartetes Ende.
Ich hatte auf der Zeitung zu tun, und Herr Johnsen erwischte mich und zog mich in sein Allerheiligstes. »Ich habe eine Neuigkeit für Sie«, tuschelte er, indem er mich in einen Sessel drückte. »Ich war in Kassel und engagierte einen neuen Hauptschriftleiter. Ganz große Klasse. Er war Chefredakteur einer Zeitung, die von einer anderen aufgekauft wurde. Die aufkaufende Zeitung stellt den Hauptredakteur, und mein neuer Zeitungschef wollte nicht der zweite Mann werden, wo er der erste war. Deshalb ist mir der Fang gelungen.« Er lachte schallend und trommelte auf sein Knie.
»Sehr schön«, sagte ich.
»Mehr als sehr schön«, rief er. »Ich habe mir einen Chefredakteur und Ihnen Ihren Mann mitgebracht.« Er reichte mir ein Foto, das auf dem Schreibtisch gelegen hatte. Auf den ersten Blick glaubte ich, den Dr. Gutweg zu sehen, das war das gleiche dichte, in der Mitte gescheitelte dunkle Haar, und das waren die blanken braunen Augen. Aber der Herr auf dem Bild trug einen Schnurrbart, und sein Hals steckte in einem überweiten steifen Kragen.
»Ach nein, das ist nicht mein Geschmack«, meinte ich, das Bild zurückreichend. »Schon allein der Kragen.«
»Bitte, meine Liebe, urteilen Sie nicht so rasch«, anwortete Herr Johnsen. »Unser Mann ist Junggeselle und hat bei zwei alten Schwestern gelebt. Zugegeben, er ist bedeutend älter als Sie, aber ich habe ihm von Ihnen erzählt, und er hat, wie er mir verriet, auf der ganzen Herfahrt an Sie gedacht, wie Sie wohl aussähen, ob man sich gut mit Ihnen unterhalten könne und was der Dinge mehr sind. Na ja, Sie werden ihn bald kennenlernen, augenblicklich ist er nicht im Hause, er mietet sich in einer Pension zwei Zimmer.«
Ein komischer Tag, an dem mich das Schicksal von einem Schützling befreien und mir einen Ehemann geben will.
Herr Johnsen hatte mich gebeten, eine Reportage über Friedrichstadt zu schreiben, eine altholländische Siedlung. Ich fuhr also hin. In Weddingstadt öffnete sich die Abteiltür, an der ich gestanden und hinausgeschaut hatte, und ein Herr stieg ein. Ich erkannte ihn

erst nach der Vorstellung, es war ein Schauspieler der Schleswiger Bühne, Sohn eines Wiener Staatsanwaltes. Hans Steiner hatte ihn mir vorgestellt und ihn nachher als den hinterlistigsten Menschen unter Gottes Himmel bezeichnet. Dieser Schauspieler M. saß mir also jetzt gegenüber.
»Wenn Sie nur bis Friedrichstadt fahren«, sagte er, »dann muß ich mich beeilen. Sie haben diesen Strolch aus dem Dreck gezogen; wie Ihnen das gelang, davon habe ich mich heute auf der Volksbank überzeugt. Mir bleibt nur noch eines, Sie zu warnen. Hüten Sie sich vor ihm, dieser Mensch besitzt hypnotische Kräfte.«
»Ich habe Herrn Steiner eine Stellung besorgt«, antworte ich. »Meine Mission ist damit erfüllt. Alles Weitere liegt jetzt bei ihm.«
Mich fror plötzlich, obwohl es so warm war im Abteil.
Der Zug hielt, ich war am Ziel.
Die Tür flog hinter mir zu. Er riß das Fenster herunter. »Hüten Sie sich vor ihm«, rief er. »Er ist schlimmer als der Teufel.« Der Zug glitt fort, und ich straffte mich, um das Zittern in den Knien loszuwerden.
Von meiner Begegnung im Zug erzählte ich zu Hause keinem. Hans Steiner ging weiter bei uns aus und ein. Ich selbst ging ihm, soweit ich irgend konnte, aus dem Weg. Um so mehr überraschte mich an einem Abend, als er mich allein zu Hause traf, sein Heiratsantrag. Was er mir zu danken habe, führte er aus, das sei der Ruck gewesen, mit dem ich ihn aus dem Wasser gezogen hätte. Ich müsse nun einsehen, daß es nicht umsonst gewesen sei. Er werde auf der Treppe emporsteigen und am Ende noch Bankdirektor werden. Dann gehe er zurück nach Klagenfurt, um sich seinen Eltern zu zeigen. Und an seiner Seite würde dann ich als seine Frau stehen.
Ich war so erschrocken, daß ich nur den Kopf schütteln konnte.
»Keine Widerrede«, rief er. »Das ist schon lange ausgemacht. Bedenken Sie, daß ich ohne Sie nicht leben kann. Wenn Sie die Hand von mir abziehen, dann werfe ich alles hin und ende als Landstreicher.«
Anderntags kam Michael, um sich vor seiner Amerikafahrt von uns zu verabschieden. Steiner saß am Tisch, die beiden waren für einen

Augenblick allein. Als ich dazukam, hatte Michael nicht Platz genommen, er tat es auch jetzt nicht, blieb stehen und sagte sein Lebewohl auf eine ungewohnt hölzerne Art. Dann ging er und wurde nach wenigen Minuten von zwei Männern wieder zu uns heraufgetragen. Er sei mit dem Rad gestürzt und noch nicht ganz bei sich. Ich ließ ihn in mein Zimmer bringen und auf die Couch legen. Dann drehte ich den Türschlüssel um und setzte mich neben ihn. Behutsam strich ich ihm das Haar aus der Stirn, da öffnete er die blauen Augen.

»So ein Unsinn«, sagte er. »Aber ich war so durcheinander, da habe ich den Hund übersehen, der mir ins Rad gesprungen ist.«

Draußen klopfte es, es wurde an der Klinke gerüttelt, und ich wußte, wer hereinwollte.

»Sollen wir einen Arzt holen?« fragte ich.

Er richtete sich auf. »Um Himmels willen, nein. Ich bin wieder ganz klar. Wissen Sie, was der Grund war? Ich habe diesen Menschen gesehen, und er hat mir gesagt, wenn ich aus den USA zurück sei, dann werde er schon lange Ihr Mann sein, und es wäre hübsch, wenn ich dann zu Besuch käme.«

»Warum ist denn hier abgeschlossen?« fragte die rauhe Stimme draußen.

Michael stand auf. Er war immer noch sehr blaß.

Meine Arme hingen schlaff am Körper herunter. Michael ging hin und schloß auf, und Steiner stolperte herein. »Soll ich einen Arzt holen?« fragte nun auch er.

Michael winkte ab. Er ging. Ich sah ihm vom Fenster aus nach, bis er verschwunden war.

»Das war wohl eine heiße Liebe?« fragte Hans Steiner.

Ich wandte mich um, sah sein Gesicht und wußte jetzt, daß ich ihn haßte. Aus dem Mitleid war blanke Furcht geworden. Er schien meine Abwehr zu spüren und verschwand.

Ein paar Tage später, an einem Maiabend, saß ich im Kaisersaal an einem dichtbesetzten langen Tisch, es wurde irgend etwas gefeiert, zu dem man mich eingeladen hatte. Plötzlich trat von der Seite her ein Herr auf mich zu und bat, mich einen Augenblick

sprechen zu dürfen. Ich stand auf, ging vom Tisch weg und gab Herrn Johnsens neuem Hauptschriftleiter die Hand.
»Das sind Sie also«, sagte er, »mitten in einer Tanzerei. Und ich hatte Sie ganz woanders vermutet, in einem literarischen Zirkel. Oder gibt es so etwas hier nicht?«
Nein, einen literarischen Zirkel hatten wir hier nicht.
»Dann müssen wir schleunigst so etwas gründen«, sagte er. »Sie und ich. Wenn es Ihnen recht ist, kommen wir bald einmal zusammen, um alles zu besprechen.« Der weite Kragen steht ihm eigentlich gar nicht so schlecht, dachte ich. Nur den Bart müßte er wegrasieren und das Haar zurückkämmen, kein Mittelscheitel. Wir sprachen noch eine Weile hin und her; ihn an den Tisch zu laden, war nicht möglich. So verabschiedeten wir uns.
Durch Zufall trafen wir uns wieder. Er kam durch die Drehtür der Konditorei, in der ich mich nach einem anstrengenden Einkauf erholte, trat an den Tisch und setzte sich zu mir. Es entwickelte sich ein literarisches Gespräch. Ich mußte ihm von meiner Arbeit erzählen, und er drängte gleich nach und fragte, ob er uns besuchen dürfe. Er würde sich sehr freuen, wenn ich ihm dann etwas vorlesen möchte. Gern wollte ich das tun. Dabei fiel mir ein, daß ich, seit Hans Steiner in unserer Stadt war, noch keine Zeile geschrieben hatte, obwohl ich jetzt, wo man zu heizen aufhörte, mein Schlafzimmer dazu hätte benützen können. Es war mir nichts, aber auch gar nichts eingefallen, und nun erzählte der Mann neben mir, daß er bereits zwei meiner Bücher gelesen habe; er sei sehr beeindruckt gewesen, besonders von der »Mausefalle«, und habe vor, noch eingehend mit mir darüber zu sprechen.
»So wird man überrascht«, klang es heiser in unsere Unterhaltung hinein. Hans Steiner, irgendwoher aufgetaucht, zog sich einen Stuhl heran. Das Gespräch zwischen Herrn Johnsens Hauptschriftleiter und mir brach ab.
Auf dem Heimweg blieb mein neuer Bekannter an meiner Seite. Ein Stück habe er die gleiche Strecke, doch er gehe gern noch ein Ende weiter. Viel zu wenig bewege man sich an frischer Luft. So blieb er unter unserer Haustür stehen, wartete, bis ich hineinge-

gangen war, und begleitete den unaufhörlich redenden Steiner noch ein Stück bis zu dessen Quartier.
So und ähnlich ging es mir in den folgenden Monaten. Bei welchem städtischen Ereignis ich auch mitmachte, der Chefredakteur war immer schon da, setzte sich mit Block und Stift zu mir und hielt Wache. Hans Steiner trank an jedem solcher Abende weit über das Maß. Ich versuchte, ihn durch Zureden zur Einsicht zu bringen, und erreichte das Gegenteil. Einmal wollte ich jäh aufspringen, als eine neue Lage Bier und Schnaps herangebracht wurde, da faßte mein Wächter meine Hand und drückte mich auf den Sitz zurück. »Kein Aufsehen«, sagte er leise. »Ich werde Sie im gegebenen Augenblick nach Hause bringen. Er wird es in seinem Zustand kaum noch merken.«
Der gegebene Augenblick kam, als Hans Steiner taumelnd das Gastzimmer verließ. Richard Spangenberg half mir in den Mantel, wir gingen zur Vordertür hinaus, ehe er zur rückwärtigen wieder hereinkam.
Draußen schimmerte der Himmel voller Sterne.
»Wie sind Sie an diesen Mann gekommen?« fragte mein Begleiter.
»Ich weiß es selber nicht«, antwortete ich. »Aber wie soll ich mich von ihm befreien?«
»Von einer so unheimlichen Beziehung müssen Sie sich zurückziehen«, sagte Richard.
Es kam mir vor, als zerrisse in diesem Augenblick ein Strick, der mich an Händen und Füßen gefesselt hatte. Ich gab Richard vor unserem Haus die Hand, und er hielt sie ein paar Sekunden fest.
»Ich will es tun«, antwortete ich.
Der Anlaß ergab sich bald. Nach einer neuerlichen Spielerei mit dem Revolver, verbrämt mit düsteren Drohungen, schrieb ich den Brief, der den entscheidenden Trennungsstrich zog.
Er antwortete mir brieflich, ich solle alles vergessen und mich wieder seiner annehmen, sonst werde er jetzt endgültig zum Revolver greifen.
Ich ging nicht zum angegebenen Treffpunkt, sondern zu Pfarrer Paul, dem katholischen Priester, den ich schon einmal, damals we-

gen der »Mausefalle«, besucht hatte. Der gütige alte Herr hörte sich die Geschichte des Hans Steiner bis zum Ende an und sagte, ich solle meinen ehemaligen Schützling auffordern, ihn, den Pfarrer, aufzusuchen. Ich habe die Aufforderung weitergegeben, und Hans Steiner ist hingegangen.

Pfarrer Paul lud mich nach dieser Unterredung zu sich. Er kam gleich zur Sache. »Dieser Mann ist verloren, und niemand und nichts kann ihm noch helfen. Sie dürfen sich für ihn nicht mehr einsetzen. Wenn er es wahr macht und sein Leben auslöscht, dann läßt sich das nicht ändern.« Er bekreuzigte sich: »Die heilige Jungfrau beschütze ihn.«

Steiner blieb verschollen und hat keine Nachricht mehr gegeben. Seitdem brauchte ich mich wie sonst nur vor einen leeren Bogen zu setzen, und die Feder schrieb von selbst.

ALBANISCHER PRINZ
ODER – RÄUBERHAUPTMANN?

Der »Stern Kretuklar« erschien in einem schönen Gewand, mit blauem Lederrücken, auf dem goldene Sterne um meinen in Goldschrift prangenden Namen tanzten. Als Kind hatte ich gesagt: »Drei Dinge wünsche ich mir: Einmal soll mein Bild groß in der Zeitung stehen, einmal soll mein Name in Gold geschrieben werden, und einmal möchte ich, umrauscht von Beifall, auf einer großen Bühne stehen.« Zwei Wünsche aus diesem Zukunftstraum sind nun schon in Erfüllung gegangen, in den »Hallischen Nachrichten« stand mein Bild groß über dem Anfang einer Novelle, deren Stoff mir Hans Steiner geliefert hatte, und der »Stern Kretuklar« trug meinen Namen in Gold. Die dritte Möglichkeit gaukelte fern am Horizont meines Lebens, wie sollte sie sich erfüllen? Eine große Schauspielerin, und eine große hatte ich ja werden wollen, fällt nicht vom Himmel, für ein solches Ziel war schon viel Zeit verlorengegangen. Zunächst einmal bahnte sich der »Stern Kretuklar« seinen Weg, aber wenn Julius Bab und ich gedacht hatten, er werde kommen und siegen, so traf das nicht zu. Der Absatz bei der Buchgemeinschaft erfolgte zögernd, eine größere Anzahl von Mitgliedern stieß sich am Titel, man vermutete Astronomisches, und im Untertitel vergrämte das Wort Tod.

Da war es ein Trost, als mich ein langer Brief eines Professor Weinhandl von der Universität Kiel erreichte, der sich eingehend mit dem Inhalt beschäftigte. Unter anderem stand da, einer Schriftstellerin, der es gelungen sei, den stummen Florian durch ein ganzes Buch hindurch mit soviel Leben zu erfüllen, gebühre ein Ehrenplatz unter den deutschen Autoren. Und daß ein so junges Mädchen den Roman geschrieben habe, das bestätige einmal wieder seinen, Professor Weinhandls, Glauben an die Inkarnation.

Auch Herr Huebner hatte das Buch bekommen, ihm imponierte die schöne Ausstattung, mit dem Inhalt könne er nicht viel anfangen, dieser Weg ins Jenseits sei ihm zu hoch. Dann kam die große Neuigkeit: er hatte geheiratet, eine Jugendfreundin in seiner Altersklasse. Mit ihr werde er in den nächsten Monaten nach Albanien auswandern. Und nun folgte das Tolle, ich mußte mich erst setzen. Herr Huebner hatte seiner Frau viel von mir erzählt, und jetzt war es beschlossene Sache, daß sie mich mitnehmen würden. Ich müsse aus der Enge und dem Familienkram heraus. »Und ich werde Sie dort verheiraten«, schrieb Herr Huebner. »Entweder bekommen Sie einen albanischen Prinzen oder – einen Räuberhauptmann.«

Für einen Moment drehte sich die Küche mit ihren hellen Wänden um mich herum. Albanien, eine fremde, eine abenteuerliche Welt. Was für Stoffe würde ich dort sammeln können, was für Erlebnisse boten sich an! Dazwischen schoß ein ganz simpler Gedanke auf: Ob er seiner Frau erzählt hat, wie abscheulich ungeschickt ich mit den Austern umgegangen bin? Angst packte mich vor Luxushotels; ich hatte eine Vision von riesigen Lampen, um deren Schirme düstere Nachtfalter kreisten.

Meine Mutter war wenig entzückt von dem Plan, sie behielt ihre Kinder gern nahebei, aber Papa riet zu; eine solche Chance werde einem nur einmal geboten. Ich solle die Antwort nicht hinauszögern, damit man in Hamburg wisse, woran man sei.

Immer wieder holte ich mir einen Bogen und legte das Blatt wieder beiseite. Und dann kam der Abend, an dem ich Richard in ein Kabarett begleitete. Er fragte mich ein paarmal, ob mir die Sache keinen Spaß mache, und ich erwiderte zerstreut. Während ein Tierstimmen-Imitator seine Liedchen pfiff, stieg ich in Gedanken über einsame Bergpfade in eine düstere Felsenwelt. Auch auf unserem Heimweg herrschte Schweigen, ich kannte das an ihm, er hielt sich zurück, wenn er nicht gerufen wurde.

An der Haustür gaben wir uns die Hand. »Ich fahre nach Albanien«, sagte ich.

Es blieb still. Über das Dach der gegenüberliegenden Brauereifiliale guckte ein Viertel Mond.

»Auf wie lange?« fragte Richard, und ich antwortete: »Auf sehr lange, denke ich, vielleicht auf immer.«

Weil er gar nichts sagte, erzählte ich ihm von dem Brief des Herrn Huebner, von seinen Plänen, soweit sie mich betrafen.

»Und das werden Sie tun?« fragte Richard. »Fortgehen und mich hier allein zurücklassen?«

Jetzt wußte ich plötzlich, warum ich meine Zusage immer wieder hinausgezögert hatte. Tief drinnen war es der Gedanke gewesen, daß ich ihn, der mich wieder zu einem vernünftigen Menschen gemacht hatte, hier zurücklassen würde. Wie er so vor mir stand, den blassen Mondschein auf seinen dunklen Haaren, die braunen Augen voller Trauer auf mich gerichtet, wurde mir klar, daß das ja gar nicht ging. Er war mir ans Herz gewachsen, ich konnte mich nicht mehr in eine Zeit hineindenken, in der ich ohne ihn sein würde. Er wußte alles, er hatte immer einen Rat, er war erfüllt von jener wunderbaren Ruhe, die sich dem anderen mitteilt, von einer Fröhlichkeit, die mit leichtem Flügelschlag über die Untiefen hinwegschwebt. Acht Monate hindurch hatte er mich ein paarmal in der Woche bis vor die Haustür gebracht, und nie war unsere lebhafte Unterhaltung unterwegs abgebrochen. Im Gespräch zeigte er sich oft streitbar und trieb eine Sache bis an die äußerste Grenze. Und manchmal sagte er dann lachend: »Beruhigen Sie sich, das ist ja gar nicht meine Meinung. Ich habe es nur auf diesem Posten durchge-

fochten, um zu zeigen, welche Möglichkeiten es gibt.« So war er auch mein Freund und zugleich mein Lehrer geworden, und zwar der interessanteste, den ich je gehabt habe.
Da standen wir, und das kleine Stück Mond lugte über das rote Dach der Brauereifiliale.
»Und Ihr Entschluß ist unwiderruflich?« fragte Richard.
»Entschlossen habe ich mich noch nicht«, sagte ich.
»Es ist nämlich so«, er räusperte sich, »ich habe meinen Schwestern geschrieben, daß ich mich nun doch noch entschlossen hätte, das Junggesellenleben aufzugeben. Daß ich heiraten würde, wenn mir eine sehr geliebte Frau das Jawort gäbe.«
Nun war alles entschieden. Albanien rutschte wie ein Felsenbrokken von meiner Seele herunter.
Ich überbrückte die Pause. »Und haben Sie sich schon um dieses Jawort bemüht?«
»Ich riskiere es nicht«, antwortete er. »Ich bin nämlich vierundzwanzig Jahre älter als die Frau, um die es hier geht.«
»Jahre bedeuten nichts«, sagte ich. »In Wirklichkeit sind Sie viel jünger. Und wenn Sie meinen Rat hören wollen: Gewißheit holen würde ich mir auf jeden Fall.«
Das war unsere Verlobung vor der Haustür. Offiziell ließen wir nichts davon verlautbaren, steckten nur heimlich die Ringe an und feierten ein bißchen bei den Eltern. An Herrn Huebner schrieb ich, daß ich leider nicht mitkommen könne, weil ich mich kurz vorher verlobt hätte. Das entsprach nicht ganz der Wahrheit, würde aber besser überzeugen. Daß der Verlobte Redakteur unserer Zeitung war, nur ein Redakteur, das hat Herrn Huebner offenbar aufs tiefste empört, ihn, der so große Dinge mit mir vorhatte. Hinter einer solchen Verlobung würde das bürgerliche, kleine Leben stehen, von dem er glaubte, daß meine Kunst und ich selbst darunter zerbrechen mußten.
Er hat mir auf meinen Brief nicht geantwortet, und auch aus Albanien bekam ich keine Nachricht von ihm. Aber seine gewaltige Erscheinung und das kluge Gesicht mit den lebhaften Augen hinter der Brille stehen unverrückbar in meiner Erinnerung, und ich danke

ihm noch jetzt aus vollem Herzen für seinen guten Willen, etwas Besonderes aus mir zu machen.
Als wir uns entschlossen zu heiraten, war es dafür die ungünstigste Zeit. Woher sollten wir eine Wohnung nehmen, abgesehen von den Möbeln, die darin stehen mußten? Für mein kleines Vermögen hätte ich, als es mir von Hahnemanns gestiftet wurde, noch ein Haus kaufen können, aber da es bis zu meinem einundzwanzigsten Lebensjahr gesperrt gewesen war, reichte es jetzt gerade aus, mir ein Paar Schuhe und eine braune, dicke Wolljacke zu kaufen, und ich ging fröhlich hin und sicherte mir diese Sachen. Die Wolljacke, zu der eine Mütze aus gleichem Material gehörte, wurde im Winter über einem Rock als Mantelersatz getragen, sie war sehr schick, enganschließend, und ich knöpfte sie nicht bis zum Hals, den ich gern frei behielt. Ältere Frauen, die mich bei Ostwind trafen, rangen die Hände: »Wenn man Sie sieht, friert man bis ans Herz.« Wie sich die Wertbegriffe ändern können! Hätte ich für mein Geld, das ich dem Unfall als Kind verdankte, ein vollmöbliertes Haus bekommen, meine Freude wäre kaum so groß wie jetzt über Jacke, Mütze und Schuhe gewesen.
Genau betrachtet, habe ich immer viel Ähnlichkeit mit Hans im Glück aus dem Märchen gehabt.
Richard und ich, meine Mutter und ich, wir stiegen viele Treppen auf und ab, wir kamen in kleine Häuser, in denen es nach Moder und Mottenkugeln roch, aber es fand sich nichts Passendes unter den möblierten Zimmern. Denn daß wir uns nicht höher als zu zwei möblierten Zimmern versteigen durften, das war uns inzwischen klargeworden.
Einmal glaubten wir, auf dieser Basis das Richtige gefunden zu haben, im ersten Stock eines ansehnlichen Hauses, ganz in der Nähe der Zeitung. Zwei Zimmer, durch einen Flur voneinander getrennt, waren altväterlich, aber wohnlich eingerichtet, und Richard wollte schon erlöst zusagen, da erklärte die alte Frau, der die Wohnung gehörte: »Ich würde gerade Sie gern nehmen, damit meine einsamen Abende ein Ende nehmen. Sie haben auf der Redaktion zu tun, und wir beide«, sie nahm mich in den Arm, »werden uns die

Zeit mit Klönen vertreiben.« Wir baten um eine Frist zum Überlegen und gingen nicht wieder hin.

Die zweite in Frage kommende Wohnung hatte ich mit meiner Mutter besichtigt, die Feuer und Flamme war. Zwei hübsch ausgestattete Zimmer in einer weißen Villa. Das Schlafzimmer des Hausbesitzers lag allerdings zwischen den beiden Räumen, dafür gab es Küchenbenutzung. Der Preis war ziemlich hoch, trotzdem mietete ich. Was wir gänzlich übersehen hatten: das Haus lag weit draußen vor der Stadt. Richard drohte mit Selbstmord, er würde täglich dreimal eine Stunde hin und zurück zur Zeitung gehen müssen, morgens begann sein Dienst um acht Uhr. Ab vierzehn Uhr Ruhezeit bis zum Nachmittag, von siebzehn bis achtzehn Uhr Empfang von Besuchern, um einundzwanzig Uhr Beginn der Nachtarbeit, die meistens bis Mitternacht oder länger dauerte. O Gott, ich sah es ja ein, aber was sollte ich tun? Schließlich gelang es Richard, unsere Anwartschaft unter der Hand zu verkaufen, es war jemand auf der Redaktion erschienen, der eine Wohnung noch notwendiger brauchte als wir.

Wieder einmal half der Zufall. Wir hörten von einem Holzkaufmann, der, in Konkurs geraten, mit der Familie eng zusammenrücken müsse, um sich durchzubringen. Sie wollten die obere Etage seines Hauses, ein großes und ein kleines Zimmer, dazu zwei Kammern, möbliert vermieten und hatten eine entsprechende Anzeige just zur Zeitung gebracht.

Etwas entfernt lag das Haus ja auch, zwanzig gute Fußminuten, dafür regte die Wohnung zu kühnsten Plänen an. Der Vermieter war bereit, seine Möbel teilweise herauszunehmen, falls wir gewillt wären, den vollen Preis für eine möblierte Wohnung zu zahlen. Wir waren einverstanden, ohne die Sache im einzelnen zu überprüfen. Wir würden Möbel kaufen, ein eigenes Schlafzimmer haben, eine Küche, und in dem winzigen Wohnzimmer sollte ein Schreibtisch für mich stehen, mein erster eigener Schreibtisch! Das Sofa und die Stühle mußten auch noch hinein, N.s runder Tisch, ihr Teppich und ihr Lehnstuhl mochten bleiben. Und wie das alles? Auf Abzahlung natürlich, in Monatsraten. Mein Honorar für die erste

Auflage des »Stern Kretuklar« war längst dahin, ich hatte dafür Bettwäsche, Leibwäsche und Kleidung gekauft, Richards Finanzen standen nicht zum besten, weil er eine monatliche Hilfe für seine ledigen Schwestern zahlte. Aber es würde schon gehen, alles würde gehen, wenn wir in diesem gemütlichen Nest saßen.
Auch der kleine Mißstand, daß ein gewisser Ort sich im Hof befand, nach uralter Sitte ohne Wasserspülung, machte uns nicht kopfscheu. Eines Tages würde die Kanalisation, die in der Stadt schon fast alle Häuser erreicht hatte, auch bis zu uns vordringen und damit das letzte Stück Altheide verschwinden.
Wir mieteten, wir kauften Möbel, wir heirateten und zogen ein. Ich habe unsere Hochzeit, unseren Einzug und unser Leben zu jener Zeit in den beiden heiteren »Lillebe«-Büchern geschildert. Dem bleibt nicht viel hinzuzufügen. Diese Bücher sind etwa zweiundvierzig Jahre nach unserer Hochzeit geschrieben worden, in der Rückschau war alles vom Goldschimmer des Anfangs überhaucht; daß unser Leichtsinn auch viele Sorgen brachte, liegt auf der Hand. Nach einigen Monaten merkten wir, daß wir die Möbelraten in der abgemachten Höhe nicht halten konnten. Im Grunde lag dies daran, daß mein Mann, nachdem er einige Proben meiner Kochkunst genossen hatte, das ganze Programm umwarf. Eigentlich sollte ich den Haushalt machen, und zum Essen wollten wir in die Pension gehen, wo er bis zur Hochzeit gewohnt hatte. »Das ändern wir«, sagte er. »Du kochst, und für die Hausarbeit nehmen wir eine Hilfe.«
Die Hilfe war rasch gefunden, eine junge Frau aus der Nachbarschaft stellte sich für einen überraschend niedrigen Lohn zur Verfügung. Ihr Mann war arbeitslos, das Kind aus dieser Ehe, ein rosthaariger pausbäckiger Junge, strahlte vor Gesundheit. Hätte ich den Worten meiner Haushilfe tieferes Gewicht beigemessen, dann wäre uns manches erspart geblieben. So äußerte sie zum Beispiel, nachdenklich zum Himmel blickend: »Ehe ich mein Kind Margarine essen lasse, eher würde ich mir die gute Butter stehlen, und dagegen könnte der liebe Gott auch nichts haben.« Wohl erkannte ich, daß unsere Haushaltskosten weit über dem lagen, was

etwa meine Mutter, die vier Personen versorgte, ausgab; doch ich brachte den Schwund meines Brotes, der Butter, der Wurst und des Käses, ja auch das Versickern von Mehl und Grieß, Kaffee und Tee, Öl und Rum in keiner Weise mit dem Augenzwinkern meiner Hilfe in Verbindung, durch das sie sich des zustimmenden Kopfnickens ihres lieben Gottes versicherte. Im übrigen war sie blitzsauber und von gewinnender Freundlichkeit; ich hätte ihr ohne Bedenken die Leitung meines Rittergutes anvertraut, falls ich eins besessen hätte. Es dauerte zwei Jahre, bis ich herausbekam, daß sie ihren Haushalt von unseren Vorräten mitversorgte und sogar resolut in unsere Kohlen und die im Keller lagernden Kartoffeln gegriffen hatte. In der Zwischenzeit mußte ich den schweren Gang zum Möbelhändler antreten und um Herabsetzung der Raten bitten. Der Wintermantel, den ich nötig hatte, wurde nicht gekauft. Mein Mann verzichtete auf den schon eingerechneten Anzug. Seinen Schwestern die Unterstützung zu kürzen, das hatte er mit einer Energie abgelehnt, die keinen Widerspruch duldete. Die beiden armen, unverheirateten Mädchen hatten es nach seiner Meinung schwer genug, sich durchs Leben zu bringen; sollte man ihnen die letzte Möglichkeit nehmen, sich auch einmal eine Freude zu gönnen? Auch hier waltete ein Irrtum, der allerdings erst viele Jahre später ans Licht kam.
Als die Stunde meiner ersten Hausgehilfin schlug, war unsere Tochter schon auf der Welt, abgöttisch geliebt von unserer emsigen Walterin. »Für dieses Kind würde ich mein Leben geben«, sagte sie, »gerade, weil es so klein ist.« Unsere Gudrun hatte bei der Geburt nur zweieinhalb Pfund gewogen und bei der Flaschenernährung in diesen ersten Monaten auch noch nicht augenfällig zugenommen. »Nach der Taufe bekommt sie ein höheres Gewicht«, prophezeite unsere Frau P. »Taufen ist die beste Medizin. Aber ein Bett muß sie dafür haben, in dem Körbchen kann sie sich nicht richtig drehen. Und nach der Taufe muß sie sich von der Rückenlage auf die rechte Seite kehren.«
Daß sie ein Bett brauchte, leuchtete mir ein. Der von mir angerufene Möbelhändler kam, um auszumessen, wohin wir so ein Bett noch stellen könnten. Sorgenvoll betrachtete er das winzige Wesen im

Korb. »Wollen wir mit dem Bett nicht lieber noch etwas warten?« fragte er. »Erst mal abwarten, ob...«
Ich war so erschrocken, daß mir das Wort in der Kehle steckenblieb. »Es ist nicht wegen der Raten«, sagte der Möbelhändler, indem er seinen Arm väterlich um meine Schulter legte. »Sie sollen sich nicht so viel Sorgen machen. Vor allem: versprechen Sie mir, daß Sie nicht am Essen sparen. Lieber warte ich noch etwas länger.« Wenn sich das gehört hätte, wäre ich jetzt an seine Brust gesunken. So sehr rührt es mich immer, wenn ich einem guten Menschen begegne. Natürlich sah ich ihn nur dankbar an und wandte dann den Blick auf mein kleines, armes Kind zurück.
Wir bekamen das Bett, das uns ein Dekorationsmaler kunstvoll bemalt hatte, mit Rosenranken, Monogramm und Engeln, was ungefähr das gleiche kostete wie das Gitterbett. Aber letzten Endes lohnte es sich, denn es kam so, wie Frau P. vorhergesagt hatte. War es die Taufhandlung oder die Breite des neuen Bettes? Unser Kind wurde wie sonst auf den Rücken gelegt, und als wir kurz darauf nachschauten, hatte es sich selbständig auf die Seite gedreht. Das Wunder war geschehen, von nun an würde dem weiteren Blühen und Gedeihen nichts mehr im Wege stehen.
Frau P. konnte sich davon nur noch aus der Ferne überzeugen. Sie kam wegen einer schwierigen Operation ins Krankenhaus, und sie hatte, wie mir eine Schwester später erzählte, in der Narkose immer wieder von mir gesprochen. »Was habe ich dieser Frau angetan; sie ist so gut zu mir gewesen und hat auch meine Seele geachtet. Und ich habe sie bestohlen und betrogen, ihr die Butter weggenommen und das Brot, und sogar vom Fleisch hab ich mir abgeschnitten.« So sei es in einem fort gegangen.
Das weiße Haus, in dem wir zwei Jahre wohnten, war umgeben von einem großen Garten. Wer hielt diesen Garten frei von Unkraut, zauberte schnurgerade Gemüse- und herrlich prangende Blumenbeete? Frau N. tat das, unsere Hauswirtin, die blonde, stille, magere Frau eines vor Gesundheit strotzenden Ehemannes, der gern in der Sonne saß, in Zeitungen blätterte oder nach Schäden Ausschau hielt, die seine Gattin dann ausbesserte. Der Haushalt im

Erdgeschoß lief wie am Schnürchen, das Essen duftete köstlich, und sie, die alles lenkte, blieb bescheiden im Hintergrund. Ein wenig lebte sie auf, wenn mein Mann sie durch launige Scherze zu erheitern suchte, dann wehrte sie ab und kicherte: »Wat het he doch för'n Schiet in Kopp.«

Ich war seit einiger Zeit Vorstandsmitglied im Königin-Luise-Bund, der dem Bund der Frontsoldaten-Stahlhelm nahestand; obwohl ich ein Gegner von Vereinen war, hatte ich mich überreden lassen, dort mitzumachen. Als wieder einmal eine Veranstaltung stieg, nahm ich Frau N., um ihr eine Abwechslung zu schaffen, mit in den Kaisersaal. Und hier erlebte ich eine Überraschung. Frau N. war den Vorführungen, die immer recht lebendig gestaltet wurden, mit schwacher Anteilnahme gefolgt. Als es dann um die Neuwahl des Vorstandes ging, straffte sie sich und saß kerzengerade auf ihrem Stuhl, die hellblauen Augen weit geöffnet und rote Flecke auf den Backenknochen. Wie zumeist wurde es eine Wiederwahl des bisherigen Vorstandes. Frau N.s Schultern sanken wieder nach vorn. Fröstelnd zog sie sich ihre Jacke über.

Auf dem Heimweg versuchte ich, sie als Mitglied des Königin-Luise-Bundes zu gewinnen, aber sie streckte abwehrend die knochige Hand aus. »Da eintreten? Nee, das tue ich im Leben nicht. Dieser Verein kann einem direkt auf die Nerven fallen.«

Ich wollte wissen, was ihr an dem Abend so mißfallen habe, und sie machte daraus kein Hehl. Einen Vorstand zu wählen, nur weil die feinen Damen da nun einmal sitzen, und man geniert sich, sie durch tüchtigere Leute zu ersetzen. Nein, für Lene N. kam so was nicht in Frage. Richtig wäre gewesen, sich im Saal umzugucken – sitzen da welche, die so ein Amt mit dem kleinen Finger verwalten können? »Ich zum Beispiel, ich hätte das Zeug dazu!« Wie sie das sagte, flammte sie förmlich von den Füßen bis zum Kopf. »Da wäre etwas ganz Neues herausgekommen, nicht die blöde Kultur, mit der sie die sogenannten Besseren fangen.«

Ich gab ihr zu bedenken, daß sie ja noch gar nicht Mitglied des Bundes sei und folglich auch nicht in den Vorstand gewählt werden könne. Mit einer heftigen Bewegung wischte sie das fort. »Alles

Tüdelkram. Der Tüchtige muß vor, ob er irgendwo Mitglied ist oder nicht.«
In meine Überlegungen mischte sich jetzt auch der Umstand, daß Frau N. ein höchst mangelhaftes Deutsch sprach. »Hätten Sie denn angenommen«, fragte ich, »wenn man Sie heute abend frischfröhlich zur Vorsitzenden gewählt haben würde?«
»Aber sofort«, antwortete Frau N. »Und bei der nächsten Versammlung hätten Sie schon den neuen Wind gespürt.«
So viel Ehrgeiz in diesem mageren Körper, in einer Frau, die nach getaner Hausarbeit und nachdem ihr Mann und der Sohn ausgiebig mit allen notwendigen Nahrungsmitteln versorgt waren, auf der Bretterbank im Hof saß und mit leichten Beilhieben aus Holzscheiten kleine Stäbchen schlug, die sie dann, wenn es genug waren, mit Draht umwickelte und als Bündelholz verkaufte. Die sich vom Morgen bis zur Nacht hinter ihren beiden Männern einrangierte und auch uns und den Nachbarn gegenüber nur ruhig und immer freundlich ihre Meinung vertrat. Was brennt oft in einem Menschen, und die Umwelt hat keine Ahnung davon.
Frau N. hat, als der Nationalsozialismus ans Ruder kam, Karriere gemacht. Sie wurde zunächst Frauenschaftsleiterin und stieg dann zur Kreisleiterin der Frauenschaft auf mit bedeutenden Machtbefugnissen. Ihr schlechtes Deutsch fiel in diesen Ämtern nicht auf. Im übrigen hat sie den jeweiligen Posten vorbildlich ausgefüllt und ihre Macht nie mißbraucht. Für uns ist sie sogar, ohne daß wir darum wußten, mehrmals als rettender Engel aufgetreten. Und das alles nur, weil unsere glückliche Ehe ihr so viel Freude gemacht und weil »er soviel Schiet in Kopp« gehabt hatte.
Ich habe in meinem Leben immer wieder versucht, den Menschen, und besonders den jungen, klarzumachen, daß zum wahren Glück so wenig an Äußerlichem gehört. Wir waren glücklich, obgleich man in unserer kleinen Wohnung Komfort mit der Lupe hätte suchen müssen. Das Wohnzimmer war winzig klein; wenn tagsüber das Laufgitter für unsere Tochter darin aufgestellt wurde, konnten wir selber nur durch akrobatische Künste noch mit hinein. Das räumlich günstigere Schlafzimmer lag zwischen der Wohnstube

und der Abseite, die unsere Küche beherbergte. Diese Küche hatte keine Wasserleitung. Das frische Wasser mußte die steile Treppe herauf-, das schmutzige hinuntergetragen werden. Mein Himmel, was braucht der Mensch an Wasser! Das wurde mir erst klar, als ich durch Frau P.s Krankheit ganz allein vor meinem Haushalt stand. Um meinen Schreibtisch machte ich einen weiten Bogen, es war mir kaum möglich, einen Brief zu schreiben, so ausgefüllt waren meine Tage. Und doch blieb Zeit, mittags, wenn die Mahlzeit fertig in den Töpfen stand, das Kind auf den Arm zu nehmen und durch den Sonnenschein meinem Mann entgegenzugehen. Das Begrüßungsgejauchze zwischen Vater und Tochter hallte über die Straße, die Fracht wechselte ihren Träger und unter »ei,ei,ei« und »hoppe, hopp« ging es nach Hause.

Am Abend fiel das Wohnzimmer für uns fort, dann wurde das Kinderbett dort hineingeschoben, damit der Familienmittelpunkt nicht durch Licht und den spät heimkehrenden Vater gestört werden konnte. Bettzeit gegen zwanzig Uhr. Wem es danach noch einfallen sollte, mich zu besuchen, der saß mit mir auf der Treppe, entweder neben mir oder eine Stufe tiefer; ich habe mich selten so gut unterhalten wie dort unter dem Schein einer rotumhüllten, von der Decke herabblinzelnden Glühbirne.

Erst nach zwei Jahren bot sich uns die lang gesuchte Wohnung am Wulf-Isebrand-Platz, in unmittelbarer Nähe der Zeitung. Es schickte sich gut, daß N.s sich mit der Absicht trugen, das Haus zu verkaufen; sie wollten einen Mittagstisch im Stadtzentrum einrichten und hofften, dabei besser wegzukommen als mit dem Bündelholz.

Der Einzug in die neue Wohnung brachte auch neue Schulden, denn nun waren unsere vier Räume und eine Mädchenkammer zu möblieren. Das in die Kammer gehörende Mädchen hatten wir schon präsentiert bekommen, und zwar von meinem Bruder William, der jetzt einer dörflichen Bankfiliale vorstand. Anneliese, eine der drei Töchter eines Gemischtwarenhändlers, wollte im Dienst ihres Vaters einmal pausieren und »Unterschied lernen«, und kaum war ich unter heißen Tränen in die neue Wohnung eingezogen, stand sie neben zwei großen Reisekoffern in unserem orangefarben tapezierten Wohnzimmer vor mir und war bei weitem kostspieliger gekleidet als ich. Sie fand alles, die Bodenkammer eingeschlossen, sehr nett, unser Kind reizend und vernahm mit Vergnügen, daß mein Mann beruflich zu allen größeren Ereignissen der Stadt zu erscheinen hatte und unsere Haustochter und ich ihn wechselseitig begleiten würden.

Diese zweite Karte hatte es in sich. Mir erfüllte sie einen Jugendtraum. Damals, als ich mit meiner Mutter ins Theater gehen durfte, hatte ich mit stillem Neid gesehen, wie der Chefredakteur Matheus in letzter Minute mit seiner Gattin den Saal betrat und in die Nähe der Bühne strebte. Nun war ich es, die neben meinem Mann zur Flügeltür herein in den verdunkelten Saal trat und lautlos über den roten Mittelläufer nach vorn ging; auf den beiden besten Plätzen, zweite Reihe Mittelgang, ließen wir uns nieder. Diese Ehre wurde natürlich auch Anneliese zuteil, und sie führte gewissenhaft Buch darüber, daß alles nach Recht und Gerechtigkeit verlief. Es kam vor, daß ich mich auf ein besonderes Stück freute und Annelieses glatte Stirn sich runzelte: »Das werden Sie aber nicht zu sehen bekommen, denn da bin ich dran.« Was war da zu machen? Ich blieb zu Hause, um meine Tochter zu versorgen.

Eines Tages fiel der Scheck vom Himmel herunter, mit dem wir uns unserer Schulden entledigen konnten. Der »Stern Kretuklar« ging in die zweite Auflage, und das kostbare Stück Papier steckte in dem Brief, der das verkündete. Mein Mann verzichtete auf den Mittagsschlaf, rannte zur Bank und von dort zum Möbelhändler. Und nachher streichelten und klopften wir unsere Möbel und führten alberne Reden, wie: »Nun gehörst du uns, uns ganz alleine«, oder: »Jetzt kann der Möbelhändler uns so oft begegnen, wie er will, ich brauche mich nicht mehr zu genieren, wenn ich einen neuen Hut aufhabe.« Eine Last war von uns abgefallen, obwohl wir sie in all unserem Glück kaum gespürt hatten.

Seit Anneliese unsere Tochter am Nachmittag in einem roten Sitz- und Liegewagen ausfuhr, ergaben sich daraus einige Stunden, in denen ich nichts zu tun hatte. Ich ging in der Wohnung hin und her, stöberte in Schubladen und Schränken, saß, innerlich auf eine seltsame Art ruhelos, in dem Gärtchen, wo Formen und Schaufeln im Sandberg steckten, ein großer Ball auf dem Rasenstück lag und sieben Sträucher um ein Beet herumstanden, das bei unserem Einzug ein Springbrunnen gewesen war. Wir hatten den Miniaturteich zuschütten lassen, weil wir fürchteten, das Kind könne in der flachen Schale ertrinken.

Was fehlte mir nur, was war mit mir? Ich räumte den Schreibtisch aus, um handschriftliche und getippte Manuskripte einzeln zu ordnen. Wenn man berühmt wurde, kamen die handgeschriebenen ins Museum, hatte man mir gesagt. Seitdem hob ich sie auf, die ersten hatte ich verbrannt, sobald die Maschine mit der Arbeit fertig war. Beim Suchen und Wühlen, nichts macht einen Menschen so fertig wie das Auspacken eines Schreibtischs, fiel mir ein Päckchen in die Hand. »Preisausschreiben der Firma Max Krause: Wer schreibt den schönsten Brief?« Ich knüpfte das rote Seidenband auf, und alles war wieder lebendig. Max Krause fabrizierte Briefpapier, und so lag es nahe, daß er sich für Briefe interessierte. Wer könne sie heute noch schreiben? klagte er. Diese hohe Kunst früherer Jahrhunderte sei völlig verlorengegangen. Und darum werde zu diesem Preisausschreiben aufgerufen, das nach den wenigen großen Briefschreibern suchen solle, die möglicherweise noch, irgendwo versteckt, am Leben wären.

Ich hatte mich an diesem Preisausschreiben beteiligt und den dritten Preis bekommen. Die ganz hübsche Summe brachte der Geldbriefträger an einem Weihnachtsabend, an dem ich völlig blank war, noch früh genug, daß ich in die Stadt rennen und Weihnachtsgeschenke für die Familie kaufen konnte.

Inhalt meines Briefes war Breiholz, das Dorf an der Eider. Ich schrieb ihn an einen Bekannten, einen ausgedachten Bekannten, den man heute als so etwas wie Playboy bezeichnen würde, und mich selber schilderte ich als die Städterin, die im Dorf umherschlendert, alle und jeden bei der Arbeit stört und schließlich gepackt wird vom tiefen Sinn dieser Arbeit. Sie teilt dem Empfänger ihres Briefes mit, daß sie gewillt sei, aus einem wirbelnden Federflöckchen einen Menschen zu machen.

Ich saß auf dem Teppich, meinen preisgekrönten, längst vergessenen Brief im Schoß, und auf einmal wußte ich, warum mir so schwach ums Herz herum war. Dieses Hier-ein-bißchen-Zugreifen und das darauf folgende Ach-laß-nur war ein Zustand, der geradewegs auf das wirbelnde Federchen zurücksteuerte. Sich vor dem Spiegel kokett das Haar unter dem Hut zurechtzupfen, mal mit dem Kind spielen, mit dem Mann leise durch den Mittelgang eines Saales schreiten, das Mit-ihm im Restaurant, wie man das Glas hebt: »Auf daß alles so schön bleibe, wie es ist« – das ging nun schon im dritten Jahr so und durfte so nicht weitergehen. Ich mußte wieder arbeiten, und es sollte etwas Entscheidendes sein, etwas, das von allem, was ich bisher unternommen hatte, abwich. Inmitten von Papierbergen sitzend, Engbeschriebenes um mich herum, nahm ich mir vor, mich an ein Drama zu wagen. Aber wo war das Thema?
Ich stopfte alles, was draußen lag, wieder in den Schreibtisch hinein, klappte die Tür zu und setzte mich vor einen leeren Bogen. Meine Feder kritzelte Kreise und Sterne. Und dann fiel mir etwas ein, was meine Mutter mir früher einmal aus Köln erzählt hatte, und die Feder schrieb: Druckereibesitzer Mechenich? Einen Namen und ein Fragezeichen.
Oswald Mechenich war bucklig gewesen, und darum haßte er die Welt mit allen seinen Kräften. Wo er einem etwas antun konnte, ließ er die Gelegenheit nicht aus. So hatte er zum Beispiel einem jungen Mann, der mit allen äußeren Vorzügen ausgestattet war, zündende Gedichte verkauft. Dichten, das war etwas, was dem jungen Mann trotz aller Anstrengungen nicht gelingen wollte. Er kaufte sich diese Gabe vom gefälligen Mechenich und gewann Ruhm bei Familienfeiern und Vereinen. Und als er auf dem Gipfel des Erfolges stand und sogar die Zeitung seinen Namen bekannt machte, lüftete Mechenich das Geheimnis, obwohl es mit klingender Münze versiegelt war.
Diesen Mechenich stellte ich mir vor, sehr reich, in einem Hause wohnend, in dem er sich von den Stiefkindern des Glücks bedienen ließ. Theaterzettel: der Blinde, der Todgeweihte, der Pockennarbige, der Wasserkopf, die Taube, die Lahme, die Blöde – seine

Diener. Mechenich erzieht diese Diener im Haß gegen Gott. Da ist auch schon der Titel des Stückes »Das Haus wider Gott«. Kampf gegen den, von dem Mechenich glaubt, daß er ihn verwachsen in die Welt schickte. Auch seine Diener sollen ihren Mangel dem da droben heimzahlen. Als Mechenich sie für reif genug hält, einen Akt der Rache zu vollziehen, nimmt er das junge Weib ins Haus, das sie hassen und quälen und vernichten sollten.

»Ich wandere durch die Welt mit hellem Lachen,
mein Rocksaum fliegt. Im Winde weht mein Haar«,

sagt Agnes Nobis im Prolog des Dramas und fährt weiter unten fort:

»Steckt mich ins Grabverlies, ins dunkle, tiefe,
rollt einen Steinblock vor der Höhle Tor.
Ihr denkt, ich läg bezwungen nun und schliefe,
schon wächst der erste Grashalm aus der Gruft hervor.
Ein Rosenstrauch hebt sehnend das Gesicht,
schiebt seine Wurzeln ein mit sachtem Pochen
und übergießt mit rotem Blütenlicht
des Kerkers Wände, die ich aufgebrochen.«

Sie, Agnes Nobis, versinnbildlicht das Leben, es kapitulieren die Diener einer nach dem anderen und zuletzt er, Mechenich, selbst. Der Kampf gegen den Gott, der das Leben machte, ist verloren. Kürzlich bekam ich den Brief einer Freundin, darin fragte sie: »Warum verleugnen Sie, wenn Sie Ihre Werke aufzählen, konstant ›Das Haus wider Gott‹? Das Stück hat diese Behandlung nicht verdient.« Die Schreiberin war bei der Uraufführung in Flensburg mit dabeigewesen.

Ja, warum spreche ich nie von diesem, meinem ersten Stück? Es war so wenig Freude und so viel Ärger dabei. Zuerst schien alles gut anzulaufen. Der Flensburger Theaterleiter war angetan von dem Drama, es sei einmal ganz etwas anderes als die damals gängigen Stücke, und er könne die Rollen auch gut besetzen. Dann wurde mein erstes Bühnenkleid geschneidert, bodenlang, ein Stoff, der in vielen Farbnuancen schillerte. Dazu schenkte mein Mann mir eine geschliffene Amethystkette. Wir fuhren im Auto nach Flensburg, sehr unbequem, denn die ganze Familie hatte sich in Papas Wagen hineingequetscht. Erich, der in Hamburg eine eigene Firma besaß – mit Strümpfen hatte sie nichts zu tun, es wurde mit Fahrrädern und Fahrradteilen gehandelt –, war auf seinem Motorrad aus Hamburg gekommen und rollte hinter uns her.

Unsere Flensburger Freunde kamen hinzu, und so war schon einigermaßen für die Claque gesorgt. Sie wäre gar nicht notwendig gewesen, der Applaus war stark. Viele Male konnte ich auf der Bühne erscheinen, aber da ich mit der Situation noch in keiner Weise vertraut war, machte ich alles verkehrt. In der Aufregung verneigte ich mich und vergaß die schönen, dabei üblichen Gesten; ich schüttelte den Spielern nicht die Hand, ich sank dem Regisseur nicht in die Arme, ich teilte meinen Nelkenstrauß nicht mit Agnes Nobis. Hier fand der Zeitungsbösewicht seinen Aufhänger. Er begann seinen Schmähartikel mit der Feststellung, daß eine junge Frau angesichts ihres schlechten Stückes jedes Maß verloren habe, sie habe sich von den Schauspielern distanziert, ihre Verneigungen isoliert gemacht, ohne die Darsteller eines Blickes zu würdigen, die sich krampfhaft bemüht hätten, dieses Stück durchzubringen.

Erst Wochen später habe ich erfahren, daß ich und »Das Haus wider Gott« die Opfer eines Kampfes geworden waren, der schon lange tobte. Der, den ich als Bösewicht bezeichnete, war der Herausgeber der meistgelesenen Flensburger Zeitung; er stand im Krieg mit seinem Hauptschriftleiter, den er aus der Redaktion heraushaben wollte. Dieser Chefredakteur hatte das Stück vorher gelesen, und es fand seinen Beifall. Er schrieb noch am Abend der Uraufführung seine lobende Kritik und gab sie in Satz. Der Herausgeber hatte dann in der Nacht eine Gegenkritik geschrieben und diese mit in die gleiche Nummer hineingebracht; eine ganz ungewöhnliche Sache. Seine Beurteilung, von Spott und Hohn triefend, widersprach Zeile um Zeile der Besprechung seines Redakteurs. Was den treffen sollte, traf natürlich auch mich. Und die Schmähschrift hatte Erfolg: der Redakteur zog die Konsequenz.

Es half mir nicht viel, daß eine in Flensburg erscheinende dänische Zeitung sich ernsthaft mit dem »Haus wider Gott« beschäftigte. Sie lobte die »ausgezeichneten Charakterrollen« der einzelnen Diener und des Mechenich und die in der Agnes verkörperte unbesiegbare Fülle des Lebens. Aber es sei alles etwas erdenfern und fremd. »Die Autorin versteht ihr Handwerk. Sie schreibe uns ein handfestes Theaterstück, und sie ist gemacht.«
Das war tröstlich, aber es konnte nicht helfen. Das Stück wurde noch einmal vor halbleerem Saal aufgeführt und dann abgesetzt. Ich warf es in eine Schublade und habe es nie mehr angesehen. Und damals schwor ich mir, nie wieder eine dramatische Arbeit in Angriff zu nehmen.
Es hat eine ganze Weile gedauert, bis ich diesem Entschluß untreu wurde.

»BEKANNTSCHAFT MIT EINER DICHTERIN«
(Hamburger Fremdenblatt, 19. April 1940)

Obgleich mein Mann den Finger am Puls der Zeit hatte, beschäftigte ich mich wenig mit Politik. Anstandshalber las ich natürlich Richards Leitartikel und sprach auch mit ihm darüber, aber er war wohl froh, in seiner Freizeit einmal etwas anderes zu hören, und so schweifte die Unterhaltung ab ins Literarische, oft in seine wolkenlose Jugendzeit. Sein Vater hatte das Amt des Pfarrers an den Nagel gehängt und war in den Schuldienst gegangen, ein in Kassel und Umgebung hochbeliebter und bekannter Mann. Beweis: Ein kleiner Schulanfänger wird gefragt: »Wer ist der liebe Gott?« Die Antwort: »Schulinspektor Spangenberg.«
Dieser fürsorgliche Beamte und Vater mietete eine große Wohnung am Waldrand und nahm dort Ausländer auf, die in Kassel die Schule besuchten. So wuchs mein Mann mit Amerikanern, Engländern, Franzosen und Ungarn auf, man lernte und spielte miteinander, einer lebte sich in des anderen Sprache hinein, und die völkischen Grenzen verwischten sich. Es sind aus diesem Zusammen-

sein Freundschaften fürs Leben entstanden, und gerade bei den Ausländern haben sie die beiden Kriege überdauert. Deutsche Schüler, die ihr Zuhause am Waldrand von Kassel gefunden hatten, schrieben meistens im ersten Jahr der Trennung noch zu Weihnachten und zu Ostern, die Gebrüder Flaccus aus den USA unterstützten die Familie, in der sie ihre Schulzeit verbrachten, nach beiden Weltkriegen, und eine Tochter des George – »Schreibt es nicht englisch«, verlangte er, »für Euch heiße ich Georg!« – ist für mich und meine Tochter bis auf den heutigen Tag eine treue Freundin geblieben.

Mit gleicher Lebendigkeit erzählte mein Mann von der Zeit, als er Chefdramaturg im Friedrich-Wilhelmstädtischen Theater in Berlin gewesen war. Er ließ die großen Darsteller jener Epoche Revue passieren, und ich hörte diesen Schilderungen atemlos zu. Köstlich die Einfälle, mit denen das Theater sich immer wieder aus der ständigen Pleite zog. So schloß Direktor Nordau bei der Lohnzahlung die Schalter, wenn das Geld alle war, mit dem Bemerken, es müsse erst neues Geld von der Bank geholt werden. Eine Summe wurde auch tatsächlich herangebracht, die aber in kleinster Münze; die Auszahlung zog sich dann so lange hin, daß man sie vertagen mußte.

An einem großen Theaterabend saß statt des Kassieres der Gerichtsvollzieher am Schalter. Er hatte die Pfändung der Abendkasse nur an diesem Platz vorzunehmen. Vorne, außerhalb des Gehäuses, stand mein Mann, gab die Karten aus und verhinderte, daß Geld aufs Schalterbrett gelegt wurde. Das versank zum Vergnügen des Publikums und unter dessen kluger Hilfe in den weiten Taschen des Mantels.

Da gab es ein seiltanzendes Theater, in dem ein Josef Kainz gastierte und in dem ein Matkowsky, auf der Bühne im Flüsterton sprechend, in der letzten Loge noch gehört wurde. Der Chefdramaturg ließ sich, genau wie die jungen Männer von heute, einen Vollbart wachsen, mit dem er wie sein eigener Großvater aussah. Erst als die jungen Schauspielerinnen zu ihm kamen, um ihm ihre Liebesgeschichten zu beichten und sich Rat zu erbitten, hat er sich dieses Attribut der Männerwürde wieder abnehmen lassen.

In solchen Erzählungen steckte der Geruch von Kulissen, flimmerten die Lichtreflexe vom Schnürboden, hingen geisterhaft die Taue in der Luft. Es tat mir leid, daß ich mich an einen Roman gemacht hatte, dessen Wurzeln weit fort in der ersten Mädchenzeit lagen. Damals, als ich auf Wunsch des praktischen Papas zwei Monate Weißnähen lernte – eine Hausfrau muß ihre Wäsche flicken und ihren kleinen Kindern die ersten Kleider nähen können –, also während dieser »Lehrzeit« erzählte die alte Näherin mir die Geschichte ihres Lebens. Sie machte dabei die schwierigsten Kragen und Manschetten fertig, die ich selbst nie zustande gebracht hätte, nähte die bunten Borten auf Annemaries Russenkittel und lachte mit, wenn ich ihr berichtete, wie sehr Papa sich über meine schneidertechnische Entwicklung freute. Sie war Hofbesitzerin gewesen und hatte den Mann ihrer Liebe genommen, der ihr Gut zerstreute, ein lebensprühender Husar, dem die Weiber zuliefen. Alles hatte sie ihm verziehen, sie wäre mit ihm in die Armut gegangen, aber über die Andere, vor der sie ihn hatte auf den Knien liegen sehen, kam sie nicht hinweg. Fort also mit vier Kindern und mühselig ein karges Dasein wieder aufgebaut. Sie war hart geblieben, sooft er vor der Tür gestanden und sie angefleht hatte, ihm die Kinder zu zeigen. Und dabei hatte sie ihn noch immer geliebt.
Der Gedanke, aus diesem Stoff einen Roman zu machen, kam mir erst spät. Ein sprödes Material, mit Phantasie war da nicht viel zu machen. Die Arbeit überbrückte eine sonderbare Zeit. Es kam mir manchmal vor, als ginge man über Eis und in der Tiefe knackte und gurgelte es. Hinter einem dichtverhangenen Himmel irrte ein Lichtzucken umher, es knisterte hinter Wolken und Sternen. Wenn mein Einkaufsweg mich samstags am Arbeitsamt vorüberführte, wählte ich einen Umweg, um mit meinen gefüllten Taschen nicht an der langen Reihe von Elendsgestalten vorüberzumüssen, und dabei huschte ein Bild mit: Ich sah die weißgedeckten Tische bei der monatlichen Zusammenkunft des Königin-Luise-Bundes (Schutzpatronin war die Kronprinzessin Cäcilie), vor den Luisen im blauen Kleid mit weißem Kragen türmte sich neben den Kaffeetassen der Kuchen, und andächtig klang das Bundeslied aus hellen Kehlen:

»O Königin Luise, schweb unserem Zug voran und laß uns ohne Säumen gehn die opferreiche Bahn.« Welch eine Welt der Widersprüche! Die einen sagten, sie werde untergehen, weil alles an ihr brüchig wäre. Aber aus Ecken und Winkeln, aus überfüllten Sälen, von Wanderwegen her wirbelte aufreizender Trommelschlag, und braune Gestalten, das Sturmband unterm Kinn, verkündeten, daß sie das morsche Gemäuer niederreißen und einen neuen, allen Wettern widerstehenden Bau dafür hinsetzen würden.
Ich dachte oft an das fromme Mütterlein aus unseren Lesebüchern, das, als das Unheil heranrückte, gebetet hatte: »Eine Mauer um uns baue.« Und Gott hörte das und ließ es schneien, und als der Heerzug vorüberkam, sah er das kleine Haus nicht, und es blieb ungeschoren. Darf man so egoistisch sein? Herr, mag kommen, was da will, laß meine kleine heile Welt bestehen! Gib, daß es immer so weitergeht, die Freude, die wir aneinander haben, unsere Gespräche, unsere Heiterkeit, nie Langeweile, das Glück, wenn einer fortgewesen ist und die Haustür geht und er ist wieder da. Und wir brauchten kein Auto dazu, keine Segelyacht, keinen Swimmingpool. Da taucht sie auf, unsere große Zinkwanne!
Ali, der uns sehr zugetane Hauswirt, hatte im Erdgeschoß des Nebenhauses eine kleine Badeanstalt eingerichtet. Zwei Wannen und einen Bestrahlungsraum. Eine Badeanstalt gab es in Heide nur in einer uns recht entfernt liegenden Straße, dort standen drei Wannen, aber es dehnten sich unerträgliche Wartezeiten. Wohnungen mit Bad fand man zu der Zeit kaum. Wir besuchten Alis Anstalt einige Male, bis wir merkten, daß sie eigentlich nur medizinischen Zwecken diente, also Heilbäder verabreichte. Meinem Mann war der Gedanke nicht geheuer, was für Krankheiten konnte man sich in solchen Wannen holen. Kurz entschlossen kauften wir die große Zinkwanne.
Zurück zum Schreibtisch. »Der rote Husar«, den ich so nebenbei geschrieben hatte, weil mir ein anderer Stoff nicht unter die Finger geraten war, erlebte in seinem wechselvollen Schicksal die größte Auflagenhöhe, die ich je verzeichnen konnte. Zuerst nahm der Dichter Zerkaulen den Roman in seiner Zeitschrift »Der goldene

Born« auf, und dort gewann der Husar, wie ich aus vielen Briefen entnehmen konnte, die Herzen der Leser. Danach kam er in der Janke-Reihe des Leipziger Verlages Lange und Meuche in einer sehr ansprechenden Aufmachung heraus und war in seiner ersten Auflage im Nu vergriffen. Weitere Auflagen wurden vorbereitet, doch für jede war jetzt eine Papiererlaubnis notwendig. Inzwischen hatte das Dritte Reich begonnen. Die Schlangen vor den Arbeitsämtern waren verschwunden, die heimlichen Trommler trommelten jetzt öffentlich, aber auf die anfänglichen Erleichterungen sanken schon wieder schwärzliche Schatten.

»So darf es nicht weitergehen«, sagte mein Mann. »Damit steuern wir geradeswegs auf einen neuen Krieg zu.«

Auch die Mundwinkel unserer Tochter bogen sich mißmutig nach unten. Zunächst war sie recht angetan gewesen, wenn die SA-Kolonnen und der Arbeitsdienst mit munterem Spiel und kräftigem Gesang um den Wulf-Isebrand-Platz marschierten. »Hitler sein ist nicht schlecht«, hatte sie gesagt, »wenn ich groß bin, werde ich auch Hitler.« Und Beweggrund zu solchem Entschluß war die meterlange Schleppe, die Emmy Göring am Hochzeitstag nachgetragen wurde. Eine so wunderbar geschmückte Braut zu werden, dafür konnte man schon etwas tun.

Unsere Tochter stockte schon auf der untersten Stufe zu solchem Aufstieg. Zweimal in der Woche zum Dienst in der Hitler-Jugend, das hieß sich in die weiße Bluse zwängen, die allmählich zu eng wurde, den blauen Rock anknöpfen, den schwarzen Schlips binden, was nie richtig gelingen wollte, und hineinfahren in die braune Kordjacke, die blaue Teufelskappe aufs blonde Haar gestülpt, und dann im Laufschritt los, denn Zuspätkommen lag nahe bei der Hinrichtung. Und dann der Dienst, die körperlichen Übungen, wo man doch Turnen schon in der Schule hatte, der Unterricht über das Leben des »Führers«, jedes Datum mußte sitzen, Altpapier und Flaschen sammeln, marschieren und dabei singen. Unsere Tochter fing an, den Dienst zu schwänzen. Sie erschien in ihrer Schulkleidung und sagte, die Hitler-Jacke sei ihr zu eng geworden, und eine neue Montur könnten wir nicht kaufen. Es hagelte Beschwerden. Be-

schwerden konnten wir uns nicht leisten. Mein Mann war nie in einer Partei gewesen, also auch nicht in der jetzt regierenden, mich belastete der Königin-Luise-Bund, der mitsamt dem Stahlhelm sang- und klanglos untergegangen war. Was wir nicht wußten: Es war bei der Kreisleitung längst erwogen worden, die Zeitung aufzufordern, sie solle ihren Chefredakteur entlassen und durch einen linientreuen Mann ersetzen. Frau N., unsere einstmalige Hauswirtin, hatte sich diesem Beschluß wie eine Löwin entgegengeworfen und erreicht, daß der Befehl an die Zeitung unterblieb. Meinem Mann wurde sogar nahegelegt, in den sogenannten Opferring einzutreten, dort mußte tüchtig gezahlt werden, und bei guter Führung konnte so ein Opferringer zu gegebener Zeit in die Partei aufgenommen werden, was für einen Zeitungsmann unerläßlich war.
So schließt sich mancher Ring im Leben. Wäre es auf Wunsch der Kreisleitung zu einer Entlassung gekommen, dann hätte mein Mann bei keiner anderen Zeitung anklopfen können. Eine andere Erwerbsquelle hätte sich ihm kaum eröffnet. Ich weiß nicht, was dann aus uns geworden wäre.

Am Konfirmationstag unserer Tochter kam ein Haufen von Glückwunschkarten mit der Post, dazwischen lag ein Brief vom Amtsgericht. Man teilte mir mit, die alte Frau, nach der ich die Heldin in meinem Roman »Der rote Husar« gezeichnet hatte, habe Klage eingereicht. Bis zur endgültigen Klärung des Falles werde das Buch mit sofortiger Wirkung stillgelegt.
Diese Stillegung dauerte ein Jahr. Das bereits bewilligte Papier ging verloren, der Verlag reagierte verdrießlich. Mit einer Lizenzausgabe, die in Holland gedruckt werden sollte, hätte das Buch die Fünfzigtausendergrenze überschritten, und nun diese Panne...
Was war eigentlich geschehen? Die alte, sehr scheue Frau war andauernd belästigt worden. Zeichner hatten vor ihrem kleinen roten Haus in der Dohrnstraße gestanden und das Gebäude und den Garten auf ihren Block gebracht. Es klopfte, und wenn die Tür sich öffnete, stand jemand draußen und fragte: »Sind Sie Trina Brandt?« Frauen hielten sie im Laden an: »Sind Sie nicht zu hart mit Ihrem

Mann zukehr gegangen? Ich hätte es anders versucht.« Zu allem Malheur war eine unruhige Tochter im Haus, die mich aus irgendeinem Grund nicht leiden konnte, sie drängte und trieb, bis meine Trina Brandt zögernd ihre Klage einreichte.
Sie bekam Armenrecht, und uns kostete die Sache neben dem stillgelegten Buch allerlei Vorschüsse. Ich ließ mich durch meinen Rechtsanwalt vertreten, die Tochter meiner Trina erschien zornfunkelnd selbst. Dreimal wurde sie abgewiesen; in der letzten Instanz kam das Gericht in der Urteilsbegründung zu einer poesievollen Darlegung. Die lautete: »Der Klägerin ist keine Perle aus der Krone gefallen, die ihr von der Autorin aufs Haupt gesetzt wurde.«
Damit war das Buch wieder frei, das Papier aber hin. Eine neue Lizenzausgabe ist späterhin vor der Auslieferung durch Bombeneinwirkung in Flammen aufgegangen. Auch Bücher haben ihre Schicksale.
Aber ich greife vor. Zunächst mußte unsere Tochter ins Pflichtjahr, und nach den prophetischen Worten unseres Hausmädchens Marianne mußte es ihr dort schlecht ergehen. »Wer so unordentlich ist wie du, dem schlagen sie die herumgeworfenen Strümpfe um die Ohren. Glaubst du, die Madame räumt dir die Schuhe weg, die du einfach am Ofen liegenläßt! Da ist keine Marianne, die das tun muß. Na, ich bin gespannt, was du erlebst!«
Ein Lehrerehepaar in einem reizenden benachbarten Dorf hatte sich bereit erklärt, die weitere Erziehung unserer Einzigen zu übernehmen. »Die Leute sind alt«, seufzte meine Tochter. »Ich habe da niemanden zum Albern. Hier ist Papa ja dafür da.« Der Lehrer war nicht älter als mein Mann.
Marianne und ich brachten das zu verkaufende Kälbchen ins Lehrerhaus. Das lag mit der Kirche auf einer erhöhten Ebene, man hätte die als Wurt bezeichnen können. Unter großen alten Bäumen war noch der Steinwall zu sehen, hinter dem die Dithmarscher gelegen hatten, wenn ihre Feinde, die Dänen oder die Holsteiner, anrückten. Auf dem Steinwall stehend, erkannte man in der Ferne das helle Band der Eider. Ein entzückendes Fleckchen Erde, die Kirchen-

glocken läuteten ins Schulhaus hinein. Hinter dem Gebäude saß man an warmen Abenden auf der Bank, eine unendliche Stille breitete sich über die Felder und Wiesen.
Die Lehrersfrau erörterte während einer Kaffeestunde den Tagesplan, der auf unsere Gudrun wartete. Danach hatte sie um halb sechs aufzustehen, den Herd anzuheizen und das Frühstück zu bereiten. Um sieben fing die Schule an. Das Pflichtjahrmädchen reinigte dann die Stuben, Flur und Küche, schälte Kartoffeln, putzte Gemüse und deckte den Tisch zur Zwölfuhrmahlzeit. Darauf Abwaschen und zwei Stunden Mittagsruhe. Der Nachmittag war dem Garten gewidmet: Obst und Gemüse ernten, Unkraut jäten, Einmachen und was sonst so anfällt. Nach der Abendmahlzeit und dem abermaligen Abwaschen kam oft Besuch, dann lernte ein junges Mädchen, wie man Gäste bedient und ostfriesischen Tee bereitet, den man im Dorf so gern trank. Ich sah auf Gudruns kleine weiße Hände, die gottergeben auf dem blauen Samt ihres Kleides lagen.
Marianne folgte dem Gespräch mit enggekniffenen Augen. Als es Zeit war, machten wir uns für den Bus fertig. Die grauhaarige, strenggesichtige Lehrersfrau war noch im Haus, um Äpfel für uns einzupacken; wir sollten langsam vorausgehen. Ich sah, wie Marianne, die mit unserer Tochter bisher wie Katz und Hund gelebt hatte, Gudruns Hand faßte und so mit ihr weiterging. Ich hörte Mariannes zischelnde Stimme: »Laß dir das nicht gefallen. Acht Stunden und keine Minute länger. Du gehst nach dem Abendbrot runter an die Eider oder ins Bett, ihren Besuch soll sie selbst beköstigen, hast du verstanden? Setz sie man tüchtig auf den Pott.«
Frau P. kam mit den Äpfeln. Vor uns gingen zwei, vertraulich Hand in Hand, die gleichen Lebensinteressen hatten sie verbrüdert. Wir stiegen in den Bus. »Nun drehen Sie sich doch um«, sagte Marianne finster, denn mir liefen die blanken Tränen übers Gesicht. »Sie machen es Ihrer Tochter doch unnötig schwer.« Ich gehorchte. Der Bus fuhr an. Frau P. stand noch an der Haltestelle und winkte, während meine kleine, schmale Tochter schon einsam auf der Landstraße ging, in Richtung auf das Schulhaus. Sie hatte den Kopf gesenkt, eine blonde Haarsträhne flatterte im Wind.

Ich weinte und weinte. »Das kommt davon«, sagte Marianne, »wenn man Kinder verzieht. Mich hat kein Mensch in meine erste Stelle gebracht, und geweint hat erst recht keiner. Ich bin allein gegangen, und da war auch noch Stallarbeit.«
Das Haus war leerer geworden, seit Gudrun fort war. Ich hatte viel Zeit, den Vormittag zum Beispiel, an dem Marianne den Haushalt selbständig versorgte, und den Abend, wo sie entweder zu ihrer Schwester ging oder im Bett las. Mein Mann kam meistens erst um Mitternacht zurück. Ich habe vergessen, zu erwähnen, daß wir ein paar Jahre zuvor wieder umgezogen waren, und zwar ins Nachbarhaus, das wir nun vom Keller bis unters Dach allein bewohnten. Es ist herrlich, ein ganzes Haus für sich zu haben, der breite Flur im Erdgeschoß hatte unserer Tochter und meinem Mann Gelegenheit zu tollen Ballspielen gegeben, in den großen Zimmern konnte man nach Herzenslust lachen und singen, die Treppe hinauf Verstecken oder Kriegen inszenieren. Und wenn einmal ein Ehegewitter aufzog, wie das ja überall mal vorkommt, dann brauchte man die Stimmen nicht zu dämpfen. »Sie sind eine drollige Familie«, sagte Marianne. »Meine Eltern haben nie Verstecken oder so was gespielt.«
Mariannes Mutter hatte auch zu keiner Zeit so viel Besuch gehabt wie ich an fast jedem Morgen oder Nachmittag. Das war ja schrecklich, fand Marianne, daß Kapitän Z. von elf bis halb zwei im Sessel saß, und der arme Ehemann kam nach Hause und konnte sich nicht an den Mittagstisch setzen. Und was hatte der Pastor ständig zu erzählen, und warum tippte der Zahnarzt von nebenan alle Augenblicke an die Klingel, um etwas zu berichten, worüber er selbst schallend lachte, was Marianne aber gar nicht zum Lachen fand. Und Frau Wulf mit ihrer Rederitis hätte Marianne schon längst hinausgeschmissen und ebenso die Frau vom Studienassessor, die hereinkam und sagte: »Mein Mann muß arbeiten, da bin ich zuviel in dem einen Zimmer, das wir ja leider nur haben. Ich flüchte mich dann immer zu Ihnen.«
Ein einfaches Gemüt sieht die Dinge oft am richtigsten. Mir wurde klar, daß es so nicht weitergehen konnte. Die Tage gingen hin,

und je mehr unser großes Vorderzimmer sich mit Besuchern füllte, um so ausgeleerter schien mir mein Inneres.
»Du siehst schlecht aus«, stellte meine Mutter fest. »Es bekommt dir nicht, wenn du dich so ohne Arbeit durch die Stunden schlägst.«
»Sie hat recht«, sagte mein Mann. »Du blühst immer auf, sobald du einen neuen Stoff anpackst.«
Wer blüht nicht gern auf! Krampfhaft begann ich nach einem Stoff zu suchen. Häufig hielt mich dieser oder jene an: »Hören Sie mal her, ich habe etwas erlebt, das wäre was für einen Roman.« Hundert Stoffe, aber keiner, der ein Funke war und etwas anzündete. Da nützte auch keine Flucht in den Wald oder an den Rand eines silbern raschelnden Kornfeldes.
Dann kam das Paket. Der Roman »Die Mausefalle« war, in zwei Auflagen beim Fontane-Verlag ausverkauft, vom Georg-Müller-Verlag in München neu verlegt worden. Auch dort ging die Auflage zu Ende, und da der Verlag durch eine Zusammenlegung das Gesicht veränderte, schickte man mir eines der Restpakete.
Ich saß am Schreibtisch und blätterte im Buch. Und plötzlich war der Funke da. Ich sah die Gaststube der Destille Veit, den Wirt hinterm Schanktisch, die johlende Horde im Nebenraum, das Mädchen Dela, wie es mit zwei raschen Schritten in den Dunst und Tabaknebel hereintrat. Im gleichen Augenblick war es eine beschlossene Sache: Ich würde den Roman dramatisieren. Der Film war schlecht gewesen und hatte trotzdem starkes Interesse gefunden. Die dramatische Fassung sollte, soweit das in meiner Macht stand, ein großer Wurf werden.
An einem Roman arbeitete ich im allgemeinen ein Jahr, das Drama lag nach drei Monaten fertig vor mir. Es war alles wie der Wind gegangen, voller Neugier setzte ich mich an meinen Schreibtisch: Mal sehen, was sie heute wieder treiben. Die Dialoge stürzten mir entgegen, ich mußte höllisch aufpassen, um sie einzufangen. Wenn mein Mann um Mitternacht nach Hause kam, dann tauchte ich förmlich aus einer anderen Welt auf und bewegte mich taumelnd zu dem kleinen Tisch vor den zwei grünen Sesseln, wo er uns zwei Gläschen Muskateller eingeschenkt hatte. Er und der Wein weckten

mich auf. Ich mußte an den Schreibtisch zurück, um die neugeschriebenen Szenen vorzulesen, meistens fand er sie gut, manchmal hatte er auch etwas auszusetzen, was auf meinen leidenschaftlichen Widerstand stieß. Wir stritten, das heftige Gespräch ging noch weiter, wenn wir endlich im Bett lagen. Oft blieb ich Sieger, zuweilen aber änderte ich eine Stelle am nächsten Tag ganz heimlich doch und gestand ihm das erst sehr viel später. Dieses Für und Wider hat mich gestählt für den Kampf, den ich später mit meinem Verleger Peter Suhrkamp auszufechten hatte.
Bei alledem erkannte ich, daß meine größte Liebe der Dramatik gehörte, und daran änderte auch die Meinung Eckart von Nasos nichts, der in Velhagen und Klasings Monatsheften über den »Roten Husaren« sagte, eine Dichterin, die diesen Roman geschrieben habe, hätte es nicht nötig, Schauspiele zu schreiben.
Viele Jahre später, es war damals Krieg, fand in Berlin in den Meistersälen eine Veranstaltung statt, die sich mit den deutschen Dramatikerinnen beschäftigte. Professor Knudsen von der Universität Berlin hielt den Vortrag, und drei waren ausgewählt, aus eigenen Werken zu lesen. Juliane Kay und Renate Uhl hatten Sprecherinnen geschickt, ich las selbst aus dem neuen Schauspiel »Linna Nordmann«.
Professor Knudsen nannte Zahlen, die mir heute nicht mehr im Kopfe sind. Dabei kam eine beträchtliche Zahl von Dramatikern und eine ziemlich kleine von Frauen heraus, die es mit der Dramatik versucht hatten. Es sei ein Feld, das den Frauen sehr wenig liege. In der Pause erzählte ich ihm, daß Karoline Neuber, geborene Weißenborn, laut Forschung in der Reihe meiner Vorfahren stünde, jene Frau, die als Theaterdirektorin durchaus Männliches geleistet hatte, und Professor Knudsen lachte. »Also daher weht der Wind.«
Er wehte vielleicht noch viel weiter her, dieser Wind aus Böhmen, aus Prag, wo meine Vorfahren, der Musik und den schönen Künsten zugetan, als Adlige gelebt haben sollen. Einer von ihnen wurde in einen Hexenprozeß verwickelt und mußte die Burg und das Land verlassen. Ohne Schuhe, mit nichts als seinem Knotenstock, wanderte er nach dem Dreißigjährigen Krieg in Groß-Lupnitz bei

Eisenach ein. So um das Jahr 1942 herum bin ich mit meinem Mann und meiner Tochter in dem schön gelegenen Dorf gewesen und habe dem Leben des Zugewanderten nachgespürt. Was ich erfuhr, wurde dann in der Novelle »Die Quelle« (Ein Wagen rollte ins Dorf) zusammengefaßt.

Er hat zunächst als Tagelöhner gearbeitet und wurde im Dorfe berühmt, weil er gleichermaßen gut mit der Flöte, der Geige und dem Schnitzmesser umzugehen wußte. So spielte er den Dörflern zur Freude und schnitzte sich Bett, Schrank und Kommode. Er heiratete eine Groß-Lupnizerin und fing an, mit ihr auf einer Anhöhe, die er sich vom Lohn und der Mitgift seiner Frau gekauft hatte, Steine zu brennen. Der Sohn, der ihm geboren wurde, durfte dabei helfen, nie aber Dienst für die Dorfbewohner tun.

Ich bin in diesem Hause gewesen, das heute noch steht. Es ist wie eine Ringburg um den Hof herum gebaut und hat zwei bogenförmige Einfahrten; die eine diente dem Hereinbringen von Vieh und Bodenerzeugnissen, durch die andere ritten die Besitzer und ihre Gäste ein. Die Stuben sind klein, die Türöffnungen niedrig, die Erbauer können keine Gardemaße gehabt haben.

Das Interessanteste an dieser Siedlung ist die vor der Hofmauer gelegene Quelle. Auch sie ist mit Steinen eingefaßt, der Einwanderer Daniel hat das mit kluger Hand besorgt. Steht man in dem Viereck, so sieht man das Wasser sanft unter Platten rieseln, aber das täuscht, das Rinnsal hat große Kraft. Von dorther wurde das gesamte Dorf versorgt.

Wir sahen die großen Steinbottiche vor jedem Haus. Ein eiserner Arm beugt sich darüber, und daraus fließt die Quelle, hundertfältig verteilt, in gutem, klarem Strahl. Was überflüssig ist, tritt am Fuß des Bottichs wieder aus. Und man steht davor und fragt: Woher nimmt die kleine Quelle diese große Macht?

Ich habe die einzelnen Generationen, die dem Daniel folgten, durchforscht und bin bei meinem Urgroßvater stehengeblieben, der vier Söhne hatte. Die vier waren allesamt von großer Unruhe umgetrieben. Sie gründeten in Groß-Lupniz ein Theater, das sich in der ganzen Umgegend großer Beliebtheit erfreute. Man fuhr und wanderte, um die Stücke des Herrn von Schiller, des Herrn Lessing und sogar des Herrn von Goethe neben den köstlichen Schwänken eines Hans Sachs zu sehen. Ihre Schauspieler holten sich die vier Brüder aus ihrem Dorf, sie selbst übernahmen die Starrollen. Das Theater ging ein, nachdem der erste Bruder als Kapellmeister in die Welt hinauszog, er wurde berühmt und kam bis nach Petersburg mit seiner Kapelle. Mein Großvater Karl Valentin und sein jüngerer Bruder Georg gingen ihrer Wege, um Lehrer zu werden. Hartmann, der Jüngste, wäre fürs Leben gern mitgezogen, ihm aber wurde auferlegt, auf der so mühsam erworbenen Scholle weiterzubauen. Er fügte sich, wie man damals seinem Vater gehorchte, doch er brauchte den Alkohol, um sein Schicksal zu ertragen, und trank so lange, bis er das Erbe seiner Tochter Karoline überlassen mußte. Mit Karoline kam ein fremder Bauer auf den mauerbewehrten Hof – als Karoline starb, brachte der fremde Bauer ein fremdes Weib dazu.

Mit dieser fremden Frau habe ich gesprochen, sie war alt und von bösem Gewissen geplagt. Weinend vertraute sie mir an, sie habe den Sohn der Karoline um den Hof gebracht, und darum wäre ihr eigener Sohn von einer stürzenden Eiche erschlagen worden. »Was tun, was tun?« schrie die alte Frau. »Ich muß nun ja bald hinauf, vor meinen Richter.«

Ich riet ihr, den Sohn der Karoline zurückzuholen. Das gehe nicht, der sei verschollen.

Punktum und Schluß. Warum hat Daniel mit seinen schmalen Händen die Ziegel gebrannt? Warum tut der Mensch etwas, was für ihn selbst am Ende völlig nutzlos ist? Wälder pflanzen, einen Garten anlegen wie der Alte Fritz in Potsdam? Warum schreibt man ein Schauspiel, von dem in hundert Jahren niemand mehr weiß?

Professor Knudsen bemerkte in seinem Vortrag in den Meistersälen von Berlin, daß es in Deutschland drei Spitzendramatikerinnen gäbe, Juliane Kay, Renate Uhl und Erna Weißenborn – und über so etwas ist man froh, auch wenn in hundert Jahren niemand mehr darum weiß. So saß ich selig auf dem Podium, das von einem Orientteppich bedeckt war, in einem wunderbaren Barocksessel und sagte zu dem Herrn Professor: »Wie schön wäre es, wenn der Be-

sitzer der Meistersäle mir diesen Teppich und diesen Sessel zum Abschied schenken würde.«
Die Luftschutzsirene enthob den Professor einer Antwort. Wir mußten in den Keller, die Sprecherin der Renate Uhl kam nicht mehr zum Einsatz. Wenn der Besitzer der Meistersäle mir Teppich und Sessel in jener Nacht geschenkt hätte, so wäre weder ihm noch sonst jemandem ein Schaden daraus erwachsen. Und beide Stücke lebten noch. Beim nächsten Bombenangriff gingen nämlich die Meistersäle in Flammen auf.

Der letzte Abschnitt griff vor in den Krieg, der zwar schon am Himmelsrand wetterleuchtete, aber noch nicht da war. Mein Schauspiel »Destille Veit« lag vor mir, eingebunden in grünschimmerndem Karton – eine hoffnunggebende Farbe –, und ich überlegte, wohin ich es schicken sollte. Bei Behörden, so hatte ich einmal gehört, solle man sich möglichst an die höchste Stelle wenden. Nun ist ein Theater keine Behörde, doch warum konnte eine Schlauheitsregel nicht auch an anderer Stelle nützlich wirken? Ich machte das Paket und adressierte es an das Berliner Staatstheater und Herrn Intendant Gründgens. Nach zwei Wochen kam eine vorgedruckte Bestätigung, die besagte, das Buch sei angekommen und unter Nummer Sowieso registriert worden. Von dem langen Brief, den ich Herrn Gründgens geschrieben hatte, war nicht die Rede.
Ein Jahr verging. Ich brachte nicht den Mut auf, nachzufragen oder zu drängen. Obgleich ich vernunftgemäß das Staatstheater aufgegeben hatte, glaubte ich insgeheim noch an ein Wunder. Herr Gründgens würde eines Tages im Berg der Manuskripte wühlen, eines blieb in seiner Hand, er blätterte darin und steckte es in seine Aktentasche. Ausgerechnet »Destille Veit« nahm er mit in seinen Urlaub. Was man sich so ausdenkt, wenn es einem schlecht geht.
Es ging mir schlecht. Richards Gehalt war gekürzt worden. Wir mußten das Mädchen entlassen und uns einmal in der Woche mit einer Zugehfrau begnügen. Das hieß – es war jetzt Winter – jeden Morgen in einer unheizbaren Küche kochen und mittags dort abwaschen, während das Eis an den Wänden stand und das Fenster

so dicht gefroren war, daß man die Bäume in unserem winzigen Hofgarten nicht mehr sah. Nur die Liebe zu meinem Mann hielt mich ab, an die düsteren Prophezeihungen des Herrn Huebner zu denken.

Da las ich eines Nachmittags in der Zeitung, daß Heinz Hilpert, der viele junge Talente gefördert habe, im Theater in der Josefstadt inszeniere. Es durchzuckte mich wie ein Blitz. Obwohl ich nie von ihm gehört hatte, schrieb ich einen ausführlichen Brief an ihn, schilderte ihm mein Leben und meine Arbeit und schloß mit dem Satz: »Ich muß mein Ziel erreichen, und wenn ich mit dem Kopf durch die Wand gehen müßte.« Dieser Satz war es, der Hilpert veranlaßt hat, das beigefügte Manuskript zu lesen.

Es waren noch keine zwei Wochen vergangen. Ich stand in der eisigen Küche und tauchte Teller in das Wasser, das ich eben wieder erhitzt hatte – da fiel ein Brief durch den Türschlitz. Nun bin ich zur Hälfte ein ganz vernünftiger Mensch, zur anderen allerdings erfüllt von spielerischem Unverstand. Ich rief meine verständige Hälfte an die Front und überlistete die zweite, die hinstürzen und den Brief aufheben wollte. Das Geschirr wurde also erst gespült und abgetrocknet, stand blank im Schrank, als ich mir unterm kalten Strahl die Hände wusch. Dann nahm ich die Schürze ab und ging zur Haustür. Da lag der Brief, und er kam von Berlin.

Heinz Hilpert, Direktor des Deutschen Theaters in der Schumannstraße (was ich erst durch diesen Brief erfuhr), hatte meine »Destille Veit« gelesen und forderte mich auf, zu Besprechungen nach Berlin zu kommen. Reise und Unterkunft würden ersetzt werden. Den Termin überlasse er mir, bäte aber, ihn möglichst rasch zu wählen.

Da saß ich und las den Brief immer wieder, denn wenn etwas Erhofftes und sehnlichst Gewünschtes in Erfüllung geht, neigt man dazu, das für unmöglich zu halten. Als ich dann die Treppe hinauf ins Schlafzimmer rannte, wo mein Mann sich zum Mittagsschlaf niedergelegt hatte, verließ mich der Gedanke, alles sei nur ein Traum. Mein Mann war die Wirklichkeit selbst. Er plante sofort den Reisetag, übermorgen würden wir fahren. Ich solle, sagte er,

sogleich ans Staatstheater schreiben – kein Wort über das Deutsche Theater, nur die Ankündigung, daß wir in der Dramaturgie vorsprechen wollten. Zwei offene Türen konnten nicht von Schaden sein.
Der Brief wurde geschrieben, ich lief in den Hutsalon, um eine schwarze Samtkappe, geschmückt mit einer Straußenfederkugel, zu erstehen. Der königsblaue Wintermantel mit den Persianerschulterklappen war drei Jahre alt, aber er sollte, wie mein Mann entschied, erst ersetzt werden, wenn man sah, wie der Hase lief.
Wir reisten. Unser Hotel lag am Kurfürstendamm. Es zahlte sich aus, daß mein Mann in Berlin studiert und sich nachher über ein Jahr lang in Paris aufgehalten hatte; während ich vor der Turbulenz der Großstadt zitterte, fand er sich wie im Spiel überall zurecht. Im Hotel versuchte er, dem Portier klarzumachen, daß wir verheiratet seien, aber doch verschiedene Namen führten. Das war wichtig wegen etwaiger Telefonanrufe. Der Portier winkte mit überlegener Bewegung ab. »Ich weiß Bescheid: der Artistenname.«
Im Hotel wimmelte es von Künstlerköpfen. Still und trotz Straußenfederkugel an der Kappe unbeachtet, aßen wir in einer Nische das Abendbrot.
Für den nächsten Vormittag waren wir um zwölf Uhr zu Herrn Hilpert bestellt. Wir verließen das Hotel um zehn und fuhren ins Staatstheater. Der Chefdramaturg Eckart von Naso empfing uns. Nach Erhalt meines Briefes, so leitete er ein, habe er sich mein Typoskript herausgesucht und einen Teil der Nacht mit dem Lesen zugebracht. »Ein prachtvolles Stück«, sagte er. »Um es aufzuführen, müßte man sich aus dem Reich die besten Schauspieler zusammentrommeln. Ein gutes Stück«, schränkte er ein. »Aber wer wird es Ihnen spielen?«
Langsam gewann ich aus der Unsicherheit, die mich vor den Gewaltigen dieser Erde immer befällt, zu mir selbst zurück. »Ich glaube, ich weiß das schon«, sagte ich und lächelte ihn ein bißchen an. »Ich bin nämlich hier, weil das Deutsche Theater mich des Stückes wegen eingeladen hat.«
Herr von Naso, der im Manuskript geblättert hatte, legte es mit

einem Ruck hin. »So ist das«, sagte er. »Aber das geht nicht. Sie müssen wissen, daß es in der Welt der Bühnen nur zwei Konkurrenten gibt, das Staatstheater und das Deutsche Theater. Mit uns sind Sie sozusagen – verlobt.«
»Ein ganzes Jahr lang«, warf mein Mann ein.
Ich sagte: »Herr Hilpert hat mir nach zehn Tagen geschrieben.«
Ein kurzes Schweigen folgte. »Ich kann in diesem Augenblick nichts entscheiden«, begann Herr von Naso wieder. »Herr Gründgens muß das Stück erst lesen, er wird es in dieser Nacht tun, soviel kann ich Ihnen versprechen. Entscheiden Sie heute noch nichts beim Deutschen Theater. Wenn Sie zögern, wird Hilpert um so schärfer auf Sie werden. Also bitte – keine Zusage! Warten Sie bis morgen.«
»Wir wollen es versuchen«, sagte mein Mann.
Um zwölf waren wir im Deutschen Theater. Auf Zehenspitzen schlich ich durch die verschachtelten Gänge und Stufen. Mit dem leicht dumpfigen Geruch wehte mich heiliger Odem an. Hier war Max Reinhardt aus und ein gegangen, hier hatten die Sterne am Theaterhimmel in ihrem schönsten Glanz geleuchtet. Und ich ging dort, wo sie beflügelt ihren Weg nahmen. Eine Tür wurde geöffnet. Wir traten ins Allerheiligste, und Heinz Hilpert erhob sich von seinem Stuhl hinter dem von Papieren und Büchern überhäuften Schreibtisch. Ein Mann von mittelgroßer, kräftiger Statur mit einem breiten, aufmerksamen Gesicht. Es war dämmerig im Raum, meine kurzsichtigen, durch keine Brille unterstützten Augen hatten zwischen Fenster und Schreibtisch einen dunklen Strich wahrgenommen, doch nun kam erst das Händeschütteln, die Frage, ob wir gut gereist und zur Zufriedenheit untergebracht seien. Dann sagte Herr Hilpert, indem er auf mich zeigte: »Sie habe ich mir ganz anders vorgestellt. Sie doch sicher auch?« wandte er sich an den schwarzen Strich, und der war auf einmal ein schlanker, dunkel gekleideter Mann und antwortete: »Ich weiß nicht.«
»Das ist Herr Peter Suhrkamp«, sagte Herr Hilpert. »Er hat Interesse, Ihr Stück in seinem Theaterverlag aufzunehmen. Aber bitte, Herrschaften, setzen wir uns doch«, rief er, indem er auf die Uhr sah. Herr Suhrkamp schob mir einen Stuhl zu, ich setzte mich,

und auch mein Mann fischte sich eine Sitzgelegenheit. Das Telefon ging. Herr Hilpert sprach in die Muschel. »Sollen schon anfangen. In einer Viertelstunde bin ich unten.«
Wir wußten nun, wie lange die Audienz dauern würde. Ich hatte mir eine solche Verhandlung länger gedacht, mit anschließendem Mittagessen in einem gemütlichen Lokal oder noch besser – in der Kantine des Schauspielhauses. »Ich werde Ihre ›Destille Veit‹ zur Uraufführung bringen«, sagte Herr Hilpert. »Im Februar, Datum steht noch nicht genau fest. Die Verträge werden angefertigt und gehen Ihnen in den nächsten Tagen zu.«
»Was den Vertrag betrifft, so gilt das gleiche für mich«, sagte Herr Suhrkamp. »Ich werde Ihnen noch einige unwesentliche Änderungen vorschlagen.«
»Und im Weiteren möchte ich«, schaltete Herr Hilpert sich wieder ein, »daß Ihre sonstigen Stücke mir immer zuerst vorgelegt werden. Ich will Sie zu einer Art Hausdichterin für das Deutsche Theater machen.«
»Wir kommen eben vom Staatstheater«, sagte mein Mann.
Herr Hilpert sah nicht ihn, sondern mich an, und ich fürchtete, mein Mann werde jetzt in geschäftsmäßigem Ton fortfahren. Darum erzählte ich sehr rasch von meiner Einsendung an das Staatstheater, vom langen Warten, von Eckart von Naso, der in den Monatsheften über mein Buch geschrieben hatte.
Als ich abbrach, hätte man eine Nadel fallen hören können. Dann sagte Heinz Hilpert: »Wenn Sie sich vom Staatstheater mehr versprechen, dann werde ich Ihnen den Weg nicht verbauen. Ihre Reisespesen ersetze ich Ihnen trotzdem.«
Der Nachsatz rührte mich so tief, daß ich ihm meine Hand hinstreckte. »Ich bleibe bei Ihnen«, sagte ich.
Er lachte übers ganze Gesicht. »Dann wären wir uns also einig«, rief er. »Die Dela soll die Wessely spielen oder Brigitte Horney.«
Das Telefon schrillte. »Ja!« brüllte Hilpert in die Muschel. »Ich habe doch schon gesagt, daß ich komme.« Er warf den Hörer in die Gabel und sprang auf. »Sie entschuldigen mich, eine Generalprobe.« Er schüttelte mir die Hand: »Wir werden uns schon ver-

tragen.« Der Abschied von meinem Mann fiel noch flüchtiger aus. Dann stürzte er aus dem Zimmer.
Herr Suhrkamp ging mit uns bis auf den Vorhof. Er hielt meine Hand länger. »Wir werden uns schriftlich näher kennenlernen«, vermerkte er, ehe er mit raschen Schritten entschwand.
Am Nachmittag gingen wir noch einmal ins Staatstheater. Herr von Naso sah unsere Gesichter. »Sie haben angenommen. Es wäre besser gewesen, wenn Sie das nicht getan hätten.«
Warum er das sagte, ist mir bis heute unklar, denn im Laufe der Unterhaltung stellte es sich heraus, daß Gustav Gründgens das Stück tatsächlich in der Nacht gelesen und am Morgen ausgerufen habe: »Eine so dichte Düsternis habe ich noch nicht erlebt. Da laufen mir die Leute ja aus dem Theater weg.«
Aller Wahrscheinlichkeit nach hätte er das Stück also nicht angenommen; in seiner Umgebung hieß es, er lehne grundsätzlich die Stücke ab, die seine Dramaturgen ihm empfohlen hätten.
Am Morgen fuhren wir nach Hause; ein paar Tage später trafen die Verträge ein, und alles war verbrieft und versiegelt.
Und es kam dann doch anders.
Heinz Hilpert bekam wegen des Stückes Schwierigkeiten mit der Reichsdramaturgie unter Dr. Rainer Schlösser. Man wollte von dort aus die Uraufführung im Februar stoppen. Da das Schauspielhaus in Nürnberg einsprang, überließ Heinz Hilpert dem die Uraufführung und hoffte, bis April die Angelegenheit durchgefochten zu haben.

Als wir nach Nürnberg fuhren, war schon Krieg. Es wurde trotzdem eine glänzende Premiere. Man sah die Destille dort symbolisch als Hölle und hatte alles darauf eingerichtet. Nach der Aufführung gab die Stadt Nürnberg, die mich mit einem riesigen Lorbeerkranz beschenkt hatte, eine festliche Premierenfeier im Rathaussaal. Auf weißgedeckter Tafel prangten Herrlichkeiten, die der Normalverbraucher auf seiner Lebensmittelkarte vergeblich gesucht hatte. Um den langen Tisch herum saßen die Schauspieler bunt gewürfelt mit den Vertretern der Stadt. Am oberen Ende war mir ein Platz angewiesen worden. Hinter meinem Sessel stand der Lorbeerkranz, zur Linken hatte ich den Oberbürgermeister und zur Rechten den zweiten Bürgermeister.

»Daß es so etwas noch gibt«, sagte ich, als Oberbürgermeister Liebel mir Lachsbrötchen, Schinkenrollen, geräucherten Aal und sonstige Spezialitäten auf den Teller häufte.

»Bei uns gibt es noch alles«, antwortete er und füllte mein Glas mit Sekt. Er schenkte mir im Verlauf des Abends mehrfach zu und erzählte, wie nützlich es für ein Stadtoberhaupt wäre, gute Weine zur Hand zu haben. »Wenn ich jemanden, auf den es ankommt, neu einstellen will, dann lade ich ihn zu einem kräftigen Umtrunk ein. Dabei entdecke ich seinen Charakter und werde mit ihm einig oder nicht.«

Damit wollte die Flasche sich meinem Glas wieder nähern, aber ich wehrte ab. »Nach dieser Eröffnung, Herr Oberbürgermeister, trinke ich an diesem Abend keinen Tropfen mehr.«

Wie gut, daß man nicht in die Zukunft schauen kann. Hätte ich gewußt, daß dieser nette Herr Liebel, ein naher Freund des Diktators Hitler, wenige Jahre später durch Selbstmord enden würde, mir wäre weniger wohl gewesen; und hätte ich, während ich den Darstellern der »Destille Veit« zutrank, geahnt, daß der freundliche Mann, der den Schmied Kock gespielt hatte... Nein, es ist gut, daß eine Hülle über die Zukunft gebreitet ist.

Am nächsten Tag war ich für eine Morgenfeier verpflichtet worden und sollte Balladen und Lyrik sprechen und einige Passagen aus einer Novelle lesen. Die Feier fand im Opernhaus statt, und während ich vor dem gutbesetzten Saal las, starb ein paar Räume weiter der Darsteller des alten Schmiedes. Man hatte ihn in der Morgenfrühe auf der Brücke unweit des Opernhauses gefunden, mit aufgerissenem Kragen. Herzversagen nach starkem Alkoholgenuß, wurde mir gesagt. Alles war wie gelähmt. Man nahm es als ein böses Omen, aber das hat sich nicht bewahrheitet. Der den Schmied weiterspielte, blieb unversehrt, und die »Destille« schlug sich mit gleichem Erfolg durch eine lange Reihe von Vorstellungen.

Direktor Hanke, der Leiter des Schauspielhauses, erzählte mir, worin die Schwierigkeit bei Hilpert bestanden habe. Man hätte zum Mißfallen der Reichsdramaturgie kurz vor dem angesetzten Termin Hauptmanns »Ratten« gebracht, unerwünscht, weil naturalistisch. Und nun hinterher das Schauspiel einer noch unbekannten Dramatikerin, das auf einer ähnlichen Linie liege. Aber bis April war ja noch viel Zeit.

Bis April war mein nächstes Drama »Die Kathedrale« fertig und wurde von Heinz Hilpert zur Uraufführung angenommen. Den Stoff hatte ich einem Bericht aus einer Zeitung entnommen, ein Thema, das mich beim ersten Lesen so begeisterte, daß ich die einzelnen Akte schon fest aufgebaut vor mir sah. Es war die Geschichte eines Glöckners, der einer Kirche, der Kathedrale Sweta Nedelja in Sofia, sein Leben lang in Treue gedient hatte. Seine kleine Schwäche, ein Gläschen Schnaps, bringt ihn in Abhängigkeit des Teufels Petru, eines radikalen Anarchisten, der erst Schutt sehen muß, ehe er Lust zum Bauen bekommt. An dieser Gesinnung ändert auch Kalajew, sein Genosse, nichts, ein Idealist, der dem heiligen Zauber der Kathedrale und der frommen Glöcknerstochter verfällt. Petru sorgt dafür, daß der Auftrag der beiden Abgesandten, die Kathedrale zu sprengen, ausgeführt wird; das ging nur über den Glöckner, den Petru am ersten Dienstversehen, dessen Stefan Nadgorski sich schuldig machte, fest in der Hand behält. Der verzweifelte Glöckner ahnt, was seiner Kathedrale geschehen soll; an dem unseligen Tag rettet er die Gläubigen in letzter Minute, während er von den herabstürzenden Mauern getötet wird. »Es war mehr, als Menschen können«, sagt ein Zeuge, »er hielt den Bogen und den Turm.«

Den Glöckner, so bestimmte Hilpert, sollte Ewald Balser spielen und Angela Salokker die Glöcknerstochter Tanja. Noch ehe wir zur Premiere der »Destille« nach Berlin fuhren, war die »Kathedrale« schon verboten. Die Reichsdramaturgie behauptete, das gute Verhältnis des Deutschen Reiches zur Sowjetunion erlaube die Aufführung dieses Stückes nicht. Da ich, um nicht in die Tagespolitik zu geraten, die beiden Sowjetrussen, die Sweta Nedelja tatsächlich gesprengt haben, in Anarchisten verwandelt hatte, erschien mir die

reichsdramaturgische Vorsorge überflüssig. Wir nahmen uns vor, in Berlin den Reichsdramaturgen Dr. Rainer Schlösser aufzusuchen.
Als wir in Berlin eintrafen, hatte mich schon ein zweites Verbot erwischt. »Destille Veit« war in Prag für das Interimstheater ins Tschechische übersetzt worden, doch eine Aufführung in der Tschechei habe die Reichsdramaturgie kurzweg untersagt. Es würde also nichts aus einer Fahrt in die Goldene Stadt werden. Elektrisiert von brodelndem Zorn, tappten unsere Füße über die von kaltem Licht bestrahlten steinernen Flure und Treppen der Reichsdramaturgie. Oh, ich wollte kein Blatt vor den Mund nehmen, sie sollten wissen, was sie mir antaten mit diesen Schlagbäumen, die sie auf meinen Weg fallen ließen. Mir ist erst später aufgegangen, daß es sich rächt, wenn man so denkt. Hier erlag ich der Liebenswürdigkeit eines zierlich wirkenden Mannes.
Dr. Schlösser komplimentierte uns in zwei tiefe Sessel und war sofort im Gespräch, das ich hatte einleiten wollen.
»Sie kommen wegen der ›Kathedrale‹«, sagte er, »ein ausgezeichnet gebautes Stück. Über etwas anderes brauchen wir uns nicht lange zu unterhalten. Ich bin alles andere als allmächtig, ich habe noch jemanden über mir.« Er machte eine Handbewegung nach oben, es war nicht zu erkennen, ob er den lieben Gott oder eine Person im Stockwerk über uns meinte. »Politischen Gründen haben wir uns in dieser schweren Zeit zu beugen, nicht nur ich, sondern auch Sie.«
Was mein Mann einwandte, war demgegenüber ohne Überzeugungskraft. Herr Dr. Schlösser sah es ein, gewiß, und damit habe er schon zuviel gesagt, doch wenn jemand droben der Meinung war, ein Stück sei zum gegenwärtigen Zeitpunkt gefährlich – wer wollte ihm das ausreden?
»Zum gegenwärtigen Zeitpunkt?« fragte ich. »Heißt das, später könne eine Aufführung nachgeholt werden?«
Dr. Schlösser nickte. Das lag durchaus im Bereich der Möglichkeiten. Die Zeiten ändern sich, mitunter geht das schnell.
Ein Hoffnungsfunke. Ich spürte, wie mein Gesicht sich entkrampfte. Ja, und Prag. Wie war das mit den Tschechen und der »Destille Veit«?

»Ich bin zur Uraufführung natürlich im Theater«, sagte der Reichsdramaturg. Ach so, wegen Prag – da war wohl nichts zu machen. Man habe das Verbot wegen des Giftmordes aussprechen müssen, so was dürfe in das rabiate Prag gar nicht erst einfließen. Und wie war es mit anderen Arbeiten? Wie man hörte, gab es da auch Romane, die Aufmerksamkeit gefunden hätten.
Ich nannte den Namen eines nicht unbekannten Literaturhistorikers, der geschrieben hatte, die Trina Brandt im »Roten Husar« gehöre zu den liebenswertesten Frauengestalten der neueren deutschen Literatur.
»Das ist kein Wunder, wenn man die Autorin kennt«, sagte Dr. Schlösser, indem er vom Stuhl aufschnellte. Mit korrekter Verbeugung gab er uns die Hand, wir waren entlassen.
Was haben wir nun eigentlich erreicht? überlegten wir auf dem Gang über blitzblanke Flure und Stufen. Nichts außer der Hoffnung, daß die sogenannte Freundschaft zwischen uns und den Russen eines Tages zerbrechen konnte. Dann gab es freie Fahrt für die »Kathedrale«.
Erst einmal gingen wir zur Generalprobe von »Destille Veit«. Nichts klappte. Der Tanz des Weinreisenden Hoffnung mußte fünfmal wiederholt werden, immer war der Lärm aus der Nebenstube so laut, daß man den Dialog im Vordergrund nicht verstehen konnte. Die Beleuchtung funktionierte nicht. Der junge Schmied – Karl John –, der Delas Pläne in den Wind bläst, schien nicht bei der Sache zu sein. Heinz Hilpert saß schweigend und zusammengesunken in der Mitte des Saales und ließ Regisseur Günther Haenel walten.
Am Abend der Premiere stieg ich die Steintreppe zu Hilperts Arbeitszimmer hinauf, im resedagrünen Duchessekleid. Die erste Schleppe meines Lebens schleifte hinter mir her. »Soll ich sie nicht lieber tragen?« fragte mein Mann. Nein, sie sollte mir leise zischend folgen, von Stufe zu Stufe.
In Hilperts Zimmer lag ein brennendroter Nelkenstrauß achtlos auf einem Stuhl. Der Direktor des Deutschen Theaters saß hinter seinem Schreibtisch, das Kinn in die Hände gestützt. »Es wird eine

Pleite ohnegleichen«, stöhnte er. »Wie bin ich nur auf den Haenel gekommen? Sie haben ja miterlebt, was los ist.«
Mit zitternden Knien setzte ich mich auf den angebotenen Stuhl. Mir fiel ein, daß Heinz Hilpert vor jeder Premiere seines Hauses schreckliches Lampenfieber hatte. Er ging zu einer solchen Aufführung nie in den Saal hinunter, blieb hier oben sitzen und orientierte sich telefonisch nach dem Verlauf der Vorstellung. »Man wird Sie schlachten«, prophezeite er, »und ich habe Sie in diese Lage gebracht. Das tut mir aufrichtig leid.« Einen Augenblick brütete er vor sich hin und hob rasch den Kopf: »Darf ich Ihnen Sekt bringen lassen? Damit Sie mir nicht zusammenklappen.«
Als Kleinstädterin erschien mir Sekt eine unnötige Ausgabe. Nein, ich würde Sprudel vorziehen, um meine trockene Kehle zu befeuchten. Es gab einen kurzen Kampf um Sekt oder nicht Sekt, Hilpert fügte sich mit einem fassungslosen Kopfschütteln. Tröstungsversuche meines Mannes schlugen fehl, wir verabschiedeten uns. Als wir die Treppe halb hinunter waren, holte uns ein junger Mann ein. Er übergab mir den Nelkenstrauß. Es sei besser, wenn ich ihn jetzt schon hätte, denn falls die Sache unten schlecht auslief...
»Am liebsten schliche ich mich fort und führe nach Hause«, sagte ich zu meinem Mann. Hilperts Loge war uns angewiesen worden, wir nahmen unsere Plätze ein, und da kein Tisch oder weiterer Stuhl vorhanden war, legte ich die Nelken auf die Brüstung. Das war das Dümmste, was ich machen konnte.
Schon nach dem ersten Akt gab es lebhaften Beifall, dazu forderte das Dreigespann Paul Dahlke als Kneipenwirt, Erich Ponto, den man aus Dresden geholt hatte, als Knecht und Elisabeth Flickenschild als Dela geradezu heraus. Daneben die zarte, herbe Eve der Gisela von Collande.
Der Applaus nach dem zweiten Akt hielt lange an, dann begann die große Pause, und zu meinem Entsetzen bewegte sich der Strom der Besucher langsam an unserer Loge vorbei. Der Nelkenstrauß hatte uns verraten, man starrte mir ins Gesicht, fortlaufen konnte man nicht, das hätte ungezogen ausgesehen. Ein paar Leute applaudierten in die Loge hinein, Hände streckten sich über die Brüstung,

ich mußte sie drücken und erkannte, daß zahlreiche Heider mitgekommen waren.
Zu Beginn des vierten Aktes holte der Inspizient mich hinter die Bühne. Richard, mein Halt und Trost, mußte in der Loge bleiben, und ich – in einem solchen Augenblick habe ich mir immer vorgestellt, wie erlösend es sein müßte, sich vor einen Zug zu werfen. Doch schließlich ist man dann mittendrin, steht zwischen seinen Geschöpfen, wird aus der Kulisse nach vorn gezerrt, tritt Hand in Hand mit Dela, dem Wirt, dem höllischen Knecht an die Rampe, wird mit leichter Geste vom Regisseur umarmt. Es ging alles gut, ich hatte mir meine Fehler beim erstenmal gemerkt. Der Eiserne rasselte herunter, doch das nützte gar nichts. Immer wieder mußten wir uns durch den Spalt zur Linken zwängen, vor dem Eisernen entlang gehen und im rechten Spalt verschwinden. Einmal, so erzählte man mir nachher, wäre ich stehengeblieben und hätte den Kopf ruckartig zurückgeworfen. Es habe hochmütig ausgesehen. Das aber war der Moment gewesen, als Karl John auf meiner Schleppe stand.
Vor dem Saal warteten die Heider. Man nahm mich in die Mitte, und wir stürmten durch die verdunkelten Straßen, um in ein Restaurant zu gelangen. Um zwölf war Polizeistunde. Kaum hatten wir die Gaststube betreten, da erschienen keuchend mein Mann und Herr Suhrkamp. Peter Suhrkamp nahm meine Hände. »Ich will nur wissen, ob Sie glücklich sind«, sagte er.
»Ja, ich bin glücklich«, antwortete ich und dachte dabei an die atemberaubende Minute, nachdem unser Marsch vor dem Eisernen endgültig gestoppt worden war. Plötzlich und ganz unerwartet lag ich, fest von ihm umschlungen, an Heinz Hilperts Brust und hörte ihn sagen: »Jetzt sind Sie gemacht.«
Die erste Zeitung, die ich am Morgen in die Hand bekam, ließ mich wieder an diesen Worten zweifeln. Es war der »Angriff«, und der verriß die »Destille« nach Strich und Faden als naturalistisches Machwerk und Rückfall in die dunkelsten Zeiten der Literatur. Die Zeitung lag zerknüllt am Boden, ich weinend auf der Couch, mein Mann stand bekümmert vor mir, als Herr Suhrkamp das Zimmer

betrat. Er war nur rasch hergekommen, wie er sagte, um uns für den Nachmittag zum Tee einzuladen. Nun glättete er die Zeitung und sagte: »Sie müssen noch viel lernen. Über so etwas weint man doch nicht. Der ›Angriff‹ muß das tun, schon deshalb, weil er so heißt. Warten wir also die übrige Presse ab.«
Diese weitere Presse war ausgesprochen gut, selbst da, wo sie etwas zu tadeln fand. Die Besprechungen füllten ganze Spalten, große Überschriften kündeten: »Bekanntschaft mit einer Dichterin«, »Eine neue deutsche Dichterin«, »Triumvirat der Leidenschaften«, »Weibsteufel im Nachtasyl«.
Am Nachmittag bekam ich eine neue Lektion von Herrn Suhrkamp. Reporter waren im Hotel gewesen und hatten uns aufgefordert, mit ihnen zu kommen. Unter den Linden knipsten sie uns, zwanglos spazierengehend, mich übrigens in meinem neugekauften Pelzmantel, Buenoslamm braun. Der Königsblaue war nun doch zu abgegriffen gewesen, und Pelzmäntel konnte man noch ohne Bezugsschein kaufen.
Wir hätten die Reporter fortschicken sollen, erklärte Herr Suhrkamp. Ich müsse mich daran gewöhnen, unnahbar zu werden. Also von heute an mich nie mehr überrumpeln lassen! Aber es waren doch so nette Leute gewesen, die beiden Fotomänner.
Suhrkamps wohnten in Charlottenburg im obersten Stockwerk eines hohen Hauses. Wir fuhren mit dem Aufzug hinauf. Frau Suhrkamp öffnete, eine mittelgroße, sehr schlanke Frau in einem fußbodenlangen roten Gewand. Es war wirklich ein Gewand, kein Kleid, es floß, in der Mitte von einem losen Gürtel gehalten, weich an ihr herunter, die Ärmel wurden am Handgelenk von einem Bündchen gehalten, ein Bündchen säumte den strengen Halsausschnitt. Dunkles Haar umrahmte ein blasses, zartes Gesicht und fiel glatt bis auf die Schultern. Es war, als lächle sie aus einem Traum heraus. Es fiel nicht schwer, sich vorzustellen, daß sie einmal Annemarie Seidel gewesen war, die Schauspielerin in München, an die jeder, der sie hatte spielen sehen, irgendwann zurückdachte.
Herr Suhrkamp hatte mir am Premierenabend keine Blumen geschenkt; jetzt kam er mir entgegen und trug auf seinen Händen

drei umfangreiche Bücher. »So«, sagte er, »und das sind nun meine Rosen.« Es war Gerhart Hauptmanns dramatisches Werk in drei Bänden. Meine Freude stand mir wohl im Gesicht geschrieben, denn außer den »Webern«, »Rose Berndt« und »Fuhrmann Henschel« war alles neu für mich. Und wenn ich erst gewußt hätte, wie ich ein halbes Jahr darauf im Suhrkampschen Theaterkatalog angekündigt wurde. Da stand, es sei nun endlich eine Nachfolge für den großen Dramatiker Gerhart Hauptmann gefunden worden.

Wenn wir erwartet hatten, bei Suhrkamps eine luxuriöse Wohnung vorzufinden, so traf das nicht im mindesten zu. In einer Art von Vorzimmer, wo ein paar Schränke an den Wänden standen, befand sich das Telefon auf einem Stuhl; im Wohnzimmer war der Teetisch gedeckt, ihn umstanden Stühle und Sessel, die verschieden hoch waren und auch in Material und Farbe nicht zueinander paßten. Ein großer Glasschrank zeigte Bücher und im Mittelfach eine Ausstellung von kleinen Dingen, einen präparierten Kinderschuh zum Beispiel, kleine Spielzeugtiere, Muscheln und Steine. »Alles Meilensteine aus meinem Leben«, erklärte Herr Suhrkamp. Er nahm den Schuh und hielt ihn mir entgegen: »In dem habe ich laufen gelernt.« Außer uns war ein hochgewachsener Herr anwesend, der mich am Tisch weit überragte, weil ich in einem kleinen, sehr tiefen Sessel saß und er auf einem sehr hohen Stuhl. Die Verständigung wurde nur möglich, wenn er sich herunterneigte.

Von der Premiere kam das Gespräch auf andere Dinge. Ich rühmte mich, indem ich versicherte, eine gute Hausfrau zu sein. Mein Mann lobte meine Kochkunst und meine Sparsamkeit. Ich verstehe, in Gesichtern zu lesen, der Herr neben mir lächelte höflich, Frau Suhrkamp schaute gelangweilt zum Fenster, und Peter Suhrkamps Blick wurde sorgenvoll. Als ich mich nach dem Rezept des vorzüglichen Kuchens erkundigte, winkte Mirl, wie sie im Freundeskreis genannt wurde, ab. »Danach müßten Sie schon mein Mädchen fragen.«

Ich fand immer, Schriftsteller dürften nicht nur von Wolken und Sternen sprechen, hier wäre ich damit besser am Platz gewesen. Eine Abwechslung ergab sich, als ich, durch viele Luftalarme in Schleswig-Holstein maßlos geängstigt, von der herrlichen Ruhe in

Berlin anfing. Herr Suhrkamp nahm meinen Arm und führte mich auf einen Balkon, der sich rings um seine Wohnung zog. Wir machten die Runde, und er zeigte mir die vielen, zum Himmel gerichteten Rohre der Abwehrgeschütze. »Glauben Sie, die hat man dort zum Spaß aufgestellt? Ich sehe ein Schicksal über Berlin aufziehen, von dem wir uns im einzelnen noch keine Vorstellungen machen können.«

Das war ganz ruhig gesprochen, aber es lag Traurigkeit darüber. Einen Hauch von Trauer spürte ich auch, als wir nachher wieder im Zimmer saßen.

Unser Abschied verlief zwanglos und heiter. Ich fand im Flur keinen Spiegel, vor dem ich meinen lila Samthut hätte aufsetzen können. Herr Suhrkamp holte einen, und ich meinte, das wäre wirklich nicht nötig gewesen. Er lachte und sagte: »Na, ich weiß nicht, wenn da an der nächsten Ecke nun ein kleiner Charmeur steht, was dann?«

Frau Suhrkamp war nicht mit zur Tür gegangen, ich ging noch einmal ins Zimmer zurück, um mich von ihr zu verabschieden, und sie schreckte aus einem, wie mir schien, vertraulichen Gespräch mit meinem Tischnachbarn auf. Wir würden uns vielleicht einmal auf Sylt sehen, sagte sie, ihr Mann habe in Kampen ein Wochenendhaus, er liebe es sehr – sie sei weniger gern dort.

Im Hotel »Continental«, so wurde uns gemeldet, habe inzwischen eine Dame aus Steglitz angerufen, die mich gern sprechen würde. Sie bitte um Bescheid und werde, da wir am Morgen reisen wollten, noch am Abend kommen.

Mein Mann sagte zu, und kurze Zeit darauf war sie da, Frau Emmi Kraetke-Rumpf, Jugendschriftstellerin, Gattin des Rechtsanwaltes Kraetke, groß und blühend, etwa fünfzigjährig. Eigentlich hatte sie uns in ihr Haus nach Steglitz einladen wollen, und den dafür gebackenen Kuchen brachte sie mit, als Imbiß für die Fahrt. Beim nächsten Berlin-Besuch müßten wir bei ihr logieren, sagte sie. Zuerst natürlich wäre sie beflügelt gewesen von dem Gedanken, die Autorin der »Destille« kennenzulernen, nun jedoch spiele der Mensch dabei die Hauptrolle. Mir ging das genauso, es war, als hätte ich Frau Kraetke mein Leben lang gekannt.

Wir kamen auf Eisenach zu sprechen, wo ich meine Kinderjahre verbracht hatte. Auch sie sei als Kind sehr oft dort gewesen, und sie fahre auch jetzt noch jedes Jahr einmal hin.
»Meine Urgroßmutter«, sagte ich, »war eine Tochter des Färbereibesitzers Anhalt.« Frau Kraetke antwortete: »Meine Urgroßmutter – auch.«
Merkwürdig, im großen Berlin treffen sich zwei fremde Menschen und stellen fest, daß ihre Urgroßmütter Schwestern waren. Die Unterhaltung ging weit in die Vergangenheit hinein, zur Anhaltschen Färberei, zu ihrer Prunkvilla, zum Patrizierhaus am Markt, wo mein Urgroßvater gewohnt hatte, wo er mit achtunddreißig Jahren seinem Lungenleiden erlag und sein prächtiges Haus und diese Welt verließ.
Frau Kraetke und wir schieden als Freunde, die sich nun immer im Auge behalten würden.
Zu Hause empfing uns ein Wald von Blumen. Einmachhäfen mußten aus dem Keller geschleppt werden, weil alle Vasen gefüllt waren. Ein Besuch gab dem anderen die Klinke in die Hand. Von zwanzig Uhr an trat dann meistens Stille ein, und ich flüchtete zu »Linna Nordmann«. So hieß das Stück, an dem ich fieberhaft arbeitete.
Die Idee zu diesem Drama ist mir in unserem Kaufmannsladen an der Ecke gekommen. Das heißt, nicht auf Anhieb, es hat eine gute Weile gedauert, bis ich darauf kam, einen Kaufmannsladen als Schauplatz zu verwenden. Zunächst fand ich den Laden gemütlich, ganz und gar altmodisch eingerichtet, mit Schubladen, in denen Mehl und Zucker und alles, was man in Tüten schaufeln konnte, lagerte. Neben dem in buntem Durcheinander dekorierten Schaufenster hing der Apparat an der Wand, aus dem der spitzbärtige Kaufmann Petroleum pumpte, vor dem Ladentisch hingen Matten und Bürsten, es hing und stand überall etwas, und es war ein Wunder, daß der nicht sehr große Raum alles faßte. Auf dem Fenstersims thronten die Bonbonhäfen, in die mit der Hand hineingegriffen wurde, um die kleinen Tüten zu füllen. Das Schönste, fand ich, war die Bank, die vor der Zentralheizung stand, ein wahres Paradies für einen Klönsnack und ein Beobachtungsposten.

Ich saß dort länger, als es nötig gewesen wäre, und achtete nicht darauf, wer nach mir gekommen war und sich vordrängte. Jetzt im Krieg hatte sich einiges geändert. Der Warenbestand wies Lücken auf, der Umgangston des Kaufmanns war sachlicher und der seiner Kunden freundlicher, man konnte sagen – demütig geworden. Ich sah zu, wie die Hausfrauen in gleisnerische Heiterkeit verfielen, wenn die Zuckertüte auf der Waage stand und die kleine Schaufel sich darüber neigte oder wenn es gar Butter, Butterschmalz oder Margarine zu wiegen gab. Sobald die Kaufmannsfrau zur Mithilfe hereingebeten worden war, verstummte die hektische Lustigkeit, es blieben immerhin die raschen versteckten Blicke, mit denen man Einfluß auf die Waage gewinnen wollte.

Mir gegenüber zeigte sich die gestrenge Kaufmannsfrau zugänglicher als sonst, es kam vor, daß sie die Waagschale bis nach unten sinken ließ, wenn Mehl oder Grütze daraufstanden. Und sie rief mich auch von der Bank auf: »Sie sind schon lange an der Reihe, Sie dürfen sich nicht so zurückdrängen lassen. Zeit ist auch für Sie kostbar.«

Im Schauspiel »Linna Nordmann« baute ich den Laden auf, genau wie er war, und auch die Bank spielte dort ihre Rolle. Auf ihr saß die alte Klehn und seufzte ihre prophetischen Worte in den Raum. Der Laden stand irgendwo in der Halligwelt, und die Kunden, voll von ihren alltäglichen Sorgen, bieder oder hinterhältig, verspielt, verlogen, trocken oder humorvoll, voll Lebenslust oder müde vom Dasein, waren die gleichen Typen, die ich beim Kaufmann an der Ecke studiert hatte.

Ich schickte die fertige »Linna« nach Berlin, und Heinz Hilpert telegrafierte beinahe postwendend: »Linna Nordmann großartig! Weit über Ihre voraufgegangenen Stücke hinaus entwickelt. Annehme zum . . .« Es folgte der Termin der Uraufführung.

Und wieder – ich weiß den Grund nicht – mußte Berlin verschieben. Karl Wüstenhagen, der Intendant des Schauspielhauses in Hamburg, sicherte sich die Uraufführung und besetzte die Linna mit Maria Wimmer und den Reisenden Engler mit Erwin Linder.

Meine Stadt reiste mit nach Hamburg. Wieder also eine hervorragende Claque. Mein elfenbeinfarbenes Samtkleid war ohne

Schleppe, durch Schaden wird auch der Dümmste klug. Karl Wüstenhagen hatte den Laden auf glatter Ebene aufgebaut; obwohl es Krieg war, gab es dort noch alles. Als der Vorhang sich hob, löste sich aus dem Aufbau des Ladentisches eine Schuhcremeschachtel, sie rollte über die Bühne, und kling sprang sie über die Rampe und torkelte übers Parkett mir fast vor die Füße. Mein Mann machte ein bedenkliches Gesicht, etwas Aberglauben war durch seine Theaterzeit an ihm hängengeblieben, doch außer dieser Dose rollte nichts mehr von seinem Platz.

Maria Wimmer war eine prachtvolle Linna, verhalten, scheu, und wildausbrechend in ihrer ersten Leidenschaft, angstvoll den Boten aus einer dunklen Welt fliehend, jenen Fischer aus Westdorf, der ihr die Kunde vom Seemannstod ihres Mannes bringen will. Erwin Linder als Reisender ließ alle Register spielen, um die junge Frau aufs Sommerfest zu locken. Die Hauptfigur, Linnas Mann Asmus, tritt nicht auf und wird doch von Akt zu Akt lebendiger und am Ende so stark, daß er den Reisenden aus dem Feld blasen und sein Kind und sein Hab und Gut fest in Linnas Hände legen kann. Die alte Klehn sieht es in ihren Visionen, sie sitzt auf der Bank und spricht das Schlußwort: »Linna, hörst du denn nicht – Asmus ist da!«

Wieder gab es einen Beifall, der gar nicht enden wollte, und so viel Blumen, daß Transportschwierigkeiten auftraten. Eines habe ich nach dieser Aufführung leider nicht richtigstellen können. Karl Wüstenhagen, der körperlich und geistig große Bühnenleiter und Schauspieler, stand in der Kulisse, während ich von den Darstellern auf die Bühne und wieder zurückgerissen wurde. In einer Pause packte er mich am Arm, und ich habe wohl mit heißem Gesicht und irrlichternden Augen in seine Höhe hinaufgeschaut. Er sagte: »Diese Regie hat mir viel Freude gemacht.« Ich verstand zunächst »Mühe gemacht« und antwortete: »Das glaube ich!« Schon wieder weggezerrt, kam ich auf meinen Irrtum und wollte ihn berichten. Als ich nach längerem Hin und Her wieder in der Kulisse landete, war Wüstenhagen fort. Man sagte mir, auf dem Weg zum Flugplatz. Er mußte noch in dieser Nacht in Wien sein.

Die Premiere in Berlin folgte zwei Monate darauf. In der Zwischen-

zeit hatten die Tschechen »Linna Nordmann« für die dort verbotene »Destille Veit« genommen und ins Tschechische übersetzt. Ich bereitete mich seelisch darauf vor, durch die alten Viertel von Prag zu wandern.
Heinrich Koch war als Regisseur für die »Linna« eingesetzt worden. Er hatte den Laden nicht, wie in Hamburg, auf glatte Ebene gebaut, sondern Überhöhungen geschaffen. Um den Laden herum lief eine Galerie, zu der Stufen hinaufführten. Die Hauptakteure hatten dadurch Gelegenheit, besonders wichtige Stellen dort oben zu sprechen.
Gisela von Collande brachte die Linna um eine Nuance härter als Maria Wimmer in Hamburg, ihre Wandlung von der emsigen Geschäftsfrau bis zur liebenden Frau, die dem leichtblütigen Reisenden beim Sommerfest in die Arme fällt, war bewundernswert echt. Auch Peter Moosbacher hatte sich zu verwandeln, vom spielerischen Reisenden zu einem Menschen, der zum erstenmal in seinem Leben merkt, daß es ernst wird. Was die Darstellung dieser Hauptrollen und die Besetzung der verschiedenen Kundentypen betrifft, blieben hier, wie in Hamburg, keine Wünsche offen.
Aber Hilpert verließ die Generalprobe wie ein Verzweifelnder. »Daß ich Ihnen eine solche Pleite anbieten muß, das raubt mir fast den Verstand«, murmelte er. Ich fragte, was denn so schlecht gewesen wäre, mir habe es recht gut gefallen.
Seine Augen weiteten sich. »Ihnen hat – aber das ist doch unmöglich! Dann stimmt es, was ich neulich Peter Suhrkamp sagte: Sie weiß gar nicht, was sie da geschrieben hat! Allein die Überhöhung der Ebene – wenn die jungen Leute nichts Besseres wissen, dann machen sie Kokolores mit Stufen und Galerien.«
»Ich fand die Galerie sehr eindrucksvoll«, sagte ich.
Er überhörte das.
»Und die Rollenauffassung ist hier in Berlin die gleiche wie in Hamburg.«
»Das kommt, weil Ihre Rollen stehen«, knirschte er. »Die kann man gar nicht anders spielen. Merken Sie denn wirklich nicht, daß diese Regie ein Tuschkasten mit Fehlfarben ist?«

Was ich bemerkte, und zwar mit großer Verlegenheit, war der Umstand, daß Heinrich Koch ziemlich in unserer Nähe stand und offenbar alles mitangehört hatte.
Heinz Hilpert empfahl sich mit der Bemerkung, morgen werde der düsterste Tag seines Lebens sein.
»Das ist sein Lampenfieber«, erklärte ich Koch, der sich uns auf dem Weg zum Hotel anschloß. »Ich weiß jetzt schon, daß es dazugehört.«
Kochs finstere Miene heiterte sich dadurch nicht auf. »Wenn es so ist, wie er angibt«, sagte mein Regisseur und warf trotzig den Kopf zurück, »dann hat er sich eben geirrt, und das Stück ist schlecht.«
Das wiederum war nun keine gute Musik in den Ohren meines Mannes. Ich selber schwieg, ich war nun schon allerlei gewohnt.
Doch zwischen Heinrich Koch und meinem Ehemann entspann sich nunmehr eine hitzige Debatte, der eine zitierte die Pressestimmen der Hamburger Uraufführung, von denen das Ausschnittbüro Schustermann uns einen tüchtigen Haufen ins Haus geschickt hatte, auch Auslandsstimmen, wie Wien, Zürich, Amsterdam, Kopenhagen und sogar Südamerika – der andere provozierte, daß die Presse seiner Meinung nach für Wert oder Unwert eines Stückes als Beurteiler nicht kompetent sei; o je, das war nun ganz und gar ins Fettnäpfchen getreten. Sie stritten bis zur Hoteltür und verabschiedeten sich förmlich. Ich drückte Heinrich Koch besonders herzlich die Hand.
Danach stürzte ich mich auf meinen Mann, ob er denn von Gott und aller Welt verlassen sei, einen solchen Zank in Szene zu setzen mit Leuten, von denen ich abhängig wäre.
»Du – und abhängig von diesem jungen Mann«, rief mein Gatte. Der Portier, mit dem ich immer ein paar heitere Worte wechselte, machte ein Gesicht, als horchte er in weite Fernen, um Himmels willen aber nicht in die Halle, durch die der Schall des letzten Satzes geflogen war. Auch der Mann, der uns in den Lift treten ließ, war ernst und nicht geneigt, mich an seinen Fahrerposten heranzulassen, wie er es nach stiller Übereinkunft tat, wenn außer uns niemand mitfuhr. Ob das Zimmermädchen an unserer Tür gelauscht

hat? Wenn ja, so hätte sie keinen dieser Ehepartner als sanft bezeichnen können.

Warum eigentlich Streit um ungelegte Eier? Der Publikumserfolg übertraf noch den der »Destille«. Die Heider und mit ihnen ein Rest Berliner tobten noch lange vor dem Eisernen, und Hilpert umarmte mich begeistert in der Kulisse. »Es war ja gar nicht anders zu erwarten«, sagte er. »Das Stück lebt in jeder seiner Szenen. Nur die Überhöhungen«, er hob die Stimme, denn eben kam Heinrich Koch vorbei, »die waren fehl am Platz. Aber das Publikum merkt so was nicht.«

Erstaunlich, daß die blonde Inselfriesin am Interimstheater in Prag den gleichen Erfolg für sich verzeichnen konnte. In der Nacht nach der dortigen Uraufführung bekam ich ein Telegramm, das uns aus den Betten holte. Der Text lautete: »›Linna Nordmann‹ großer Erfolg. Es gratulieren der Intendant und das Ensemble des Interimstheaters.«

Wir waren nicht hingefahren, weil das Reisen durch die sich mehrenden Luftangriffe zu unsicher wurde. Als drollig empfanden wir den Brief des neuen Flensburger Intendanten; der alte, »mein« Intendant, den seine Frau bei der Aufführung meines ersten Stückes den »großen Bornstedt« nannte, war inzwischen in den Ruhestand getreten – der neue schrieb nun, er sei in Prag gewesen und habe der Uraufführung der tschechischen »Linna« beigewohnt, bei der Gelegenheit habe er erfahren, daß ich in seiner nächsten Nachbarschaft wohne. So weit muß man reisen, um seine Nachbarn kennenzulernen.

Die »Linna« ist lange in Prag gespielt worden. Dann nahm ein Wandertheater sie mit auf die Fahrt durch die Tschechei. Die Wurzel zum Schauspiel »Linna Nordmann« steckte in der Bank an der Heizung, im buntgewürfelten Kolonialwarenladen meines spitzbärtigen Kaufmanns.

Nach der »Linna« habe ich meine erste Komödie geschrieben. Sie konnte ich ganz schlicht und einfach vom Leben abschreiben, das kostete fast gar keine Mühe.

Meine Schwägerinnen in Kassel hatten mich im Verlauf meiner Ehe manchen stillen Seufzer gekostet. Mein Mann unterstützte sie unentwegt weiter, obwohl wir das Geld trotz meiner Bühnenerfolge an vielen Ecken gebraucht hätten, vor allem für einen Bausparvertrag. Ein eigenes Haus zu haben, das erschien mir als Inbegriff aller Sicherheit, schon im Hinblick auf unsere Tochter, die, wie mein Mann es nannte, keinen »Schulverstand« hatte. Jetzt im Krieg war es schwer, sie etwas lernen zu lassen, bereits der Besuch einer hauswirtschaftlichen Schule scheiterte an der erforderlichen Wäsche- und Kleiderausrüstung, die wir als Normalverbraucher ihr nicht hätten beschaffen können. Nach ihrer Rückkehr aus dem Pflichtjahr versuchten wir es mit einem Hauslehrer, der von seiner Schule abkommandiert war, um beim Zoll zu arbeiten. Ohne es zu ahnen, wurde er die erste schüchterne Liebe unserer Tochter, und dadurch gelang es ihm, sie auf allen Gebieten ein gutes Stück weiterzubringen.

Wie komme ich eigentlich auf den Lehrer? Ach so, ich sprach von dem Geld, das jeden Monat nach Kassel ging und uns den Eintritt in eine Bausparkasse erschwerte. Und ein Haus, ein eigenes Haus, wieviel Magie liegt in dem Wort!

Vor einigen Jahren war eine der beiden Schwägerinnen plötzlich gestorben, doch mein Mann kürzte den Zuschuß auch jetzt nicht. »Eine hat es schwerer als zwei«, meinte er. »Ich versprach meinen Eltern, die beiden Mädchen nie zu verlassen, und ein Versprechen muß man halten. Würden alle danach leben, sähe es in der Welt besser aus.«

Sooft wir die Schwestern in Kassel besucht und sooft sie uns aufgesucht hatten, mir war eigentlich nie ein Mangel an ihren Verhältnissen aufgefallen. Sie waren gut gekleidet gewesen und bewohnten eine Fünfzimmerwohnung in der Wilhelmshöher Allee. Nach dem Tode der einen, sie war eine Sängerin ohne Erfolg gewesen, zog die übriggebliebene Berta in eine Zweizimmerwohnung um und packte in die hinein, was in der mit den fünf Zimmern gestanden und gelegen hatte. Wie sie sich zwischen ihrem Mobiliar noch selbst hatte bewegen können, ist mir schleierhaft geblieben.

Ganz unvermutet erreichte uns die Alarmnachricht, daß man Berta in ein Krankenhaus eingeliefert habe und daß die Unterbringung in einem Altersheim nötig geworden sei. Der Hauswirt hatte ihr die Wohnung gekündigt, und zwar kurzfristig, da die mangelhafte Pflege der drei Räume den übrigen Hausbewohnern zum Ärgernis geworden war. Schnellste Räumung sei angebracht.
Als mein Mann sich von der Zeitung losreißen konnte, war schon wieder Zeit vergangen. Der Räumungstermin rückte näher. Im Krankenhaus gestand ihm Berta unter Tränenströmen, daß ihr gesamtes Geld in der Wohnung versteckt sei, wo, das wisse sie selber nicht mehr, auf jeden Fall an vielen Orten und immer da, wo Einbrecher Geld nicht vermuten konnten.
Als erstes besorgte mein Mann seiner Schwester einen Platz in einem heiteren Altersheim, im Erdgeschoß versorgten die Nonnen eine Entbindungsanstalt, und ein Stockwerk höher lauschten die Alten auf den ersten Schrei eines neuen Erdenbürgers. Durch Vermittlung unseres Vetters Roselieb, der die Anstalt als Arzt häufig besuchte, war es gelungen, Berta dort unterzubringen, obwohl sie evangelisch war.
Nachdem das Wichtigste erledigt war, machte mein Mann sich an ein Ostereiersuchen im wahrsten Sinne des Wortes. Er fand an achttausend Mark, herausgeholt aus zusammengerollten Strümpfen, aus Schuhen, aus versteckten Taschen in Kleiderröcken, vergraben unter Wäsche, eingenäht in Rocksäume, verborgen in alten Klassikerausgaben. Das Geld nahm er an sich, nachdem Berta ihm gesagt hatte, es handle sich um die Unterstützung, die er ihnen jahrelang gewährt habe. In Wirklichkeit hätten sie die nicht gebraucht, weil sie durch Renten und Einkommen gesichert gewesen seien.
Wieviel heimliche Tränen waren um dieses Geld geflossen, wie viele sehnliche Wünsche mußten begraben werden, dieweil es in Seifenkartons, unter Fächern und Tanzstundenorden, in Postkartenalben knisterte.
Zum letzten Räumungstermin, für den uns drei Tage blieben, reiste ich mit unserer tüchtigen und ehrlichen Putzfrau. Uns erwartete

eine Arbeit, die selbst die resolute Frau T. zu Boden warf. Wir fanden weitere zweitausend Mark; wieviel von dem verborgenen Mammon zum Versteigerer, zum Spediteur und zum Lumpensammler gewandert ist, das werden wir nie wissen.

Durch eine junge Frau, die wir zur Mithilfe annehmen mußten, flogen die Nachrichten über Ballen von Leinen und Wollstoffen, die sich auf Schränken türmten, Kästen voll Kaffee und Schokolade, Geschenkpaketen, die unter Betten und Sofas gepreßt waren, in Schränke gestopfte Kleidung von Eltern und Großeltern, durchs ganze Haus, und schon standen meine Helferin und ich einem Heer von gierig ausgestreckten Händen gegenüber. Alle schlimmen Neigungen sprangen aus ihren Fesseln, es wurde gelogen, einer machte den anderen schlecht, Streit untereinander flammte auf, jeder hatte dem armen lieben Fräulein besonders nahegestanden. Die Wohnung wurde termingemäß ausgeräumt, es blieb nicht Zeit, teure Andenken zu schützen. Kisten von aufbewahrten Briefen mußten dem Flammentod übergeben werden, wie viele wertvolle Auslandsmarken sind dabei verlorengegangen. Es war nicht möglich, Säcke von Geschriebenem zu sortieren, und nach Hause nehmen konnte ich sie auch nicht, dort fehlte es einfach an Platz, seit wir Vertriebene hatten aufnehmen müssen.

Den Schluß der Räumung bildete eine Treppenschlacht, bei der die Polizei eingreifen mußte. Jeder kämpfte dort gegen jeden, der Musiker schlug auf die Klavierlehrerin ein, die Noten bekommen hatte, eine kinderreiche Familie wollte einem jungen Ehepaar die Betten entreißen, die ich ihnen geschenkt hatte, ein Mieter war, weil er einen Schaukelstuhl erhalten hatte, der Todfeind eines anderen geworden. Sie schlugen sich um den verteilten Kaffee, die Schokoladentafeln, die zum Teil bereits verschimmelt waren, es ging um Weihnachtspakete, die seit Jahren unter eine Spiegelkonsole geklemmt waren. Meine wackere Frau T. schlug sich mit einem Teppichklopfer eine Bresche zum Hausflur hinunter und holte die Polizei.

Meine Schwägerin, das wurde ihr ausnahmsweise erlaubt, bekam ihr Wohnzimmer, den besten Teil ihrer Wäsche, Porzellan und

Kleidung mit ins Heim, trotzdem war ja bei dem drückenden Zeitmangel ziemlich lieblos ausgeräumt worden. Dieses geringe Mitleid mit dem Alter gab ich meiner Flora mit, in der Komödie »Umzug ins Altersheim«. Sie selbst steht schon an der Grenze, wo eine schöne Frau von vielem Abschied zu nehmen pflegt. Und während ihr in dem jungen Architekten Goll eine späte Liebe aufblüht, wirft sie Dinge, an die ein altes Herz sich gehängt hat, achtlos zum Abfall und merkt nicht, wie das Leben im Hintergrund ebenso grausam in ihr selber ausräumt.

Wie gesagt, diese Komödie schrieb sich von selbst, und Hilpert nahm sie sofort an. Käthe Gold erschien ihm für die Hauptrolle am besten geeignet. Die Ufa interessierte sich für eine Verfilmung. Wieder einmal lief alles hoffnungsvoll an.

Dann kam die Reichsdramaturgie. Die Uraufführung wurde für Berlin verboten. Grund: Das darin aufgeworfene Problem der schmerzvollen Altersgrenze dürfe eine Frau im dritten Kriegsjahr nicht mehr interessieren. Durch heimliche Kanäle erfuhr ich einen Zusatz zu diesem Verbot. Ich sei, so wurde gesagt, eine Schriftstellerin, die man weltanschaulich unter scharfe Kontrolle nehmen müsse.

Aus der Traum. Die Uraufführung wurde für Leipzig festgesetzt, dort war sie erlaubt. Die Ufa gab mir den Auftrag, das Kurzexposé für den Film zu schreiben.

Es war eingeschickt worden, da erhielt ich die Aufforderung, für zwei Wochen zu einem Filmkursus nach Berlin zu kommen. Ein Honorar von tausend Mark war dafür ausgesetzt, damals war das noch viel Geld. Wohnen würde ich bei Kraetkes, das war ausgemacht, die Anhaltschen Urgroßmütter garantierten dafür. Ich tat ein übriges und bat die zuständige Stelle, Frau Emmy Kraetke-Rumpf, die ja Jugendbuchautorin war, zum Filmkursus mit einzuladen. Die Bitte wurde erfüllt, und so konnten wir nun alle Veranstaltungen in Babelsberg und in der Jägerstraße gemeinsam besuchen.

In Babelsberg wurden gerade Aufnahmen für den Film »Flachsacker« gemacht. Über einem verregneten Strohdachhaus geht die

Morgensonne auf. Immer wieder wurde das Dach aus Schläuchen regennaß gemacht, immer wieder trat – ich glaube, sie hieß Heidi – Heidi Göbel aus der Tür, ging am Haus entlang und knöpfte sich das straffe Jäckchen auf. Daß so etwas so schwer sein kann! Wir sahen die junge Schauspielerin – jetzt meine ich, sie hieß Bruni Loebel – vorm Haus, und genauso oft wurde sie wieder hineingejagt, bald hatte sie den Kopf zu tief geneigt, bald funktionierte etwas beim Jackenknöpfen nicht. »Ich werde wahnsinnig«, sagte Frau Kraetke.

Wir ergingen uns etwas im Gelände. »Da kommt Paul Wegener«, sagte jemand.

Ich hatte Paul Wegener in Heide kennengelernt, nach einem Gastspielabend, den er dort gab. Er spielte Strindbergs »Vater«, und der Saal war nur zu einem Viertel gefüllt gewesen. Im Hotel »Stadt Hamburg«, wo er logierte, trafen wir mit dem höchst verärgerten Schauspieler zusammen, der sich, wie man erzählte, trotz aller Filmerfolge in einer Flaute befinden sollte. »Sonst geht man nicht auf die Dörfer«, meinte unser Gewährsmann.

Beim dritten Grog ging Paulchen etwas aus sich heraus. Über Theateranekdoten kam er auf die Weiber, von denen er, wie er sich rühmte, allerlei verkonsumiert habe. Seine Frau saß dabei. Die Ehe sei großer Kitsch, bemerkte er, kein vernünftiger Mensch halte sich an ihre Gesetze.

Ich war anderer Meinung und hielt nicht damit zurück. Was man schriftlich auf dem Standesamt und mündlich am Altar versprochen habe, das müsse man halten, zum mindesten sollte man versuchen, danach zu leben.

Er sah mich an und verzog den Mund zu einem Grinsen. »Ehrlich, meine Liebe, Sie sind ein bißchen meschugge.«

An diesen Abend dachte ich, als ich ihn in Babelsberg ansprach. Über seinen Schultern hing locker ein Pelzmantel, den Hut behielt er zunächst auf, als er zu mir herunterlauschte. Nein, er erinnerte sich nicht an mich. Als ich ihm sagte, ich sei auf Einladung der Filmkammer hier, um fürs Kino zu lernen, lüftete er den Hut handbreit. Und dann fragte ich ihn, ob er sich auf das Gastspiel in Heide be-

sinnen könne, wo er den Strindbergschen »Vater« so hinreißend gespielt habe.
Der Hut saß wieder auf dem Kopf. Wegeners bislang uninteressiertes Gesicht wurde eiskalt. »Gnädige Frau«, sagte er, »wir können es uns beide nicht mehr leisten, an diese Jahre erinnert zu werden.« Sprach's und ging an mir vorbei, als wäre ich Luft.
Man hat mir später gesagt, Wegener gehöre zu den Menschen, die Zeiten, in denen es ihnen schlecht gegangen sei, rundweg unterschlügen. Sonderbar, und ich finde immer, es tut wohl, an vergangene Schwierigkeiten zu denken, die man gemeistert hat.
In der Jägerstraße wurden uns Filme vorgeführt, die in der Öffentlichkeit nicht gezeigt werden durften. Politisch gefärbte Vorträge begleiteten die Streifen. Auch Neuerscheinungen führte man vor, unter ihnen die »Goldene Stadt«, die bald darauf ihren Siegeszug antrat. Kristina Söderbaum eroberte darin die Herzen; weil sie in ihren Filmen zumeist ins Wasser ging, hatten die Spötter sie Reichswasserleiche getauft.
Unvergessen bleiben die Stunden, die ich am Feierabend in der Klingsorstraße in Steglitz verbrachte. Nichts deutete hier darauf hin, daß wir mitten in einem schrecklichen Kriege standen. Der liebenswürdige Rechtsanwalt Kraetke stieg in seinen Weinkeller und holte die besten Tropfen herauf, seine beiden alten Tanten schwangen den Becher genauso gut wie wir drei anderen, es wurde erzählt und geplant – was tun wir, wenn der Krieg endlich aus ist? Und er wird bald aus sein, sehr bald sogar. In den gepflegten Zimmern leuchteten von einem Schrank zwei Riesenvasen, sie stammten aus dem Besitz von Postminister Kraetke und waren dem Neffen vererbt worden. Niemand außer ihm durfte sie berühren, um daran Staub zu wischen.
Um Mitternacht, jedesmal um zwölf Uhr nachts, rief mein Mann an und bekam den weinfröhlichen Bescheid, daß es mir gutgehe.
Frau Kraetke hat mich an einem Nachmittag, an dem wir filmfrei hatten, zu Suhrkamps begleitet. Peter Suhrkamp befand sich auf Reisen, Mirl, in einem ihrer langen Hausgewänder, bereitete uns, auf dem Boden kniend, den Tee. Sie kündigte ihren Besuch in Heide

an, ihr Mann habe etwas mit mir vor, und sie werde, von Kampen kommend, mir die Sache vortragen.

»Es kann so nicht bleiben«, sagte sie, »der Pusselkram zu Hause schlägt Ihre Kunst tot.«

Frau Kraetke wandte ein, daß sie ja auch Hausfrau sei und doch schon einen ganzen Haufen Bücher geschrieben habe. Frau Suhrkamp zog die Brauen hoch. »Ich bitte Sie, das ist doch nicht miteinander zu vergleichen.«

Die Bemerkung kränkte Frau Kraetke sehr, ich brauchte auf dem Heimweg eine Weile, um sie zu trösten.

Bei den Vorträgen in der Jägerstraße saß ich zwischen zwei Schriftstellern, der eine hieß Ortner und der zweite Meyer, und Herr Meyer hatte ein Amt in der Schrifttumskammer. Ihm klagte ich mein Leid wegen meiner Schreibmaschine, die ganz und gar nicht mehr so wollte wie ich. Er gab mir die Hand darauf, daß ich eine neue bekäme, man teile sie zwar nur noch kriegswichtigen Betrieben zu, doch er werde das schon deichseln. Ehe ich meinen Bezugsschein bekam, war die Verordnung schon wieder geändert worden, eine Schreibmaschine gab es nur noch für kriegsentscheidende Betriebe. Herr Meyer hat nicht lockergelassen, er war ein Mann, der zu seinem Wort stand. Wie ein Löwe hat er gekämpft, so schrieb er mir – und ich erhielt meine Maschine, auf der ich übrigens heute noch schreibe, in meinem kriegsentscheidenden Betrieb.

Ein Jahr darauf war die Klingsorstraße ein Trümmerhaufen. Nur Kraetkes Haus stand, das mit der Nummer dreizehn. Viele Ausgebombte sind dort aufgenommen und verpflegt worden, die schönen Vasen des Postministers sahen auf Matratzenlager und Tränen hinunter, der gutbestellte Weinkeller wurde leer. Und als das alles vorüber war, mußte Emmy Kraetke-Rumpf Abschied von dieser Welt nehmen; befallen von einer unheilbaren Krankheit, hat es sie noch einmal bis zum Fuße des Wartburgberges getrieben, aber sie konnte nicht mehr hinauf.

Die Ufa hatte ihr Honorar gezahlt, und ich durfte es natürlich behalten, Käthe Dorsch war für die Rolle der Flora gewonnen worden, doch der Film durfte nicht gedreht werden. Ein unerwünschter Stoff, dem man in Leipzig noch ein weiteres antat, indem man ihn auf strindbergisch frisierte.

Die Uraufführung war auf siebzehn Uhr festgesetzt worden, und zwei Beteiligte gerieten dadurch in einen folgenschweren Irrtum, der Schauspieler, der das Schlußwort zu sprechen hatte, und die Autorin. Mein Mann, der sonst meine Angaben stets sorgfältig nachzuprüfen pflegte, glaubte mir diesmal, daß die Vorstellung um neunzehn Uhr beginne, und so saßen wir um die sechste Abendstunde gemütlich im Theaterrestaurant und suchten auf der Speisekarte nach einem geeigneten Essen.

»Ins Theater wollen die Herrschaften doch nicht?« fragte der Kellner.

Natürlich wollten wir ins Theater.

»Aber das läuft doch schon seit einer Stunde«, sagte unser Kellner. Wir also das Abendessen verschoben und nichts wie ins Theater. Der zweite Akt ging schon über die Bühne, und wir wurden mit wütendem »Schscht« und »Unerhört so etwas« empfangen. Über entsetzlich knarrende Bretter bahnten wir uns Schritt um Schritt den Weg zu unserer Loge. Nur den zischenden Theaterbesuchern verdanke ich es, daß ein Strafgericht nicht schon jetzt über mich hereinbrach. Die zweite Überraschung erwartete uns am Schluß. Flora steht im völlig ausgeräumten Zimmer ihrer Schwägerin, spricht ein paar Worte, die da gar nicht hingehören, und weicht langsam in den Hintergrund zurück. Und wo ist der Lumpensammler, der Papier und Fetzen in seinen Sack stopft und das Schlußwort spricht? Er ist nicht da, der Vorhang fällt. Es wird geklatscht, doch kein Autor erscheint auf der Bühne, obwohl das angekündigt ist. Der Darsteller des Lumpensammlers hatte seinen Wecker auf sechs gestellt, in der irrigen Annahme, die Aufführung begänne um sieben. Die gleiche Annahme hatte beim Autor verhindert, daß man sich vor der Vorstellung genau über Art und Zeitpunkt seines Erscheinens auf den Brettern der Welt einigen konnte, die Loge lag weitab, ich hätte sie schon in der letzten Pause verlassen müssen.

Die Presse tadelte fast einstimmig, daß man in die Zeit eines Strindberg zurückgekehrt sei, man verzeichnete einen Publikumserfolg, ging auf das Stück aber nicht ein.
Daß ein Regisseur ein Hexenmeister sein muß, das ging mir auf bei der Premiere von »Umzug ins Altersheim« am Volkstheater in Altona. Das Volkstheater war dem Deutschen Schauspielhaus angeschlossen und stand gleichfalls unter Wüstenhagens Leitung. Die Flora spielte Annemarie Schradik, und Regisseur war Dr. Günther Stark, Intendant in Posen, der zu der Zeit bereits mein Märchen für Erwachsene, »Das goldene Netz«, für sein Theater angenommen hatte. Dr. Stark hatte den »Umzug ins Altersheim« mit leichter Hand als das gebracht, was er sein sollte: eine Komödie. Alles lief wie von selbst, keine Spur von Düsternis, das Komische war klar herausgearbeitet, und so wurde viel gelacht im ausverkauften Haus. Die Zeitungen sprachen vom »heiteren Ablauf eines hintergründigen Stoffes«. Es kam sogar zu einer im Fremdenblatt gedruckten Nebenkritik eines Theaterbesuchers, in der es hieß: »Endlich einmal ein Stück, bei dem in den Pausen nicht davon gesprochen wurde, was morgen auf den Tisch kommen sollte... Ich schlich mich«, schrieb er, »an die einzelnen Gruppen heran und hörte mit Befriedigung, daß sie von dem redeten, an das ich dachte, nämlich vom Umzug einer alten Dame ins Altersheim.«
Die alte Dame tritt im Stück nicht auf, doch ich sah sie bei Annemarie Schradiks leichtherziger Aufräumungsarbeit unablässig vor mir, die etwas gebeugte Gestalt meiner Schwägerin, ihren schweren Schritt, die angstvoll geweiteten blauen Augen. So wie die Schauspielerin auf der Bühne hatte auch ich gewirkt, hatte Dinge ins aufflammende Feuer geworfen, Erinnerungen mit dem Besen zusammengefegt und in den Lumpensack gestopft. Gewiß, es war notwendig gewesen, es gab keinen anderen Ausweg, aber man hatte es ohne Bedauern getan, nur immer im Gedanken: Was hat sie da angerichtet, wieviel Arbeit hat sie uns gemacht! Nach diesem Leben wird, so hoffen wir, so glauben wir, ein anderes Leben kommen in einer anderen Welt. Man wird dort viele Menschen treffen, bei denen man sich entschuldigen muß. Wenn ich die richtigen Worte

hier nicht finde, vielleicht fallen sie mir drüben ein: Verzeih mir, daß ich ausgeräumt habe, ohne Gedanken, ohne Gefühl.

»Doch aus dem Tanz der sturmgepeitschten Wogen...« So singt der Meeressänger Ezzo in meinem Märchendrama »Das goldene Netz« und fährt fort: »...hebt sich der Erdengrund zu neuem Weltgetriebe...« Was wird aus einem Volk, das rings vom Feuer eingeschlossen ist, und sogar vom Himmel fällt der Flammenregen? Noch ging uns außer Nahrung und Kleidung nichts ab, unsere Tochter war wieder zu Hause, und Stütze Marianne machte sich Gedanken, wann sie uns verlassen werde. Neue Arbeitsmethoden von dieser pinseligen Frau Lehrer P. ließ sie sich nicht anreden – und überhaupt der Haushalt. So weit wollte sie es bringen, daß ihre Töchter nie und nie im Leben den Dreck für andere Leute wegmachen müßten.
Frau Suhrkamp kam von Kampen und überschlug, wie sie es in Berlin angekündigt hatte, einen Zug, um bei mir Tee zu trinken. Ziemlich still und blaß saß sie auf dem Sofa und sprach zunächst davon, daß sie im Begriff stünden, das Haus am Meer zu verkaufen. Peter liebe es sehr, aber sie halte es dort kaum länger als eine Woche aus.
Ich kam auf die Wohnung in Charlottenburg, hoch oben in Sperlingslust. »Warum kaufen Sie sich nicht ein schönes Haus in Dahlem oder sonstwo, mit Garten?«
Sie sah mich groß an: »Wem sagen Sie das? Wir wohnen in der Junggesellenwohnung meines Mannes, und daraus ist er nicht herauszukriegen. Nun habe ich wenigstens erreicht, daß er Kampen verkauft.«
Es klingelte. Meine Eltern kamen mit einer Neuigkeit vom Kriegsschauplatz hereingeschneit. Sie saßen nur für wenige Minuten. Frau Suhrkamp hatte sich zurückgelehnt, ihr Gesicht verschloß sich. Die Atmosphäre war so frostig, daß meine Eltern aufstanden und das Haus verließen.
Die Tür war zugefallen, und Frau Suhrkamp lebte wieder auf. »Sehen Sie«, sagte sie, »in dieser Luft können Sie nicht bleiben.

Diese Kleinstadt wird alles töten, was in Ihnen aufblühen will.«
»Was haben Sie gegen meine Eltern?« fragte ich.
»Nichts«, sagte sie, »es sind sicherlich sehr brave Leute. Aber sie gehören zu dieser kleinen Stadt. Und nun bin ich schon bei der Sache, die mein Mann mir aufgetragen hat. Er will, daß Sie da herauskommen. Deshalb hat er Verbindung mit Wien aufgenommen. Sie sollen ein Jahr nach Wien gehen, für Ihren Aufenthalt ist gesorgt und auch dafür, daß Sie mit den richtigen Leuten zusammenkommen. Sie werden viele Anregungen haben und viel Zeit zur Arbeit.«
»Aber das ist ja gar nicht möglich«, antwortete ich nach einer Pause. »Ich hier fort und in diesen kritischen Zeiten.«
»Es geht jetzt nicht um Sie, sondern um Ihre Kunst«, sagte Frau Suhrkamp. »Hier liegen Sie in Fesseln. Peter hatte Gelegenheit, Sie zu beobachten. Der Blick Ihres Mannes folgt Ihnen überall hin, Sie brauchen sich nur vom Stuhl zu erheben, und er wird ein unachtsamer Gesprächspartner.«
Jetzt mußte ich lachen. »Er weiß, wie schlecht ich sehe. Und weil ich ohne Brille die Geschichte meistern will, fürchtet er Stufen oder sonstige Fallen.«
»Sie werden es sich überlegen.« Sie sah auf die Uhr und stand auf. »Ich muß zur Bahn. Und vergessen Sie nicht: es ist eine einzigartige Gelegenheit, die Ihnen geboten wird. Mein Mann hält sich oft in Wien auf und kann die Wege, die Sie gehen sollen, überwachen.«
Ziemlich schweigsam gingen wir zur Bahn. Mirl Suhrkamp stieg in ein Abteil erster Klasse. Mir blieb so viel Zeit, die Ausstattung des Wagens zu betrachten. »Anders kann man nicht mehr fahren«, sagte Frau Suhrkamp. »Hilpert hat damals den Kopf geschüttelt. Sie schreiben ein großartiges Drama, das Deutsche Theater lädt Sie ein und bezahlt die Reisekosten. Sie reisen in der zweiten Klasse. Sehen Sie, das ist Kleinstadt.«
»Trotz aller Dramen und Bücher kann ich mir die Erste nicht leisten«, antwortete ich. Es wurde Zeit, ich mußte aussteigen.
Frau Suhrkamp ließ das Fenster herunter. »Was soll ich meinem Mann ausrichten?« fragte sie.

»Ich gehe nicht nach Wien«, sagte ich. »Die Zeiten sind so kritisch, so gefährlich, daß ich meinen Mann und meine Tochter hier nicht zurücklassen kann.« Der Zug begann zu gleiten.
»Ihr letztes Wort?« rief Frau Suhrkamp.
»Mein letztes«, rief ich der leicht winkenden Hand nach.
Ich habe Frau Suhrkamp nicht wiedergesehen.
Zu einer der weiteren Aufführungen von »Umzug ins Altersheim« fuhren wir wieder nach Hamburg, und zu unserem Erstaunen war auch Herr Suhrkamp im Theater. Er hatte die Uraufführung nicht sehen können und wollte sich jetzt orientieren, zumal es zwischen ihm und mir nach Annahme des Stückes zu einer Auseinandersetzung gekommen war. Er schrieb mir, es sei recht eintönig, immer das gleiche Bühnenbild, das Zimmer des alten Fräuleins zu sehen, ich solle im zweiten Akt einen Szenenwechsel vornehmen und die Handlung etwa in ein Café verlegen. Ich machte ihm nun klar, daß meiner Meinung nach die Eigenart des Stückes im Ausräumen besteht, schon im zweiten Akt ist das Zimmer leerer geworden, Stücke, an denen die alte Dame besonders hing, sind zum Versteigerer gegangen, weil sie im Heim nicht untergebracht werden konnten, das Mobiliar, das sie mitnehmen darf, ist abtransportiert worden. Im dritten Akt hat das Zimmer sich völlig geleert, außer einem Fetzen Gardine und einer Leiter ist nichts mehr vorhanden. Und der schönen Flora ist es genauso ergangen wie dem Zimmer, im zweiten Akt waren in ihr die Illusionen ausgeräumt, im dritten war alles leer. Und hier, im entleerten Zimmer, entschied sie sich für den einzigen Weg, der noch offen war.
Ich weigerte mich, die Änderung vorzunehmen, und es folgte ein langer Brief, in dem mein Verleger seinen Willen durchzusetzen versuchte. Ich habe dann Heinz Hilpert eingeschaltet, der telegrafierte: »Bleiben Sie fest und ändern Sie nichts.« Und mit dieser Rückenstütze habe ich den Kampf für mich entschieden.
Nach der Aufführung, vorher hatten wir nur wenige Worte wechseln können, setzten wir uns ins Theaterrestaurant, und nach einer Weile kam auch Herr Suhrkamp. Zu unserem Erstaunen nahm er in einiger Entfernung an einem Tisch für zwei Personen Platz.

Mein Mann ging zu ihm hinüber und kam, ohne sich gesetzt zu haben, wieder. Herr Suhrkamp, so berichtete er, sei sehr abgespannt und könne sich nur kurz hier aufhalten. Er lasse mich bitten, auf einen Augenblick zu ihm zu kommen.
»Nun geh schon«, sagte mein Mann, »und vergiß nicht, daß unser Zug in anderthalb Stunden fährt.«
Auf dem kleinen Tisch standen zwei Pokale mit Wein. Ich versank in einem weichen Sessel und blickte Herrn Suhrkamp an. Er sah wirklich schlecht aus, schmal, blaß, sehr ernst. Er lächelte auch nicht, als er das Glas hob: »Auf Ihr Stück und auf alle, die Sie noch schreiben werden.« Wir tranken. »Und Sie hatten wirklich recht«, fuhr er fort. »Ihre Fassung ist besser als die, die ich Ihnen vorgeschlagen hatte.«
Jetzt fängt er von Wien an, dachte ich, doch das tat er nicht. Er sprach von der Aufführung, von Annemarie Schradiks schöner Leistung, von der kleinen Stolten, die, gerade von der Schauspielschule kommend, die junge Tochter der Flora so quellfrisch gebracht habe. Ein paarmal sah ich zu meinem Mann hinüber, der sich in eine Zeitung vertieft hatte. Warum kann er bei diesem Gespräch nicht dabeisein? Es tat mir leid, daß er so abgesondert sitzen sollte, und am liebsten wäre ich aufgesprungen und hätte Herrn Suhrkamp das gesagt.
Als hätte Suhrkamp das gespürt, brach er seinen Satz ab. Einen Augenblick dehnte sich eine Stille. Dann sagte er: »Ich habe eine große Bitte. Bleiben Sie heute nacht hier.«
Ich erschrak zu Tode. Es hatte so merkwürdig geklungen, nicht auf die sachliche Art, mit der er sonst zu reden pflegte. »Aber das geht nicht«, antwortete ich. »Mein Mann muß in aller Frühe auf der Redaktion sein.«
»Lassen Sie ihn fahren«, sagte Peter Suhrkamp. »Sie bleiben hier. Bitte, bleiben Sie.«
»Ich habe ja kein Hotel«, fiel mir erlösend ein.
»Sie werden in meinem Hotel, in den ›Vier Jahreszeiten‹, ein Zimmer bekommen. Morgen bringe ich Sie zur Bahn. Es kommt alles in Ordnung.«

»Können wir etwas, das zu klären wäre, nicht hier besprechen?« bat ich. »Mein Mann sagt, Sie seien müde. Dann bleibt ja doch nur kurze Zeit.«
»Bitte, bleiben Sie«, sagte Peter Suhrkamp.
»Wir trennen uns jetzt nie.« Ich sah zu meinem Mann hin, der den Blick nicht erwiderte, weil er tief in seine Lektüre versunken schien. »Er würde sich ängstigen, wenn heute nacht ein Angriff auf Hamburg geflogen wird«, sprach ich eilig weiter. »Und ich würde vor Angst sterben, wenn der Einflug über Heide erfolgte.« ...Kleinstadt, Kleinstadt, hörte ich Frau Suhrkamps Stimme. Und mir fiel ein, daß ich alles, was sie so lobten, ja in der Kleinstadt und mitten drin in der Familie, im Bekanntenkreis, zwischen Kochen und Einmachen und Hausputz geschrieben hatte. Ehe ich das vorbringen konnte, fragte Herr Suhrkamp: »Sie sagen also nein?«
»Bitte, seien Sie mir nicht böse«, antwortete ich.
»Dann möchte ich mich jetzt zurückziehen«, sagte er. »Nein, ich bin Ihnen nicht böse – nur traurig. Leben Sie wohl.« Über den Tisch hin gaben wir uns die Hand. Er ging zur Ausgangstür, grüßte zu meinem Mann hinüber und verließ das Lokal.
Einige Monate darauf hörte ich, daß man ihn verhaftet hatte. Seine Frau gab mir seine Anschrift, betonte aber, daß es wenig Sinn habe, ihm zu schreiben. Ich tat es daraufhin nicht. Was man ihm zur Last legte, darüber erfuhr ich nur dunkel etwas, Herr Hilpert zum Beispiel hielt sich gänzlich aus der Sache heraus – er wisse weniger als ich. Irgendwie sickerte durch, daß eine Schmähschrift auf Hitler von Hand zu Hand gegangen wäre, der Verfasser, ein bekannter Zeichner, sei hingerichtet worden, der Kreis seiner Freunde in Haft genommen.
Peter Suhrkamp soll Unglaubliches im Gefängnis erlebt haben. Man habe ihn beleidigt und erniedrigt, angespuckt und geschlagen. Als ein völlig veränderter Mensch kehrte er nach dem Kriege zurück. In dieser Zeit habe ich wieder im Briefwechsel mit ihm gestanden. Es ging um einen Roman, der die Kriegsgefangenschaft meines Bruders William in Rußland schildert, ich komme aus besonderem Grund noch auf diesen Roman zurück. Sein Held ist mein

Bruder, der Gefangene Nummer 228, der bei der Waffen-SS eingezogen wurde und für die erste Kriegszeit im Konzentrationslager Gusen Dienst tun mußte. Voll Entsetzen meldete er sich darauf an die Front.
Herr Suhrkamp meinte, der Roman sei das Beste, was ich je geschrieben hätte, er könne ihn jedoch nicht nehmen, weil die Zentralfigur ein SS-Mann sei. Ich möchte ihn verstehen, alles in ihm sträube sich, an die Menschlichkeit einer solchen Figur zu glauben.
Das ist das Letzte gewesen, was ich von Peter Suhrkamp persönlich erfuhr. Von anderer Seite hörte ich, daß seine Frau sich von ihm hatte scheiden lassen, weil sie sich mit seinem veränderten Charakter nicht habe abfinden können. Seinen Verlag habe er aufs beste aufgebaut. Dann meldete man mir, er sei gestorben. Todesursache: die körperlichen und seelischen Leiden während seiner Haft.

DIE STUNDE NULL

Einmal geht jeder Krieg zu Ende, so auch dieser schreckliche, den wir am Rande miterlebten. Unsere Stadt blieb zwar nicht ungeschoren. Bei einem Bombenangriff fiel eine ganze Häuserreihe, und auch Menschen wurden dahingerafft. Aber wieviel größer waren die Verluste anderer Orte!
Schlimm wurde es erst in den letzten Tagen, als ein einsamer Flieger in jener Nacht um unseren Wasserturm kreiste, um den Kirchturm brummte, bis er endlich in irgendeinem Teil der Stadt eine Tellermine abwarf. Ich wurde für alle meine sinnlose Angst bestraft, ich mußte mich mit einer Diphtherie ins Bett legen, und unser Hals-Nasen-Ohrenarzt und humoriger Freund sagte kurz und bündig: »Wenn Sie aufstehen, sterben Sie bestimmt und sonst nur vielleicht.«
Am Nachmittag öffnete sich die Tür meiner Haftzelle, und herein kam, jetzt weißhaarig, Papa. »Du kannst in Ruhe krank sein«, erklärte er. »Wir haben kapituliert.«

Ich war so glücklich, so erleichtert, so erlöst, daß ich wie auf Kommando einschlief. Bis zum nächsten Morgen schlief ich, und da war eine so auffallende Besserung eingetreten, daß ich für einige Stunden aufstehen und auf etwas wackligen Beinen in einen neuen Lebensabschnitt hineintaumeln konnte. Kein Bomber mehr am Himmel. Man konnte etwas planen, ohne dabei zu denken: Ach, morgen steht vielleicht das Haus nicht mehr oder du selbst bist von der Welt. Die Straßen hallten vom Tritt der einmarschierenden Engländer. Ich sah sie, nachdem ich vor die Haustür durfte, zu zweit und dritt schwerbewaffnet über die Fußsteige gehen. Niemand durfte mit ihnen sprechen. Die Kinder allerdings kehrten sich wenig um solche von der Militärregierung erlassene Verbote – schon bald hörte man Sätze wie: »John, zeig mir mal, wie dein Gewehr funktioniert«, und es dauerte nicht lange, da wurde aus frischen Jungenkehlen schon englisch geradebrecht, und Kühnlinge saßen auf Panzern und Fahrzeugen und kauten englisches Brot.
»Eine Niederlage, wie Deutschland sie noch nicht erlebt hat«, sagte mein Mann. »Das ist nicht in fünfzig und nicht in hundert Jahren wiedergutzumachen.« Er ging ohne Arbeit umher, seine Zeitung war geschlossen worden. Die Frühlingssonne zeichnete die schadhaften Stellen an seinem Anzug nach, es war der letzte noch einigermaßen tragbare. Der magere Hals, aus dem blaßgewaschenen Hemdkragen ragend, trug das eingesunkene, ratlose Gesicht.
»Seid lieb zu eurem Papa«, mahnte unsere Nachbarin, »ihr wißt nicht, wie lange ihr ihn noch habt.«
»Wenn er etwas mehr zu essen bekommt«, antwortete meine sachliche Tochter, »dann kriegen wir ihn wieder zurecht.«
Ich selbst muß auch ziemlich fadenscheinig umhergegangen sein. Marianne war nach Hause ins Nachbardorf geradelt. Mit Gudrun nahm ich die tägliche Arbeit auf, der große Hausputz wurde nachgeholt, und die Vertriebenen, die wir aufgenommen hatten, drei an der Zahl, schüttelten die Köpfe. Sie verstanden die Welt nicht mehr, sie, die Heimat und Wohnung verloren hatten, begriffen nicht, daß überall der Seifenschaum über die Fensterscheiben lief, der Teppichklopfer die Betten und Teppiche walkte, daß die Möbel in den

Gärten und auf den Bürgersteigen standen. Ganz Heide scheuerte; vielleicht wollte man mit diesem Großreinemachen alle Angst, alle Sorge, allen Hunger der vergangenen Jahre aus der Welt putzen.

Unsere Familie war bis fast zum Ende des Krieges unversehrt geblieben. Nur die kleine Annemarie von damals, die inzwischen groß geworden war und den Meteorologen Dr. Raoul Pignol geheiratet hatte, mußte ihre Wohnung in Stralsund im Stich lassen, als die Russen näher kamen. »Aber wir kehren bald dorthin zurück«, sagte sie, als sie mit ihren beiden Kindern hier eintraf. Und sie erzählte hoffnungsvoll von einer Wunderwaffe, die in allernächster Zeit eingesetzt werden sollte. Daraus war ja nun nichts mehr geworden. Auch von ihrem Mann, der auf Rügen seine meteorologische Station leitete, lag keine Nachricht vor.

Von meinem Bruder William kam ebenfalls keine Nachricht, die letzte hatte uns aus dem Baltikum erreicht. Nur Erich, mein Widersacher aus der Kindheit, beschäftigt in der Organisation Todt, verließ seine Dienststelle am Tag der Kapitulation und zog, ohne in Gefangenschaft zu geraten, in sein unversehrtes Haus in Hamburg wieder ein.

Einer der ersten Verlage, die eine Arbeitslizenz bekamen, forderte mich zur Mitarbeit auf und nahm gleich zwei Bücher, die Novelle »Die Quelle«, die von der Geschichte meiner Ahnen erzählt, und den Roman »Der Umweg nach Seelau«, der das Leben eines Volksschullehrers schildert. Das Modell für die Hauptfigur im Roman, Döke Lührs, hat unsere Tochter unterrichtet. Ein schlichter, gewissenhafter Mensch, der den Beruf des Lehrers aus Leidenschaft ergreift und ihn auch um der ersten heißen Jugendliebe willen nicht aufgibt; ein Lehrer, der weiß, daß er seinen Schülern das, wozu er sie formen möchte, vorleben muß. Ein treuer Lebensgefährte seiner späteren Frau, ein verantwortungsbewußter Vater seiner Kinder. Langweilig, werden die Heutigen sagen, wie kann man über so einen simplen Mann einen Roman schreiben? Aber es geht, es ist ein großartiges Material. Man stellt ihn der Dämonie einer Liebe, dem Glanz des Reichtums gegenüber, sieh, das ist alles dein, wenn du um Mitternacht zur Esche gehst und den Pakt mit dem

Gottseibeiuns unterschreibst. Was heißt das, Frau und Kinder, man kann sie entschädigen, man stellt sie gut, und sie werden schon irgendwie weiterexistieren. Wie wird der Kampf mit dem Neuen, Fremden, Verlockenden aussehen und ausgehen? Kann das wirklich noch wahr sein in unserer wilden, bunten Welt? Es endet mit dem einsamen Schulhaus in Seelau, mit dem Gesang aus frischen Kinderkehlen, mit den Sandkästen, an denen der Lehrer seinen Schülern zeigt, wie die Wege kreuz und quer zu einem Ziel laufen.
Kurze Zeit lang spürte ich, daß ich rettungslos verliebt war. Immer war ich drauf und dran, es meinem Mann, dem ich alles anvertrauen konnte, zu sagen. Schließlich entdeckte ich, daß es gar nicht der Lehrer meiner Tochter war, den ich so heftig liebte, sondern Döke Lührs, meinen Romanhelden. Ich fühlte mich unendlich erleichtert, als ich das erkannte.
Roman und Novelle waren im Nu vergriffen, doch dann kam das sogenannte dicke Ende. Der Verleger, der sich ein Prachthaus mit Swimmingpool gebaut hatte, ging in Konkurs. Meinem Mann gelang es, durch Pfändung des dort vorhandenen Papiers einen kleinen Teil des Honorars zu retten. Damit fielen Pläne, die wir gemacht hatten, ins Wasser, vor allem der Plan, unsere Tochter in eine Haushaltungsschule zu schicken. Wir lebten von den Resten, die noch auf der Bank lagen. Mein Mann stand an der Altersgrenze, das wurde unsere Rettung, weil die Angestelltenversicherung sofort zahlte, wenn auch zunächst nur einen geringen Betrag.
So traf uns der Zusammenbruch des Verlages hart, und es machte uns keineswegs froher, daß der Verleger, den ich im Glanze seines Prunkhauses, begleitet von einem riesigen Hund, sehr bewundert hatte, eines Tages in einem schäbigen Mietauto bei uns vorfuhr und um Aufschub der Pfändung bat. In Hamburg, Kiel und Flensburg erhielten die ersten Zeitungen ihre Lizenz, und wir stürzten uns darauf. Mein Mann schrieb politische Artikel und ich humorige Momentaufnahmen aus dem täglichen Leben, so hielten wir den Kahn einigermaßen im Fahrwasser. An Extradingen gab es ja sowieso nichts zu kaufen, und das Wenige, das man uns als Nahrung zuteilte, kostete dementsprechend wenig.

In diesen trüben Zeiten glänzten zwei Lichter auf. Die Jugendfreunde meines Mannes aus den USA begannen, uns Pakete zu schicken, das war eine herrliche Sache.
Der zweite Lichtblick: Wir gründeten eine Bühne. »Die Nordseebühne« wurde sie getauft. Den Anstoß gab ein Herr Mattwe, der an einem Morgen im Soldatenrock bei uns erschien und das Stichwort gab. Um Heide herum bis zum Nordostseekanal hatte man die deutschen Truppen, die hier gelandet waren, interniert, und in diesem riesigen Gefangenenlager gab es Schauspieler, Sänger und Bühnentechniker in Fülle. Wenn man nun den Mut hätte...?
Wir hatten ihn. Herr Mattwe sammelte das Bühnenpersonal, mein Mann und ich interessierten wohlhabende Bürger, die als Gesellschafter nun ihren Beitrag spendeten. Mein Mann verhandelte mit Landratsamt und Militärregierung, ich besuchte den Gouverneur. Sieg auf der ganzen Linie: wir bekamen die Lizenz, und die Nordseebühne begann mit der Aufführung der »Destille Veit« ihr auf Schauspiel, Operette und Posse ausgerichtetes Programm.
Gespielt wurde anfangs im eiskalten Saal, auf eisigkalter Bühne. Wieviel Kraft verleihen Not und Künstlerleidenschaft! Das Orchester unter der Stabführung eines Musikstudenten eröffnete den Abend mit Beethoven, das dauerte seine Zeit. Und dann, guter Gott, kam die »Destille« mit ihren vier Akten, und um dreiundzwanzig Uhr war Sperrstunde; da schickten die Engländer ihre Spähtrupps aus, und wer auf den Straßen dann noch gefaßt wurde, verschwand für den Rest der Nacht hinter Schloß und Riegel.
Um zweiundzwanzig Uhr stand der Regisseur hinter der Bühne und strich aus dem Rollenbuch, was nur eben entbehrlich war. Übereifrige, die auf die Bühne stürmen wollten, wurden zurückgerissen: »Halt, du bist ja schon tot.« Dela bekam zwischen zwei Auftritten einen Weinkrampf. Nach alledem wurde es spät, der Landrat rief die Militärregierung an und bat um freies Geleit der Theaterbesucher.
Mein Mann und ich, Schuhe in der Hand, schlichen nach einer kleinen Feier bedrückt über einen Nebenweg auf Strümpfen nach Haus.

Der etwas mißglückte Anfang ist in den folgenden Jahren durch glänzende Vorstellungen ausgeglichen worden. Die Nordseebühne verschaffte sich einen Bus und gastierte auf Dörfern. Und überall saß man in Hosen und dicken Mänteln, mit Fußsäcken und Kopftüchern in den ungeheizten Sälen, bis einige Einfallsreiche mit Holzkloben, Briketts und Torf erschienen. Das machte Schule und entlockte den dickbauchigen Öfen des Tivoli immerhin ein schwaches Feuer.
Allmählich kam das Schicksal auch an uns heran. Meine Schwester Annemarie verlor ihren reizenden fünfjährigen Sohn an einer Diphtherie, und von ihrem Mann kam noch immer keine Nachricht. Es dauerte eine ganze Weile, bis sie erfuhr, daß ihr Mann sich mit seiner Wetterwarte in zwei kleinen Flugsicherungsbooten von Rügen abgesetzt hatte und daß beide Boote am letzten Kriegstag vor Fehmarn versenkt worden waren.
Das Schicksal meines Bruders William blieb noch länger im Dunkel. Endlich kam ein kurzer Gruß aus Leningrad; er lebe, schrieb William, und sei gesund. Es gehe ihm gut. Er war also in Gefangenschaft geraten, aber da er lebte, war das eine freudige Botschaft. Wir schrieben an ihn und hörten wieder lange nichts. Ein zweiter Gruß aus Sibirien legte sich uns schwer aufs Herz. Man saß im Theater – besonders geschah das bei heiterer Musik –, plötzlich preßte es sich wie ein Ring um den Hals. Eine unendliche Schneewüste flimmerte unter eisgrauem Himmel, und durch die schreckliche Einsamkeit stapfte der Bruder, an dem ich sehr hing.
Ich habe in jener Zeit viel geträumt, aber von William nie. Auch nicht in der Nacht, nachdem der Brief eines Heimkehrers gekommen war.
In diesem Brief stand: William gehe es nicht gut. Seiner Zugehörigkeit zur Waffen-SS wegen sei er von einem Gericht zu fünfundzwanzig Jahren Zwangsarbeit verurteilt worden. Aber die Luft im Kupferbergwerk sei so schlecht, daß er eine so lange Zeit wohl kaum überstehen werde.
»Du hast ja so viel Glück mit deinen Briefen«, sagte mein Mann. »Schreib doch an Stalin – schaden kann es auf keinen Fall.«

Ich setzte mich hin und schrieb den Brief. Vier Seiten wurden es. Ich begann damit, daß ich eine deutsche Schriftstellerin sei, bei ersten Verlagen verlegt, an den größten Bühnen aufgeführt. Dann erzählte ich von dem Kriegsgefangenen in Sibirien – ich wußte die Anschrift durch den Heimkehrer genau –, ich sprach von der glücklichen Familie, die wir gewesen waren, es sei viel gesungen und musiziert worden bei uns, nun aber gäbe es nur noch Tränen. Fünfundzwanzig Jahre Zwangsarbeit. Aber ich wisse, daß mein Bruder nichts Unrechtes getan haben könne. Ich wisse, daß dieser kleine Kriegsgefangene im großen Russischen Reich weniger sei als ein Sandkorn, aber ich sei des festen Glaubens, daß er, Stalin, dieses Sandkorn aufnehmen werde, wenn es gelte, der Gerechtigkeit zu dienen.

Eugen von Irmer, aus dem Baltikum bis in unsere Stadt verschlagen, war begeistert. Der Ton sei so ganz auf die russische Mentalität abgestimmt, daß er den Brief geradezu im Schlaf übersetzen könne. In russischer Sprache und wie gestochen geschrieben, ging der Brief nach Moskau.

Der Brief war kaum fort, da geschah, was mir bisher nicht vergönnt gewesen war: Ich träumte von meinem Bruder. Er kam mit fröhlichem Gesicht zur Tür herein in einer grauen, unförmigen Jacke. Von Wattejacken hatte ich bisher weder gehört noch eine gesehen. Er hängte die Jacke an die Wand und sagte: »So, das hätten wir nun hinter uns. Ich werde dir jetzt alles erzählen, und du sollst es aufschreiben.«

Ein Monat ging hin. Und ich war meiner Sache so sicher, daß ich das Versprechen brach, das ich Papa gegeben hatte: Williams junge Frau in Österreich sollte, wenigstens zunächst, von der Verurteilung ihres Mannes nichts wissen. Ich schrieb ihr nun, wie alles stünde, sie solle sich aber keine Sorgen machen, er könne jeden Tag eintreffen, weil... und so weiter. Zu der Zeit war er schon auf dem Heimtransport.

Wie ich nach seiner Ankunft bei uns erfuhr, sei dem letzten Transport noch ein allerletzter gefolgt. Am Abend vor dessen Abfahrt war mein Bruder aus dem Kupferbergwerk gekommen, und ein

Kamerad lief ihm aufgeregt in den Weg: »William, du bist dem Transport zugeteilt. Ich habe es mit eigenen Augen gesehen. Einer wurde im letzten Augenblick gestrichen, und dafür bist du eingesetzt worden.«

Das Schreiben aus Karlshorst kam einige Tage nach der Ankunft meines Bruders. Ein länglicher Zettel in einem unansehnlichen Umschlag, der meine Anschrift trug. Auf dem Zettel standen ein paar russische Zeilen, keine Anrede. Unter dem Geschriebenen Stempel und Unterschrift. Ich eilte zu Herrn von Irmer. Der las und rief: »Jetzt haben wir den Beweis. Das mit der Eingliederung in den Transport konnte Zufall sein. Aber hier steht: ›Wir teilen Ihnen mit, daß Ihr Bruder (Name und Bergwerk) aufgrund Ihres Briefes vom ... aus der russischen Kriegsgefangenschaft entlassen wurde. Er befindet sich zur Zeit auf dem Heimtransport.‹«

Ungerührt webt das Schicksal seine Netze. Ich habe oft an den Gefangenen denken müssen, der von der Liste gestrichen wurde, damit mein Bruder dort eingetragen werden konnte. Das Glück, das ich mit meinem Brief gehabt hatte, sprach sich über Dithmarschen hinaus herum, unzählige Eltern, Ehefrauen, Bräute sind bei mir gewesen, ich habe ihnen Briefe aufgesetzt, die sie schreiben sollten, ohne dabei meinen Namen zu nennen, und Eugen von Irmer, der übrigens als junger Offizier auf einem Ball in Petersburg noch mit den Zarentöchtern getanzt hatte, übersetzte. Doch keiner dieser Briefe hat Erfolg gehabt. Herr von Irmer erklärte es mir. »Das sind«, sagte er, »Sternstunden im Leben der Menschen. Ihr Brief konnte in einem Augenblick ankommen, wo der Diktator schlechter Laune war, dann wurde er zerknüllt und unter den Stiefel getreten. Er konnte irgendwo hängenbleiben und gar nicht eintreffen. So aber kam er in einem Moment, wo er ins russische Herz vordrang, der Empfänger las ihn, Tränen rollten ihm übers Gesicht, er griff zur Klingel und gab seinen Befehl.«

Ich habe mich bei Stalin bedankt; ob dieser zweite Brief im Kreml Einlaß fand, ist ungewiß.

Für meinen Bruder, einstmals eine prächtig gewachsene Sportgestalt, ein Mann, nach dem sich die Frauen umschauten, war es die letzte

Möglichkeit zur Heimkehr gewesen. Sein Gesundheitszustand war so schlecht, daß er nur zwei Jahre noch bei uns geblieben ist. Vorher hat er mir seine Fahrt durch vierundzwanzig Lager der Sowjetunion geschildert, und zwar in allen Einzelheiten. Wir saßen uns gegenüber, ich mit dem Block. Oft stand ihm bei meiner Befragung der Schweiß auf der Stirn, aber andererseits ist es ihm eine Erleichterung, eine Erlösung gewesen, sich alles von der Seele zu reden. Etwas sehr Merkwürdiges war dabei. Er, der religiösen Fragen nicht kämpferisch, doch gleichgültig gegenübergestanden hatte, sagte mir: »Seit ich das alles durchgemacht habe, weiß ich, daß es einen Gott gibt.«

Mir ist das rätselhaft geblieben, ich neige dazu, ungläubig zu werden, wenn es mir schlecht geht. Auch habe ich nicht begriffen, warum mein Bruder, mit einem warmen Bariton begabt, in dieser harten Gefangenschaft seine schöne Stimme nicht eingesetzt hat. Sänger und Schauspieltalente konnten von der Arbeit befreit werden und Extrarationen bekommen. »Warum warst du so dumm und hast das nicht getan?«

Sein schmal gewordenes Gesicht verschloß sich. »Das versteht ihr nicht. Ich konnte nicht singen – um keinen Preis.«

Fünf Jahre hatten einen heiteren Menschen ernst gemacht. Wir erzählten einmal, wie wir während der Rationierung bei Bekannten auf eine sehr lustige Art Silvester gefeiert hatten. Es war zu einer Zeit gewesen, als wir schon wußten, daß er lebte. Er sagte, indem er auf seine Hände sah: »Das war die Neujahrsnacht, wo wir bei vierzig Grad Kälte in Swerdlowsk Waggons beladen mußten.«

Zwei Ebenen, über die keine Brücke führt. Es war für eine Zeit still in unserem Kreis.

Der Roman, den ich über die Kriegsgefangenschaft meines Bruders geschrieben habe, trägt den Titel »Die Zeche wird mit Pfennigen bezahlt«. William hat noch alles lesen und überprüfen können, und er und andere Heimkehrer meinten, es sei so, als wäre ich selber mit dabeigewesen. Trotzdem fand ich keinen Abnehmer für die Arbeit. Die einen meinten, niemand wolle jetzt so etwas lesen. Die anderen waren angetan, scheuten aber das Risiko.

Ich wollte nicht ganz resignieren. So nahm ich mir aus den vierundzwanzig Lagern eines heraus, in dem es besonders dramatisch zuging, und baute daraus das Schauspiel »Nummer 228 wird aufgerufen«. Heinz Hilpert nahm es für das Deutsche Theater in Göttingen an, und es lief mit Walter Bäumer als Kriegsgefangener Niebuhr erfolgreich über die Bühne. Eine Aufführung, die eindrucksvoller nicht hätte sein können. Die Presse schrieb unter anderem, es sei erstaunlich, daß eine Frau dieses Stück geschrieben habe, und beschämend, daß es nicht ein Mann getan hätte. Weit über Göttingen hinaus ist das Schauspiel nicht gekommen, die Theater dachten ähnlich wie die Verlage: Nun endlich Schluß mit Krieg und Nachkriegszeit. In den Volkshochschulen wurde Niebuhrs Kampf um die wahre, die innere Freiheit gelesen, Heimkehrerverbände machten sich an die Aufführung, oft mit beachtenswerten Leistungen. Der Bund der Vertriebenen brachte in Heide eine Aufführung zustande, die sich mit der in Göttingen messen konnte. Es hat mich immer erfreut, wenn ich hörte, daß die Diskussion um dieses Schauspiel besonders leidenschaftlich von der Jugend geführt wurde.

Zwei Ereignisse habe ich übersprungen. 1946 wurde mir mitgeteilt, daß Dr. Stark, vormals Intendant in Posen, in Tübingen als Regisseur wirkte. Das »Goldene Netz« sollte nun am Schauspielhaus dort uraufgeführt werden. Tübingen lag in der damals französischen Zone, abgeschlossen von der übrigen Welt.
In einem überfüllten Zug kamen mein Mann und ich in dieses abgetrennte Eiland hinein; der Empfang dort war weniger erfreulich. Niemand an der Bahn, wir, entkräftet durch vierundzwanzig Stunden Bahnfahrt, mußten das Theater suchen, ich machte unterwegs schlapp und wurde in ein Café verfrachtet. Nachdem mein Mann gegangen war, ließ ich meinen Tränen freien Lauf, und die Kellnerin kam, um mich zu trösten. »Haben Sie sich gezankt? Ach, der kommt schon wieder.«
Er kam. Meldete, daß man uns in keinem Hotel untergebracht habe, weil man annahm, wir kämen erst einen Tag später. Aber es sei

noch ein Zimmer in einem schlichten Gasthof gefunden worden. Dorthin wollten wir jetzt gehen, uns umziehen und einer Einladung zum Mittagessen im Theaterrestaurant nachkommen.
Ich wollte weder ein Mittagessen noch einen schlichten Gasthof. Mein Mann hat mich wie ein störrisches Pferd in den Stall ziehen müssen. Mit sanfter Überredungskunst brachte er mich dann auch an den Mittagstisch, wo Dr. Stark uns ziemlich übernächtigt erwartete. In der vergangenen Nacht war irgend etwas, offenbar Beachtliches, gefeiert worden.
Im Gasthof erwartete uns eine Überraschung. Das einfache Zimmer war mit bunten Herbstblumen geschmückt, auf dem Tisch stand eine Riesenschüssel mit köstlichem Obst, mit Äpfeln, Birnen und Weintrauben.
Das Rätsel löste sich, als ich mich bei unserer Wirtin bedankte. Ihre Tochter und ihr Sohn, berichtete sie, seien seit Jahren Verehrer meiner Kunst, sie hätten Bücher von mir gelesen und die Berliner Aufführungen in den Zeitungen verfolgt, es sei ihnen eine große Ehre und Freude, daß ich in ihren Gasthof gekommen war.
Die Verehrung der beiden jungen Menschen trug zwei Wochen lang im wahrsten Sinne des Wortes die schönsten Früchte. So geht das manchmal: was man am wenigsten wollte, das wächst sich zum Segen aus.
Vierzehn Tage brauchten wir, um aus Tübingen wieder herauszukommen. Zum Glück war sonniges Wetter, man konnte auf der Schloßterrasse sitzen und auf den Neckar hinunterschauen, man strich oben in der neuen Stadt und unten in der bunten alten herum. Und man konnte es leichten Herzens tun, denn die Uraufführung war glänzend verlaufen.
Hannes Messemer spielte den jungen Fischer kalt und berechnend, und eine zartere Meerjungfrau als Herta Maria Weilguny konnte es in allen Ozeanen nicht geben. Ihr Schlußwort verhauchte im atemlos stillen Saal: »Der schwarze Flügel schwebt schon langsam auf – tritt rasch zur Seite, daß er dich nicht streift.«
»Das goldene Netz« hat nicht allzu viele Aufführungen in der kleinen Universitätsstadt erlebt. Es blieb auch in den übrigen Zonen

unbekannt, da keine Presseleute nach Tübingen hineindurften. So liegt es jetzt in der Schublade bei vielem anderen.
Wie wir aus Tübingen wieder herausgekommen sind? Fahrpläne gab es nicht. Es sprach sich herum, wie man – vielleicht – einen bestimmten Ort erreichen konnte. Nun, wir sind wieder zu Hause angelangt. Aber was es heißt, einen Zug zu benutzen, wenn sich in Gängen, Gepäcknetzen, Klosetts die Reisenden eng aneinander drängen – ich mag es nicht beschreiben.

Ein Jahr darauf, im Winter siebenundvierzig, wurde »Die Kathedrale«, die von der Reichsdramaturgie des Dritten Reiches so hartnäckig vom Programm gestrichen worden war, in den Bremer Kammerspielen zur Uraufführung gebracht. Es war so kalt, wie es kälter nicht mehr sein konnte. An meinem Pelzmantel waren die blankgescheuerten Buenosärmel durch andersfarbige aus Kanin ersetzt worden, doch der Wind kam dennoch durch. Mein Mann hatte Frostbeulen an den Füßen und schlappte neben mir durch den Schnee.
Der Regisseur hieß Oskar Schättiger, ein noch junger Mann, hochgewachsen und voll Kraft. Daß er schon lange in eine andere Welt hinübergegangen ist, will mir, während er in meinen Gedanken auftaucht, nicht in den Sinn. Er hatte das Stück bis in seinen letzten Winkel hellseherisch erfaßt und die Schauspieler so ausgewählt, daß nicht gespielt, sondern gelebt wurde. Im Kreis der Darsteller nahm ich den langanhaltenden Beifall des Publikums entgegen.
Mein Bruder Erich, der mit uns gefahren war, hatte, er war ein Tausendkünstler in solchen Sachen, eine Flasche Wein mobilgemacht, den tranken wir in unserer Pension mit Regisseur Schättiger. Wir hatten das unerhörte Glück gehabt, und auch dies durch meinen Bruder, in einer Pension unterzukommen, die von den Amerikanern besetzt war. So saßen wir in Sesseln, unter uns echte Teppiche, um uns Mahagonimöbel und in einer Brutwärme, die keinen störte. Die Rede kam auf den Intendanten, der Regie hatte führen wollen, dann aber das Stück abgegeben hatte. »Er hat Angst vor diesem Schauspiel«, sagte Schättiger. »Er wußte nichts damit anzufangen.«

»Die Kathedrale« wurde an die vierzigmal in den Kammerspielen gebracht. Schättiger schrieb mir, ich hätte damit den größten Erfolg erzielt, den Autor und Schauspieler sich wünschen könnten. Es werde nicht mehr applaudiert, die Zuschauer säßen nach dem Fallen des Vorhangs noch eine Zeitlang schweigend, erhöben sich dann und gingen auf Zehenspitzen hinaus.

Bremen zu verlassen, das wurde noch schwerer als der Absprung von Tübingen. Die Züge in Richtung Hamburg hatten bis auf einen wegen der Kältewelle den Verkehr eingestellt, für diesen einen Frühzug mußte man sich um Mitternacht anstellen, um am Morgen eine Fahrkarte zu bekommen. Wer sollte das tun? Meinem Bruder erlaubte es sein Gesundheitszustand nicht, mein Mann konnte dort mit Pappsohlen und Frostbeulen nicht stehen, und ich... Es schien also, als müßten wir in Bremen bleiben, bis der liebe Gott wärmeres Wetter schickte. Das ging aber auch nicht, denn aus der amerikanischen Pension mußten wir unerbittlich heraus. Wo fand man ein Hotel? Die meisten waren geschlossen, weil sie kein Heizmaterial hatten. Mein Bruder kroch bei einem Bekannten unter.

Es fand sich dann eine unerwartete Reisegelegenheit. Die Bremer Straßenbahn schickte in jeder Woche einen Lastwagen nach Hamburg, um Werkzeug zu holen. Eine uns befreundete Dame, zufällig mit einem leitenden Herrn der Bremer Straßenbahnen bekannt, rief uns an. Morgen früh um sechs fahre der Wagen, mein Mann und ich sollten uns vor dem Hause des Fahrers – da und da – einfinden, und wir würden dann transportiert.

In tiefer Dunkelheit verließen wir unsere Pension und wanderten im Schnee durch eine gespenstische Ruinenlandschaft unserem Ziel entgegen. Der Fahrer wohnte im Keller eines unzerstörten Hauses, er rief uns freundlich zu, er werde bald kommen, wir standen draußen und atmeten den würzigen Kaffeeduft, der aus den Fensterritzen strömte, doch wir waren nicht traurig. Das Wunder, das geschehen war – viele Leute werden es Zufall nennen –, gab uns ein Gefühl der Geborgenheit. Sorge dich nicht, hinter der Sternenewigkeit sind Augen, die dich sehen, sind Hände, die helfen, wenn es an der Zeit ist.

Auch nach der Währungsreform hat das Schicksal uns mehrfach den Ball zugeworfen. Als jeder nur den kleinen Anfangsbetrag in der Tasche hatte, überwies der Rundfunk mir tausend Mark, und zwar für ein Hörspiel, das man angenommen hatte, nun aber nicht bringen konnte, weil die Zeit es überholt hatte. Wir konnten uns den Tisch reichlicher decken, das war das erste, an das man dachte. Die Verelendung, die man in all der Angst und Sorge vergangener Jahre kaum noch bemerkt hatte, ließ sich nicht länger übersehen, am Sofa und an den Sesseln platzte der Mokett, die Teppiche waren abgetreten, die Ärmel an Richards Anzug glänzten, sein Mantel wäre selbst auf dem Flohmarkt nicht mehr verkäuflich gewesen. Mit tausend Mark konnte man da wenig ausrichten. »Keine Sorge, am Ende geht alles gut aus«, sagte mein optimistischer Mann.
Eines Abends klingelte es, und der Postbote brachte ein Telegramm. Der Bayerische Rundfunk gratulierte mir zur Verleihung seines Hörspielpreises für das Jahr 1950. »Nein, Herr Gimont« hatte mir fünftausend Mark eingebracht.
Der aufbewahrte Plunder flog aus den Koffern und Reisekörben, wo wir ihn in Erwartung noch schlechterer Zeiten eingemottet hatten. Die Möbel bekamen neue Bezüge in leuchtendem Grün, neue Teppiche wurden ausgebreitet, zwei Anzüge, ein dunkler und ein hellgrauer, in Arbeit gegeben, und ein anständiger Mantel gesellte sich dazu. Auch für mich fiel einiges ab; nur meine Tochter brauchte nichts, die war von den amerikanischen Freunden mit Wäsche und Kleidern versorgt worden. »Für die Prinzessin«, war auf dem Begleitzettel zu lesen.
Von einer Prinzessin merkte man allerdings nicht viel. Eine Hausgehilfin zu halten, das überstieg unsere Verhältnisse, das Königskind schrubbte und putzte das Haus, es schleppte Kohlen, es wusch und bügelte. Denn nun hatte die Zeitung sich wieder aufgetan, und mein Mann und ich traten als freie Mitarbeiter in ihren Dienst. Unter dem Pseudonym »Philine« wurde ich Journalistin. Zwanzig Jahre lang habe ich neben meiner schriftstellerischen Arbeit über die Volkshochschule, über Theater, Kirchenkonzerte, Modenschauen, Kabaretts und was nicht alles geschrieben.

In all diesem Wirrwarr an Arbeit hielten wir manchmal inne und nahmen wahr, wie die zierliche Gestalt unserer Tochter her und hin durchs Haus ging, wie ihre kleinen Hände die Kartoffeln schälten und ins aufglucksende Wasser purzeln ließen, und es wurde uns mit bestürzender Angst klar, daß sie durch die Ungunst der Verhältnisse keinen Beruf, sondern nur bei Frau Lehrer P. Putzen und Kochen erlernt hatte. Noch quälender wurde diese Einsicht durch den Gedanken, daß sie auf ihrem Platze für uns unersetzlich war. Wir stellten eine Kolonne gegen die Ungunst der Zeit, bei der keiner fehlen durfte. Aber später, in der Zukunft?
»Es findet sich ein Weg«, tröstete mein Mann. »Es findet sich immer einer.«

Oft habe ich über Fachleute und ihr Urteil nachgedacht. Ich bekam den Bayerischen Rundfunkpreis, doch es ist mir nie wieder gelungen, ein zweites Hörspiel dort unterzubringen. Und dabei kam der »Herr Gimont« beim Publikum bestens an, mußte des öfteren wiederholt werden und nahm seinen Weg auch in die Schweiz.
Die Kieler Zeitung schrieb einen Preis aus: Der Leser als Preisrichter. Novellen wurden ohne den Namen des Autors abgedruckt, und die Öffentlichkeit sollte ihre Stimme abgeben. Ich bekam mehr als fünfzig Prozent dieser Stimmen. Der Redakteur, der mir den Preis überreichte, sagte: »Tja, das liebe Publikum. Von mir hätten Sie den Preis nicht bekommen.«
Mein Roman »Barbarossa und der Dicke« wurde vor seinem Erscheinen als Buch im »Hamburger Abendblatt« gebracht. Er war in etwa fünf Fortsetzungen dort gekommen, als man mir den Besuch eines Herrn meldete. Der Herr kam aus Hamburg und war der Leiter eines bekannten Romanvertriebes.
Was wollte er? Einen Roman sollte ich für seinen Vertrieb schreiben. »Aber nicht so einen wie den, der jetzt im Abendblatt erscheint«, sprudelte der Besuch. »Mit dem fällt das Abendblatt auf den Bauch. Viel zu langsamer Anschub. Das muß alles plötzlicher kommen. So etwa: Paul stand am Fenster, als Irene vorbeiging. Schicke Beine, dachte er, Donnerwetter, da steige ich nach. Er also

hinunter und hinterher. Am Abend liegen sie im Hotelzimmer zusammen im Bett.«
Ich sagte ihm, daß meine Kunst leider nicht ausreiche zu einer so forschen Entwicklung. Er meinte, ich würde gut bei ihm verdienen; ich mußte trotzdem bedauern.
Das Abendblatt fiel mit dem »Barbarossa« keineswegs auf den Bauch. Die Zeitung und mich erreichte eine Unzahl von Briefen »dankbarer Leser«.

IM ABENDROT

»Warten auf den Tag«, das ist der Titel eines Jugendbuches, das bei einem Preisausschreiben herauskam. Ich habe darin meine Kinderjahre bei der herrlichsten aller Großmütter geschildert, und während ich das hier niederschreibe, steht sie vor mir, in aufrechter Haltung, eines ihrer schönen schwarzen Kleider bauscht sich um sie, am Halskragen steckt die Elfenbeinbrosche, und eine weiße feine Spitzenkrause ziert diesen Kragen. Das weiße Haar wird hochgedrückt von einem Schildpattkamm. Eine ihrer Lebensweisheiten hieß: »Eine Frau kann auch im Alter noch schön sein, und das mit ganz kleinen Mitteln. Zwei will ich euch verraten: Sie soll sich das Haar im Scheitel hochschieben und immer etwas Helles um den Hals herum tragen.«
Großmutter war schön bis in ihr siebenundsiebzigstes Jahr. Da starb sie, zwei Jahre nach der Geburt unserer Tochter, und dieser Tod war umwittert von Geheimnissen. Wir hatten, hart, wie die Jugend ist, oft belächelt, daß sie abends in ihrem Sorgenstuhl saß, dem Bild von Großvater Karl Valentin gegenüber, und mit ihm, der nun schon jahrzehntelang in seinem Efeugrab in Eisenach lag, den Gang des Tages besprach. »War es so recht, Karl, oder hätte ich es anders machen sollen? Soll ich die kranke Sanner morgen besuchen oder mit dem Kränzchen die Rheinfahrt machen?« und oft, wenn wir sie so sachlich und selbstsicher belauschten, hörten wir:

»Karl, und eines versprich mir – wenn es soweit ist, wenn meine letzte Stunde kommt, dann hole du mich ab und nimm mich an deine Hand.«
Als sie krank lag, auf den Tod krank, durfte mir das nicht gemeldet werden. »Laßt unseren Zaunkönig da heraus, der ist nur für die Sonnenseite da.« Aber die ganze Kölner Familie ist Zeuge von einem rätselhaften Geschehen. Großmutter stand eines Mittags aus dem Bett auf und bat die Tante Ella, ihr beim Anziehen zu helfen. Ihr schwarzseidenes Hochzeitskleid wollte sie anhaben.
Sie ließ sich nicht davon abbringen, und man tat ihr den Willen. Den ganzen Nachmittag saß sie auf ihrem braunen Sofa, erhob sich auch mal und ließ die Seide an den Möbeln entlangrauschen. Die Familie saß unterdessen in einem anderen Zimmer und besprach mit einem Makler den Kauf eines Hauses in einer Vorstadt von Köln.
Mitten in diese Unterhaltung knallte plötzlich ein knirschender Ruck, die Tür der Wanduhr war aufgesprungen, eine Tür, die sich sonst nur mit Anstrengung öffnen ließ. Tante Ella blickte hinauf, es war genau sieben Uhr. »Du großer Gott«, stöhnte sie, »da ist was mit der Mutter.«
Sie stürzte in Großmutters Zimmer, doch die saß lebendig und in bester Laune auf dem Sofa. Sie hörte sich die Geschichte mit der Uhr an und lachte: »Da dachtest du wohl, ich wäre ... nichts da, ich fühle mich wohl wie seit langem nicht.«
Am Abend betete sie wie sonst: »Ich fange an mit dir, mein Gott, und end mit dir den Lauf, du läßt mich sanft zur Ruhe gehn und – weckst mich wieder auf.«
Sie wachte auf wie sonst, und Tante Ella steckte ihr die Kissen hinter den Rücken. Dann ging sie den langen Gang hinunter, um die Suppe zu holen. Als sie mit dem dampfenden Teller wieder zur Tür hereinkam, saß Großmutter tot in den Kissen, ein seliges Lächeln im Gesicht. Die kleine Uhr unter dem Glassturz fing gerade an, zu schlagen – es war sieben Uhr.
Karl hat es angemeldet und hat sie abgeholt, hieß es in der Familie. Etwas kam noch dazu. Großmutter, die in allen Dingen die Ord-

nung selbst war, hatte genau vorbestimmt. Nach ihrem Plan wurde sie eingeäschert, auch davon durfte mir vorher keine Mitteilung gemacht werden, die Urne sollte, von niemandem begleitet, nach Eisenach geschickt und von ihrer Schwägerin Rosa im Grab ihres Mannes beigesetzt werden. »Mein Tod«, so schrieb sie, »soll niemanden mehr inkommodieren als unbedingt erforderlich.«
Die Urne wurde also auf den Weg geschickt, und meine Tante Rosa bekam den entsprechenden Bescheid. Nach etwa zwei Wochen fing die Familie an, von Großmutter zu träumen. Und alle träumten ungefähr das gleiche. Sie kam in ihrem schwarzen Hochzeitskleid den langen Gang herauf, mit dem hochgebauschten Haar, mit der weißen Spitze um den Hals, aber sie stützte sich auf einen Stock. Den erhob sie ungeduldig, ihr Gesicht war ernst, es sei sogar böse gewesen, meinten die Träumer. Und das waren: Tante Ella, der Onkel Julius, ein Atheist, und ihr Sohn Kurt, der viel philosophierte, aber an nichts glaubte.
Als die Träumerei kein Ende nahm, schrieb der Onkel an die Friedhofsverwaltung in Eisenach und fragte an, ob mit der Urne alles nach Wunsch erledigt sei. Die Antwort erschütterte die drei. Man hatte sich erkundigt und erfahren, daß Tante Rosa seit Wochen im Krankenhaus liege und daher die Urne nicht hatte abholen können. Die stehe in einer Abseite der Friedhofskapelle. Es wurde nun eine andere Verwandte mit der Abholung betraut, die erledigte die Beisetzung prompt, und von jetzt an kam die Großmutter in keiner einzigen Nacht mehr den Gang herunter.

Das Haus, in dem wir nun schon seit zwanzig Jahren wohnten, sollte verkauft werden, und in unserer Stadt konnte man Wohnungen mit der Lupe suchen. Da entschloß sich mein Bruder Erich, in Heide ein Haus zu bauen, das Erdgeschoß sollten wir bekommen, in den ersten Stock würden meine Mutter und Papa und meine Schwester mit ihrer kleinen Tochter Sybille ziehen. Das Haus gehöre zwar ihm, bestimmte er, er würde eine angemessene Miete erheben, im übrigen solle mein Mann als Bauherr auftreten und anordnen, wie die achtzig Quadratmeter einzuteilen wären.

Das war eine komische Geschichte, wir bauten ein Haus nach unseren Wünschen und hatten doch keinen Heller übrig. Das Haus wuchs rasch aus der Kellerausschachtung heraus, etwa tausend Quadratmeter Kartoffelacker wurden von einem Fachmann in Vor- und Hintergarten verwandelt, Rasen angelegt, kleine Tannen gepflanzt, Birken, Forsythien, Flieder. Dahinter erstreckte sich der Gemüsegarten. Dort jäteten meine Schwester und ich noch während des Bauens das Franzosenkraut, das unter den Kartoffeln üppig geblüht hatte, und es war immer peinlich, an den Maurern vorbeizugehen, die mit Bemerkungen wie »Mächtig trockener Bau« nicht sparten. Sie wußten nicht, daß schon ein einfacher Umtrunk die Marschkolonne unserer Taler in Unordnung gebracht hätte.
Im großen Wohnraum wurde ein zugiges Richtfest gefeiert, mein Bruder bezahlte und nahm als Gast teil. Nicht lange, und es war soweit, wir zogen ein, ich unter heißen Tränen. Da, wo wir während unserer Ehe auszogen, waren wir immer so glücklich gewesen.
»In diesem Haus«, sagte ich, »werde ich alles Schwere erleben, was mir noch zugedacht ist.« Mein Mann strich mir, was er gern tat, die Frisur durcheinander und antwortete: »Vielleicht ist es ja lauter Freude, die hier auf dich wartet.«
Der Wagen unseres neuen Hauswirts hielt jetzt manchmal neben der Weißdornhecke, die sich am Garten entlangzog. »Mantel an und komm mit«, rief mein Bruder. »Hier will ich mal haben, was es bei mir in Hamburg nicht gibt – einen Spaziergang zwischen Wiesen und Wallhecken.«
»Warum hast du mich früher eigentlich immer so scheußlich geärgert?« fragte ich.
Er lachte. »Weiß ich auch nicht. Du kamst mir so hochmütig vor. Und die Leute machten so viel Wesen von dir.«
»Na ja«, sagte ich, »es soll dir vergeben sein. Aber du hast mir wirklich manchen Tag verdorben.«
»Darum dürft ihr jetzt in meinem Hause wohnen«, sagte er.
Ja, so geht es in der Welt. Ich hatte ihm damals alles Schlimme gewünscht, was man nur wünschen kann. Jetzt machten wir in Philosophie.

»Möchtest du alles, was gewesen ist, noch einmal erleben?« fragte ich.
»Ja«, rief er, ohne zu überlegen.
»Auch den Krieg? Auch deine Krankheit?«
»Alles«, sagte er. »Ich bin aus allem gut herausgekommen.« Dann schränkte er ein: »Nur Williams Tod – den nicht.«
»Wenn du nun selbst...?« fragte ich. »Hast du Angst davor?«
Er schüttelte den Kopf. »Ich habe ein glückliches Leben gehabt, und ich glaube fest daran, daß ich weiterlebe.«

Wenn es Abend wird, schließen die Blumen ihre Kelche. Wenn es Abend wird, schließen sich die Kreise. Daß Marcel nach so langer Zeit in meinem Leben wieder auftauchen würde, das hätte ich nie gedacht. Es fing damit an, das haben sie mir nachher erzählt, daß seine Frau in die schöne Villa an der Weser stürmte und rief: »Etwas Neues! An den Litfaßsäulen kleben Zettel mit ihrem Namen. Ihr Stück ist in den Kammerspielen uraufgeführt worden, und sie ist selber dabeigewesen.« Es wurden Karten besorgt, und das Ehepaar ging ins Theater.
Dann kam ein Brief von Marcel. »Welch ein Weg«, schrieb er, »von ›Frau Hannas Ehe‹ bis zur ›Kathedrale‹! Verraten Sie mir, wie das möglich war.«
Am gleichen Tag noch machte ich einen Spaziergang und wanderte die Wege ab, die wir vor langer Zeit gemeinsam gegangen waren. Ich kam durch die Heckenpfade, wo im Frühling Weißdorn und Rotdorn blühen, erstieg das Hünengrab, ich ging auch dorthin, wo der Rosengarten geleuchtet hatte, und stockte vor einer öden Sandfläche, in deren Hintergrund ein nüchternes weißes Haus stand. Dann beantwortete ich Marcels Brief und fing an: »Heut bin ich über Rungholt gefahren.«
Eine Weile ging das so hin und her. Er habe einen Sohn, der Architekt sei, teilte er mir mit, es kam eine Karte aus Irland, wo der Sohn zur Zeit arbeitete, dann kam wieder nichts, bis ganz plötzlich die Nachricht da war, sie würden am kommenden Tag im Auto von Marcels älterem Bruder in unserer Stadt eintreffen. Ein Zimmer im

Hotel sei schon gemietet, der Bruder fahre nach Sylt weiter und werde sie am übernächsten Tag wieder abholen.
Ich telefonierte mit dem Hotel, und Marcel war am Apparat. Ja, sie seien eben angekommen, müßten sich etwas ausruhen und kämen zum Mittagessen zu uns.
»Mach dich recht hübsch«, sagte mein Mann. »Verändert hast du dich ja wenig, besonders, was deine negativen Eigenschaften anbetrifft.«
Ich konnte nicht einmal lachen, so aufregend fand ich dieses späte Wiedersehen. Und immer wieder sah ich die Flurtür aufgehen und Marcel eintreten, hoch und schlank, mit dem getürmten dunklen Haar über der Stirn.
In Wirklichkeit blieb er zurück, und seine Frau trat als erste ein. Ein dunkler Hut beschattete das ernst und streng gewordene holde Mädchengesicht, das im silbrigen Rahmen auf seinem Nachtschrank gestanden hatte. Wir gaben uns die Hand, und Julie ging in einer reizenden Art gleich weiter, um meinen neugierig wartenden Mann zu begrüßen. Marcel und ich standen uns gegenüber. Er nahm den Hut ab. Erschrocken starrte ich den kahlen Kopf, das runde Gesicht, die engen Augen hinter der Brille an. Er war kleiner geworden, wohl weil er sich gebeugter hielt als früher.
Ich stammelte etwas von »Bitte, ablegen«, und er hängte Hut und Mantel an die Garderobe. Dann saßen sie beide in den Sesseln vor der Terrassentür, und ich fragte taktlos, aber es fiel mir nichts anderes ein: »Wo ist das viele Haar geblieben?«
»Weg«, antwortete er, »ich weiß auch nicht wie.«
Meine Schwester kam herunter, übernahm die Unterhaltung, weil ich völlig in Schweigen versunken dasaß. Soll man das tun, soll man sich wiedersehen nach einem langen Leben? Ich dachte an unseren Rosengarten, der nun nichts war als gelber Sand.
Im Verlauf des Tages bat seine Frau des öfteren meine Familie: »Wir wollen die beiden mal allein lassen, die haben sich allerlei zu erzählen.« Wenn wir allein waren, wurde es erst recht schwierig. Wir guckten zum Himmel, an dem kein Wölkchen stand, und ich meinte, es würde vielleicht noch Regen geben. Marcel untersuchte

mit dem Stock das Erdreich im Gemüsegarten und stellte fest, daß der Boden kalkarm sei und einen ganz bestimmten Dünger brauche. Das Gespräch kam auf künstliche und natürliche Düngung – warum betrachteten wir statt dessen nicht lieber den Flieder, der weiß und rot aufgebrochen war und süß duftete? Abends las ich aus »Lillebe« vor, dem Buch, in dem ich die ersten zehn Jahre meiner Ehe geschildert habe.
»Da ist Ihnen aber ein schönes Denkmal gesetzt worden«, sagte Julie zu meinem Mann. Der erwiderte: »Die Leute werden sagen: Das muß ein ziemliches Kamel gewesen sein.«
Wir lachten, nur Marcel lachte nicht mit. Er war während der Lesung eingeschlafen.
Am nächsten Morgen wanderten wir zu dritt zum Hünengrab, ich ging in der Mitte und hatte ihn zur Linken und sie zur Rechten. Der Weißdorn blühte, der Rotdorn glühte. Auf einmal hörte ich, daß Marcel leise wie zu sich selbst sagte: »Der Gang ist genau so geblieben wie damals. Und wenn die Blüten abgefallen waren, dann gingen die Füße über einen Teppich von Rot und Weiß.«
Ich horchte. Das war Marcel gewesen, für den ich einen vier Seiten langen Brief an den Kaiser geschrieben hatte. Er war noch da, steckte nur in einer veränderten Hülle. Ich hatte ihn wiedergefunden.
Als sie abgereist waren, entdeckte ich etwas auf meinem Schreibtisch. Hinter den Büchern lag ein rotes Schokoladenherz.
Die beiden Männer, die in meinem Leben eine entscheidende Rolle gespielt haben, waren sich vom ersten Sehen an zugetan. Marcel hatte Tränen in den Augen, als er sich von meinem Mann verabschiedete, und der hielt mir nachher eine kleine Standpauke. »Wie kannst du einen Menschen, der dir so nahegestanden hat, zwingen, auf einmal Sie zu dir zu sagen. Das sieht dir ganz ähnlich, immer gleich brechen und nicht biegen. Sobald sie wiederkommen, und das hat er mir versprochen, machen wir einen Umtrunk und stoßen an auf Du und Du. Dann sind auch wir, die nette Julie und ich, in den Bund eingeschlossen.«
Doch sie kamen nicht wieder. Erst einmal erfreute uns das Aus-

wärtige Amt mit einem Reisestipendium ins Ausland, und mein Mann und ich fuhren nach Italien, und zwar nach Torbole am Gardasee. So glücklich, wie wir uns das vorgestellt hatten, waren wir am Anfang nicht. Ich träumte einige Tage vor der Abfahrt, daß meine Tochter und ich am Rande eines Friedhofs entlanggingen, links reckte sich eine hohe Hecke, rechts lag das Tal vor uns, sich weit hinabziehend, und in der Ferne schimmerte ein See, und ich weinte und klagte: »Hier, wo wir damals so fröhlich wanderten, liegt er nun begraben.« Gleich am ersten Tag unseres Aufenthaltes schlich ich mich auf den Friedhof von Torbole und fand ihn dem geträumten etwas ähnlich, aber keineswegs gleich. Schon fast erleichtert, hörte ich in unserer Pension dann düstere Gespräche, man erzählte ein Erlebnis, nach dem ein Ehepaar zur Burg Nago hinaufgestiegen und auch wieder herabgekommen sei, aber unten am Fuße des Felsens sei die Frau leise seufzend in den Arm ihres Mannes gefallen, aus und tot. »Ältere Leute sollten nicht mehr ins Ausland fahren«, gellte die Stimme der Erzählerin zu mir herüber.
Mein Mann war zu der Zeit achtzig Jahre alt. Es ist das erstemal in unserer glücklichen Ehe gewesen, daß ich mir wünschte, ich könnte ihn um zwanzig Jahre jünger machen. Aber ist der Mensch nicht ein unbegreifliches Wesen? Einige Tage blickte ich in Abwehr zur Nagoruine empor. Aber dann – allein wollte ich nicht hinauf, er sollte das Erlebnis mitmachen – überredete ich ihn, den Aufstieg zu wagen. Es ging in Serpentinen aufwärts, manchmal, und dabei krampfte sich mein Herz vor Angst zusammen, unter weit vorhängenden Felswänden dahin, die Sonne brannte, kleine, müde Ölbäume streckten die dünnen Zweige. Neben mir hörte ich meinen Mann schwer atmen. Ich preßte meine unter einer Kleidschleife gefalteten Hände: Lieber Gott, laß ihm nichts geschehen!
»Weiter mache ich das nicht mehr mit«, hörte ich wie eine Antwort die Stimme meines Mannes. Er wappnete sich mit Trotz und strebte auf eine Steinbank zu, die nahe am Abhang stand. »Hier bleibe ich sitzen, bis du umkehrst.«
Was er erst später erfuhr und was ihn sehr stolz machte: Er hatte auf der Steinbank gesessen, auf der Goethe verweilte, als dieser

zum erstenmal von einer Höhe hinunter ins italienische Land schaute.
Wir schwammen im Gardasee, wir ließen uns auf ihm zu den umliegenden Orten rudern, wir fuhren nach Verona, an dem einzigen Regentag, den wir auf dieser Reise erlebten.
Verona: in Regenmänteln saßen wir in der Arena und ließen mit dem schuldigen Respekt die Gladiatoren einmarschieren. »Siehst du die Löwen?« fragte ich. »Ich sehe etwas viel Schlimmeres«, antwortete mein Mann, »die Damen, die ihre Hälse recken, um das Schauspiel voll zu genießen. Wird die Welt sich jemals ändern?«
Wir haben viele schöne Reisen gemacht, bis auf die italienische immer zu dritt, nach Österreich, nach Bayern, in den Harz und den Thüringer Wald, an den Rhein, an die Ost- und an die Nordsee. Unsere letzte gemeinsame Fahrt ging nach Badenweiler, und sie war die schönste. Ich bekam damals ein Reisestipendium vom Land Schleswig-Holstein, dadurch hielten wir es vier Wochen lang in Badenweiler aus. Mein Mann, der nun schon auf die Neunzig zuging, machte alles mit, schwamm im Thermalbad, spazierte mit uns durch den Wald und stieg, das Glas mit dem Brunnen in der Hand, mit uns zur Burgruine hinauf, die der Zentralpunkt im herrlichen Kurpark ist. Und wenn meine Tochter und ich einmal abends völlig fertig in die Betten sanken, nahm er den Hut und sagte: »Schrecklich, wenn man eine alte Frau geheiratet hat. Ich gehe jetzt in den Kurpark zum Abendkonzert.«
Auf der Rückfahrt machten wir in Kassel Pause und blieben dort eine Woche. Es gab für ihn so viel, was er wiedersehen wollte: seine Zeitung, den Herkules, die Orangerie, und es gab so vieles, was nicht mehr zu finden war: Freunde und Verwandte, das Grab der Eltern, das Haus, in dem er geboren wurde. Es hatte am Eingang zwei steinerne Löwen gehabt, und wir suchten es die Straße auf und ab. Endlich fragten wir in einer Tankstelle nach dem Löwenhaus, und ein alter Mann antwortete: »Sie stehen genau drauf, denn hier ist es im Bombenregen zusammengekracht.«
Da die »Dokumenta« an dem Tage ihre Pforten schloß, gab es am Abend ein Feuerwerk. Wir standen am Hotelfenster und sahen die

Kometen mit den Feuerschweifen in den Himmel fahren. »Wie nett«, sagte mein Mann und lächelte, »meine Vaterstadt gibt mir zum Abschied ein Feuerwerk.«

Eine Art von Abschiedsstimmung – ohne Feuerwerk – empfand ich in jedem Jahr beim Besuch des Eutiner Dichterkreises, zu dem ich gehöre. Die Zusammenkünfte, die meist im Frühling und im Herbst stattfanden, waren schon von der Kulisse her farbig erleuchtet; im späten Frühling schmückten Eutins Häuser sich mit roten, rosa, gelben und weißen Rosen, und im Herbst strahlten die Laubbäume rings um den See in den schönsten Farben. Die Stadt empfing die Dichtersleute mit Festessen und Veranstaltungen, der Herzog lud sie ins Schloß ein, sie fuhren im Bus zum Uklei-See und an die Ostsee nach Timmendorf und bedankten sich mit Lesungen in Sälen oder in der Aula des Gymnasiums.
Meine Freunde zeigten sich fröhlich und bereit zu allerlei Unternehmungen, doch von Jahr zu Jahr schlichen sich in Gesichter und Haltung jene geheimen Zeichen ein, die ich mit Bangen sah.
Viele aus dem Kreis haben inzwischen diese Welt verlassen, man erhob sich zu ihrem Angedenken, und ihr Stuhl blieb leer.
Ich muß an einen Empfang im Schloß denken, zu dem ich etwas später kam. Man hatte schon Platz genommen, bis zur letzten Stuhlreihe war alles besetzt. Nun hatte ich mir als Berichterstatterin angewöhnt, in der vordersten Reihe zu sitzen, und strebte also dorthin. Erfreut erblickte ich einige leere Plätze, aber davor hatte sich ein Hindernis aufgebaut. Zwei Herren unterhielten sich, und um sie her stand auch noch allerlei. Um die beiden Gesprächspartner herumzukommen, erwies sich als unmöglich, deshalb versuchte ich, mich zwischen ihnen durchzudrängen. Ich schob sie sanft auseinander, mit dem unerwarteten Erfolg, daß sich beide zu mir umwandten. Der Größere verbeugte sich: »Herzog von Oldenburg.« Der an Wuchs Kürzere machte ebenfalls eine Verbeugung: »Ich bin der kleine Herzog.« Ich nannte meinen Namen, und da war auch schon hilfebringend mein Mann, der das Manöver beobachtet hatte. Wir bekamen unsere Plätze in der ersten Reihe.

Beide Herzöge sind jetzt nicht mehr am Leben, mir scheint immer, als wären die liebenswertesten Menschen im Himmel.
Nachdem uns das Ostseebad Timmendorf in einem Herbst gastlich bewirtet hatte, sollte ich den Dank des Dichterkreises mit einer Lesung meines heiteren Hörspiels »Eine Tür fällt zu« abstatten. Ich las vor einem vollen Saal und hatte viel Beifall, aber ich war, das gestehe ich ein, etwas enttäuscht, als ich hörte, für derartige Lesungen gäbe es kein Honorar. Immerhin hatte ich fast zwei Stunden lang gelesen. Auf Umwegen kam dann doch noch ein Honorar. Was ich nicht wußte: Unter den Zuhörern hatte der Leiter des Bremer Heimatfunks, Walter A. Kreye, gesessen. Er hat mir zwei Jahre später seine Eindrücke geschildert: »Ach, du mein Himmel – eine Tür fällt zu! Also eine langweilige Liebesgeschichte, hinter dem oder der Geliebten fällt die Tür ins Schloß. Jetzt hebt sie das Buch dicht vor die kurzsichtigen Augen, da wird ja kein Wort zu verstehen sein. Jetzt – der Titel – die ersten Anmerkungen. Nanu, wie schafft sie das, so geschickt am Buch vorbeizusprechen? Mann, die *kann* ja lesen.«
Mit dieser Feststellung, erzählte Kreye, habe er nur noch das Hörspiel selber in sich aufgenommen.
Es dauerte ein Jahr, bis er an mich schrieb. Das Hörspiel, das bei einem Preisausschreiben des damaligen NDR mit herausgekommen war, wurde von Kreye ins Niederdeutsche übertragen und umgetauft in »En Dör sleiht to«. Unter diesem Namen hat der Bremer Rundfunk es immer noch einmal gesendet. Wir, Kreye, Dr. Aribert Wenk als technischer Berater und ich, haben uns dann zusammengesetzt und das Hörspiel zur Komödie erweitert. Um Ostern 1971 herum wurde diese in Oldenburg mit viel Spaß und Freude auf beiden Seiten, Publikum und einer ausgezeichneten Spielerschar, uraufgeführt. Als unübertrefflicher Streckenwärter Reimers glänzte der Bremer Schauspieler Heinrich Kunst.
Es gab nachher noch eine Feier, bei der unter anderem gesagt wurde, seit der Ära August Hinrichs habe für das niederdeutsche Theater eine lange Strecke der Trockenheit eingesetzt, die durch dieses Stück nun siegreich unterbrochen sei. Und eines Tages werde sich auch das

Fernsehen dieser Sache annehmen. Das glitzerte also noch oben in
den Sternen.

Wenn wir früher in der Familie Feste feierten, dann mußte der
große Eßtisch nach zwei Seiten ausgezogen werden, und trotzdem
saß man noch ziemlich eng. Heute findet alles, was von einer heiteren und phantasiebegabten Familie übriggeblieben ist, am Rund
des Tisches Platz. Nachdem mein aus Rußland heimgekehrter Bruder William uns verlassen hatte, folgte ihm zwei Jahre darauf der
immer tätige, fest im Leben stehende Papa. Er legte sich ins Bett,
schlief ein, seufzte und war in jene andere Welt geraten, von der er
eigentlich nie gesprochen hat. Meine Mutter machte sich genauso
still und unbemerkt auf den Weg, und ein vierter Herzinfarkt setzte
den Schlußpunkt hinter das glückliche Leben meines Bruders Erich.
Jedesmal wurden Leib und Seele erschüttert, es begann das dumpfe
Fragen gegen eine Wand, die keine Antwort gibt. Noch hatte ich
meinen Mann, den Tröster in allen Kümmernissen, neben mir. Er
nahm sich vor, bis zum neunzigsten Geburtstag Gerichtsberichterstatter zu bleiben, und hielt das auch auf den Tag genau durch. Da
kam der Brief aus den USA, in dem sein amerikanischer Jugendfreund Flaccus schrieb: »Es ist mir eben gewesen, als stände jemand
hinter mir und spräche: ›Du bist ein reicher Mann, und für Richard
liegen die Verhältnisse so ungünstig, daß er oft noch bei Nacht
unterwegs sein muß. Dein Sohn ist Direktor eines Konzerns geworden, und sein Töchterchen muß früh am Herde stehen und Feuer
anzünden.‹ Ich überweise heute einen Betrag an Eure Bank, damit
Du nun endlich die Arbeit für die Zeitung einstellen kannst. Darüber hinaus sollt Ihr Euch kaufen, was Euch Freude macht. Schafft
der Prinzessin die schönsten Kleider an.«
Mein Mann hat mir gestanden, daß er, als ihm auf der Bank der
Betrag genannt wurde, Tränen auf seinem Gesicht gespürt habe.
Unser Dankesbrief hat George, der immer »ein Georg«, das heißt
ein deutscher Junge sein wollte, noch gerade erreicht. Danach fiel
er, wie seine Haushälterin uns mitteilte, in eine tiefe Bewußtlosigkeit und wachte nicht wieder auf. »Es ist eine wunderbare Fügung«,

hieß es im Brief der deutschen Hausdame, »daß er, ehe ihm das geschah, noch an Sie gedacht hat.«
Mein Mann blieb jetzt zu Hause, ich machte weiter als Philine. Und wenn man so zurückschaut, dann liegt Glanz auf allen Wegen, man muß nur verstehen, ihn zu sehen. Meine Tochter begleitete mich, meiner Augen wegen, auf jedem meiner abendlichen Gänge, und während ich nicht ohne Mühe notierte, hatte sie ihre Freude an dem, was gerade geboten wurde. Und dann gingen wir heim, manchmal war es schon spät, nur wenige Fenster noch hell. Und ich sagte: »Wie schön, wenn wir jetzt heimkommen, bei uns brennt Licht. Und er sitzt am Schreibtisch und wartet auf uns. Wir wollen es genießen. Wie schwer wird es sein, wenn er einmal nicht mehr wartet.«
Damals glaubte ich, es wäre unmöglich und nicht zu ertragen, in das dunkle Haus hineinzugehen, in dem er nicht mehr saß oder umherging. Man lernt am Ende, sich unter jedes Joch zu beugen, das einem angelegt wird.
Er, mein Mann, mein Lehrer, mein bester Freund, legte sich eines Morgens, kaum war er aufgestanden, wieder in sein Bett. Er sei ein bißchen müde, sagte er. Unsere Ärztin stellte eine Kreislaufschwäche fest und verordnete Ruhe. Am nächsten Tag feierten wir, meine Tochter, meine Schwester und die Nichte, unseren zweiundvierzigsten Hochzeitstag an seinem Bett, wir stießen mit Sekt an und wünschten uns, daß wir noch lange, daß wir immer zusammenbleiben könnten. Der dritte, ein leuchtender Maitag, brach an. Ich sagte: »Draußen blühen die Kirschbäume. Morgen sollst du aufstehen und im Garten sitzen.«
Wir hatten uns in unserer Ehe oft über Religion gestritten. In solchen Gesprächen trieb er mich manchmal an den Rand der Verzweiflung. Ich beklagte mich dann heftig, daß er mir alles nähme, vor allem die Sicherheit und die Ruhe, und er erwiderte, jeden anderen dürfe man in seinem Kinderglauben lassen, nur einen Schriftsteller nicht. Der müsse in den Zweifel hinein und sich damit auseinandersetzen auf Kosten einer grünen Himmelswiese mit musizierenden Engeln.

Darum wunderte mich die Antwort, die er mir an jenem Maitag auf meine Schilderung blühender Kirschbäume gab. Er sagte: »Mir braucht man nicht Mut zu machen. Ich habe mich mit den höheren Mächten ausgesprochen.« Ich sah ihn fragend an, und er lächelte zurück: »Die Zeit ist zu kurz, um sich richtig kennenzulernen.«
Abends hat er ein paar Worte mit unserer Tochter gesprochen, hat seine Hand aus der ihren gelöst, sich zur Seite gelegt und ist eingeschlafen. Und tief in diesen Schlaf versunken ist er von uns gegangen.
Unsere Ärztin und Freundin verbot mir das Weinen. Selten, so meinte sie, lasse die Natur oder Gott, wie wir es nennen wollten, eines ihrer Geschöpfe so gnadenvoll von dieser Welt gehen. Hier gäbe es nur eines: den Blick nach oben wenden und danken.
Man denkt im Anfang, es sei unmöglich, sich abzufinden, wenn ein geliebter Mensch, der eben noch zu uns gesprochen hat, auf nichts mehr Antwort gibt. Wasser, Abgründe und Flammen locken: Spring in uns hinein. Aber es kommt Hilfe, das ist ein sicherer Trost für jeden Trauernden. Der sich entfernt hat, kehrt mit der Zeit zurück in der Gestalt, die wir aus frohen Tagen kannten, seine Schwächen sind vergessen, aber alles Gute strahlt heller als im Leben. Mein Mann kann mir nun nicht mehr widersprechen, und er würde es auch nicht tun, wenn ich fest und unverbrüchlich daran glaube, daß wir uns wiedersehen werden, irgendwo und irgendwann.

Marcel schrieb mir aus Bremen, er und seine Frau bäten mich, sie zu besuchen, ein Tapetenwechsel täte in schweren Tagen gut. Ich und jetzt reisen? Ausgeschlossen. Ich versteckte mich hinter dem Umstand, daß ich ja der Augen wegen nicht allein fahren könne. Sie antworteten postwendend, die Tochter sei natürlich miteingeladen. Ich wich aus: dieser düstere Novembermonat, ich könne in seinem Schatten keine Reise planen. Vielleicht im Frühjahr.
Mit dem nächsten Bremer Brief kamen hundert Mark. Julie schrieb, es sei bei ihnen Sitte, dringlichen Einladungen das Reisegeld beizufügen, was hiermit geschehe. Eine weitere Ausflucht werde nun nicht mehr angenommen.

Was half es, das Geld zurückschicken wäre eine Beleidigung gewesen. Wir fuhren. Marcel war am Bahnhof, ein noch etwas gebeugterer Marcel. Er durfte unsere kleinen Koffer nicht zur Taxe tragen, strenges Verbot des Arztes. Ich dachte an die Zeit, als er sich auf unseren Streifzügen durch Wald und Feld über Gatter und Zäune geschwungen und mich durch einen Wassergraben getragen hatte.

Die schöne Villa lag an der Weser. Julie empfing uns im Vorgarten. Die Sonne baute goldene Brücken über den Strom. Ich vergaß zum erstenmal, daß mein Mann nicht neben mir war.

Wir blieben eine Woche, und ich feierte Wiedersehen mit der Stadt, die ich in jungen Jahren kennengelernt und bei der Uraufführung meiner »Kathedrale« im Eispanzer, von Bomben zerstört, aufs neue getroffen hatte. Bei solchen Besichtigungen entging es mir nicht, daß Julies Blick zuweilen sorgenvoll auf ihrem Mann ruhte, sie forderte ihn auf, nach Hause zu gehen, aber er lehnte das fast trotzig ab. »Ich will dabeisein, und damit gut.«

Ich kaufte Wein und stellte ihn am Abend auf den Tisch. »Ich habe noch eine Pflicht zu erfüllen. Es war der Wunsch meines Mannes, daß wir beim nächsten Zusammentreffen Brüderschaft trinken sollten. Wir alle, Julie und er mit einbegriffen.«

Wir hoben die Gläser. »Weißt du noch, wie ich heiße?« fragte Marcel. Ich nickte und antwortete: »Kennst du mich noch?« »Und Richard, Gudrun und ich beschließen den Bund«, sagte Julie.

Wie viele Jahre mußten Marcel und ich zu dem Tag zurückdenken, als wir uns zum erstenmal *du* gesagt hatten. Aber es floß uns leicht vom Munde, die Strecke, die zwischen uns lag, schrumpfte zusammen.

Im November war es. Zu Ostern telefonierte Julie mit meiner Schwester. Marcel war gestorben, und Julie hatte uns damals so dringend nach Bremen eingeladen, weil sie wußte, daß dieser Tod nahe bevorstand. »Er sollte sich noch einmal richtig freuen«, sagte sie am Telefon und bat meine Schwester, mir alles schonend beizubringen, auf einem Spaziergang vielleicht. Sie wolle nicht, daß ich die offizielle Nachricht vorher in die Hand bekäme.

Und nun ist auch Marcel wieder jung. Seltsam, wie sie sich verjüngen und Kraft und Frische gewinnen, wenn sie eine Zeitlang drüben sind.

Es kamen Tage, da sah ich ein Haus nur noch zur Hälfte, und mein gütiger Augenarzt meinte, nun sei es Zeit, den grauen Star zu operieren. Ich wußte im voraus, was der Aufenthalt in der Klinik für mich, die ich ein Krankenhaus nie ohne Zittern betrat, bedeuten würde, und dazu kam der Eingriff, bei dem es um Sehen oder Blindsein ging. Zagend nahm ich Zuflucht zum lieben Gott. Ich hatte ihn in meinem Dasein um Dinge gebeten, bei deren Nennung der Pastor in der Kirche den Kopf geschüttelt hätte, um ein bißchen mehr Geld, um schönes Wetter für eine Fahrt nach Helgoland und einen königsblauen Mantel mit Kapuze. Und jetzt belästigte ich ihn, der wahrhaftig genug in dieser Welt zu tun hat, mit der dringlichen Bitte, mir zu meiner Operation meinen Mann auszuleihen, ihn, der es verstanden hatte, mir in jeder Situation die nötige Ruhe zu vermitteln.

Ich habe mich am Morgen, als ich von der Schwester geweckt wurde, nach gutem Schlaf von meinem Bett erhoben und bin, als ginge es zu einem Besuch, in die Uni hinübergefahren. Ich habe den Professor angelächelt und mich auf den angewiesenen Platz gelegt. Und der Professor hat, ohne daß ein Wort darüber gewechselt wurde, getan, was sonst nicht geschieht. Staroperationen werden mit örtlicher Betäubung ausgeführt, er aber gab mir eine Spritze in den Arm, die Schwester von der anderen Seite her die zweite ins Bein. Ich hörte den Professor freundlich sagen: »Nicht ins Gesicht fassen«, aber da war schon alles vorbei und der Verband bereits angelegt.

Abends wurde die Binde in der Klinik erneuert, und es stellte sich heraus, daß ich sehen konnte.

In den vierzehn Tagen, die ich dort bleiben mußte, habe ich mich an die sonderbare Luft in einer Klinik gewöhnt. Wenn ich mich durch den Gang tastete, durch einen Lochverband nur wenig erkennend, zuckte ich beim Anblick einer Trage nicht mehr zusammen, ich habe sie sogar einmal leise berührt.

Das wellige Gelände hinter dem Haus war einstmals der Garten des niederdeutschen Dichters Klaus Groth gewesen. Dort gaben seine Bäume noch Schatten, und die kleinen Treppen hier und da waren gebaut aus Steinen, über die auch seine Füße gegangen waren. Sein Haus mit der berühmten »Kajüte«, wo er seine Freunde empfing, ist in die Klinik hineingebaut worden, verschluckt von einem langgestreckten Gebäude, aber es liegt noch immer am Schwanenweg in Kiel.
Als ich zum erstenmal in den Garten durfte, machte ich mich fein für diesen Gang, ich trug das weiße, ärmellose Kleid und den großen gelben Schäferhut. Es fand sich ein alter Herr, der sich zur Führung anbot. So schlenderten wir, ich bei ihm eingehakt, die Wege auf und ab, er konnte ja sehen, und ich paßte mich seinem langsamen Tempo an. Ich war entzückt über die Rasenflächen und leuchtenden Blumenbeete, von denen er mir erzählte; die Vögel in den Wipfeln sangen plattdeutsch, und mein Kavalier berichtete von seiner Blasenoperation und von der Zweizimmerwohnung, die er mit seinem Sohn bewohnte. Es war eine öde Junggesellenwirtschaft dort, nur Essen aus der Dose, und darum bemühte er sich, immer noch eine Woche mehr herauszuschinden, die er in der Klinik verbringen konnte. So geht das: ich zählte ungeduldig die Tage bis zu meiner Entlassung, und er kämpfte darum, noch bleiben zu dürfen.
Eine junge Schwester huschte vorbei. Sie drohte mir mit erhobenem Zeigefinger.
»Sie – heiraten Sie uns nicht unsere Patienten weg!«

Das ist nun schon wieder ein Jahr her. Wie rasch fliegt die Zeit dahin. Wenn der Professor mir auch ein klares Sehen nicht schenken konnte, immerhin sehe ich die Häuser wieder ganz und bis zum Dach hinauf, und Gras und Blumen haben ihre Farben wiedergewonnen. Doch es ist dafür gesorgt, daß niemand übermütig wird. Ich höre wieder die Stimme meines Mannes, als ich ihm klagte: »In dreißig Jahren bin ich siebzig«, und dann seine Antwort: »Das wirst du nie, und wenn du neunzig wirst.«
Nun, drinnen ist nicht alles unverändert geblieben. Vor allem hat

man gelernt, sich zu bescheiden. Früher hatte ich mich oft gerühmt, die »Frau ohne Herz« zu sein; ich konnte drei Treppen hinauflaufen, ohne ein Pochen in der Brust zu spüren. Und nun hat das dumme Herz sich quergestellt. Es läßt sich nicht überreden, so schnell zu klopfen, wie es soll und wie ich es will. Der Spruch des Arztes lautet: »Die eine Herzhälfte ist die einer kerngesunden Frau, in der zweiten sitzt ein Block.« Was ein Block ist, dahinter bin ich trotz Erklärung noch nicht gekommen, auf jeden Fall zeichnet er verantwortlich für den langsamen Puls. Die ärztliche Verordnung lautet: »Drei von den weißen Pillen pro Tag, keine Anstrengung, kein Putzen im Haus, nichts Schweres tragen. Spaziergänge in staub- und benzinfreier Luft.«

Ich bin, was meinen Körper anbetrifft, eine rabiate Person gewesen, und aus dieser Sicht weiß ich, daß wir zwei sind, der Körper und etwas anderes, das wir Seele nennen. Das Andere bin ich, die treibende Kraft. Ich habe meinen Körper gezwungen, immer mehr zu tun, als er im Grunde konnte. Befehlsgemäß mußte er im härtesten Winter eiskalt duschen und flehte mich an jedem neuen Morgen an, ihm diese Prozedur zu erlassen. Ich zwang ihn zur Gymnastik, obwohl er die gar nicht mochte, und wenn andere fünf Minuten übten, mußte er es eine Viertelstunde durchhalten. Mit hohem Blutdruck trieb ich ihn im Eiltempo durch die Straßen und in der Sommerhitze ins Sonnenbad. Dort mußte er aushalten, bis es in den Schläfen klopfte. Die schwachen Augen durften eine Brille nur im verschwiegenen Zimmer benutzen, draußen mußten sie sich anstrengen, um den Kopf nicht irgendwo anrennen zu lassen. Warum eigentlich? Papa, wenn ich ihn jetzt fragen könnte, würde sagen: »Trage alle deine Leiden mit Geduld, denn, wer weiß, am Ende bist du selber schuld.«

Ich schrieb und schrieb, und dazu brauchte ich die Augen. Sie fielen zu, aber der Wille, eine Arbeit weiterzuführen, öffnete sie wieder. Wenn ich es recht bedenke, so habe ich den Kampf mit meinem Körper nur geführt, damit er kräftig und jung bleibt und mich fähig erhält, berichten und erzählen, aufbauen und formen zu können.

Unser Garten streckt sich lang hin, von der Hausterrasse bis zur Esche an seinem Ende sind es sechzig Meter, hin und zurück einhundertzwanzig. Zuerst wollte es nicht recht gelingen, einmal zur Esche, sich dort ein bißchen angelehnt und zurück. »Wir müssen uns jetzt einig sein«, überredete ich meinen Körper, »der Block soll weg.« Und so erwanderten wir an jedem Tag ein Hin-und-Zurück mehr und brachten es am Ende auf zwei Kilometer, mehr als mir ärztlich vorgeschrieben ist.

Lockt dich der blaue Himmel nicht? habe ich mich einmal, nur einmal dabei gefragt. Wer weiß, wie schön es da droben in den blauen Fernen ist; die vielen netten Menschen, die schon drüben sind – und die meisten sind schon drüben –, würde man wiedersehen. Niemand kann beweisen, daß es so ist, und niemand das Gegenteil. Aber ich kann hier nicht fort und meine Tochter unversorgt allein lassen. Solange ich noch etwas für mein Hierbleiben tun kann, soll es um ihretwillen geschehen. Ich wandere weiter, hinunter zur Esche. Liebe Esche, sie haben dir deine Krone genommen, weil diese bei Sturm aufs Nachbardach schlug, aber aus deiner Rinde dringen sie schon wieder hervor, die frischen grünen Triebe.

Eine Entdeckung machte ich. Mir wurde klar, daß ich mir nie die Zeit genommen hatte, den Garten richtig zu genießen. Und das tue ich jetzt bei meinem Hin-und-Zurück. Wie sanft glänzt die Sonne auf den beiden riesigen Blautannen, wie reizend gruppieren sich die niedlichen Edeltannen, die wir auf dem Weihnachtstisch hatten und dann ausgepflanzt haben.

Weich gleiten die Füße über den kurzgeschorenen Rasen. Die Rosen wechseln ihre Kleiderfarbe. Die hohe Lärchenhecke duftet, Erdbeeren und Gemüse stehen wie Soldaten. Am Vogelbad schütteln kleine Sänger sich die Tropfen aus den Federn. Und da steht weiß die Dahlienrabatte am Rasenrand. Ich gehe – langsam, wie mir mahnend verordnet wurde, es ist schwer für ungeduldige Leute, langsam zu gehen – auf das blühende Beet zu, das ungefähr die Gartenmitte hält, und wenn ich daran vorbei bin, freue ich mich auf den Rückweg, wo ich ihm wieder entgegenwandern werde.

Morgen darf ich übrigens zum erstenmal wieder in die Stadt.

ERNA WEISSENBORN

Lillebe

Heitere Erlebnisse aus einer jungen Ehe

200 Seiten. Leinen

Nicht der Altersunterschied zwischen der reizenden Lillebe und Anton Gabriel Mutz, dem vielbeschäftigten Chefredakteur einer Tageszeitung, ist das Problem dieser jungen Ehe. Es sind auch nicht die Wohnungssorgen oder die monatlichen Ratenzahlungen für die Möbel; und nicht einmal der berückende Charme der jungen Frau, der die Herzen aller Männer höher schlagen läßt, bereitet unüberwindliche Schwierigkeiten; denn Lillebe hat Phantasie genug, mit heiklen Situationen fertig zu werden. Aber wie gelingt es ihr wohl, ihre Pflichten als Hausfrau, Ehefrau und Mutter in Einklang zu bringen mit ihrer schriftstellerischen Arbeit? Doch diese ewige Kollision: Kochlöffel in der Hand und Federhalter hinter dem Ohr oder umgekehrt und den lockenden und verlockenden Ruhm, der sich für Lillebe bald einstellt, bewältigen sie und Anton Gabriel gemeinsam.
Dieser heitere Eheroman ist ein Lichttupfer in einer nüchternen Welt.

Literaturspiegel

Man spürt diesen heiteren Begebenheiten aus zehn Ehejahren an, daß sie wirklich erlebt wurden. Den Lesern wird dieses Buch frohe Stunden vermitteln. *Die Hausfrau*

EUGEN SALZER-VERLAG HEILBRONN